Friedrich David Gräter

Bragur ein litterarisches Magazin der deutschen und nordischen Vorzeit

Band 2

Friedrich David Gräter

Bragur ein litterarisches Magazin der deutschen und nordischen Vorzeit
Band 2

ISBN/EAN: 9783744798068

Printed in Europe, USA, Canada, Australia, Japan

Cover: Foto ©Thomas Meinert / pixelio.de

More available books at **www.hansebooks.com**

Bragur.

Ein
Litterarisches Magazin
der
Deutschen und Nordischen
Vorzeit.

Herausgegeben
von
—— und Gräter.

Zweyter Band.

Leipzig, 1792.
in der Gräffschen Buchhandlung.

Christ. Gottfried Böckh.

geb. den 8. April 1732. gest: den 31. Jan: 1792.

Vorrede.

Theils mit, theils ohne meine Schuld hat sich die Herausgabe dieses zweyten Bandes fast ein Vierteljahr länger, als ich in öffentlichen Blättern versprechen ließ, hinausgezogen. Unerachtet des schmerzlichen Verlustes, welchen ich durch den ganz unvermutheten Tod meines unvergeßlichen Gesellschafters, des verewigten Herrn Archidiak. Böckh zu Nördlingen, erlitten hatte, hoffte ich doch die Absendung des Manuscripts noch vor Ostern beendigen zu können. Allein da meine Hoffnung auf die Meinung gebaut war, unter den hinterlassenen Papieren meines Freundes die versprochenen Aufsätze wenigstens zum Theil vorzufinden, und ich mich nachher ganz darin getäuscht sah; so verursachte dies einen Aufschub, der bey gänzlichem Mangel an Heiterkeit des Geistes und bey einer solchen Verfassung des Herzens nicht so geschwind konnte gehoben werden. Indessen war doch mit Anfang des Mays alles aus meiner Hand, und von da an kann nur die Schwierigkeit des Drucks zur Entschuldigung der bis jetzt verzögerten Vollendung dienen.

In meinem und meines verewigten Freundes Namen statte ich dem gelehrten Publikum für die gütige Aufnahme und Unterstützung dieses Werkes den reinsten Dank ab. Gewiß bemerken die Liebhaber des Alterthums mit Vergnügen, welchen vortheilhaften Zuwachs von fremden Beyträgen Bragur schon in diesem zweyten Bande erhalten hat. Vorzüglich werden sie sich zu dem Beytritt eines Gelehrten Glück wünschen, den Deutschland längst unter seine berühmtesten Schriftsteller rechnet, und als einen der geschmackvollsten Literatoren und Kenner der poetischen Alterthümer verehrt. Ich insbesondere muß die theilnehmende Gefälligkeit rühmen, mit welcher derselbe, Herr Hofrath Eschenburg in Braunschweig, einige durch den Tod meines Freundes während

rend dem Drucke leer gewordenen Fächer der Literatur- und Bücherkunde noch mit den schätzbarsten Literarnotizen beschenkte.

Nicht weniger erkenne ich mich für die fortgesetzte Freundschaft des Herrn Rugamtsekretärs Häßlein in Nürnberg, und für die willkommenen Beyträge des Herrn Professor Seybolds in Buchsweiler, H. Prof. Fülleborns in Glogau und H. Prediger Kochs in Berlin zu wahrem Danke verbunden. Letzterer macht noch überdies für die Zukunft zu sehr wünschenswerthen Aufklärungen über die Geschichte der vaterländischen Poesie und Sprache, so wie überhaupt zur Bereicherung aller Rubriken der dritten und vierten Abtheilung die angenehmste Hoffnung. Vornemlich aber verpflichtet mich auf immer die so thätige Unterstützung und die lehrreichen Zuschriften eines Dänischen Gelehrten, den man auch in unserm Vaterlande als einen eifrigen und verdienten Literator kennt. Es ist dieses der Königl. Bibliotheksekretär, Herr Nyerup in Kopenhagen. Ich bin ihm äußerst viele Gefälligkeiten schuldig, und verehre nun auch in demselben den allerersten Mitarbeiter im Nordischen Fache, zu welchem ich mir in Deutschland noch keinen habe ermühen können.

Möchten nun doch die Lieblinge der Musen auch die Aufsätze und Unterhaltungen mit so vielen schätzbaren und angenehmen Beyträgen beschenken als die beyden letztern Abtheilungen von Literaturforschern und Sprachkennern erhalten haben! Möchten doch einige unserer jüngern Dichter, wie ehmals Gerstenberg, Denis, Herder, Gleim, Meißner u. a. den Stimmen unserer Väter horchen, und ihre Lieder auf neuen Saiten der Jetztwelt vorspielen! So würde vielleicht der erste Wunsch bey der Unternehmung dieses Werkes, auch die Liebhaber der Lectüre für die vaterländische Vorzeit zu gewinnen, und unsere Nationalschätze auch dem Nichtgelehrten genießbar zu machen, kein frommer Wunsch bleiben; denn unmöglich ist seine Erfüllung nicht.

Eine einzige Bitte sey mir noch erlaubt. Der erste Band von Bragur ist bis jetzt in vielen gelehrten Zeitungen nicht angezeigt worden, selbst, soviel ich weiß, nicht einmal in der Göttinger, Gothaer, Hallischen,

lischen, Greifswalder ꝛc. von den vorhandenen Recensionen aber sind kaum zwey ausführlicher. Und doch ist bey dem Anfange eines solchen Instituts Bekanntmachung und Kritik zu seinem Fortkommen und mehrerer Vollkommenheit unumgänglich nöthig. Dürften wir nicht beydes für die Zukunft hoffen?

Zum Andenken und zur Ehre des verewigten Mitunternehmers der Bragur habe ich statt der Titelvignette sein Bildniß nach einem Miniaturgemählde in Kupfer stechen lassen. Leider freylich ist er in keinem Porträte ganz getroffen; doch hat das unsrige noch vor dem Bockschen Stiche nach einem Gemählde von Herrn Ihle, wie mich dünkt, manches voraus.

Uebrigens geht dies Magazin ununterbrochen nach dem vorgelegten Plane und der gegenwärtigen Einrichtung fort; und ich schließe mit dem Versprechen, bey Zeiten dafür besorgt zu seyn, daß, wenn auch meine physischen Kräfte schwächer als meine Liebe zur Vorzeit seyn und vor der Vollendung

dung dieses Werkes unterliegen sollten, doch seine Fortsetzung nicht unterbleiben darf.

Schwäbisch-Halle,
Im Junius. 1792.

Der Herausgeber
F. D. Gräter.

Nachschrift.

SH. den 10. Aug.

Wider Vermuthen hat sich die Beendigung des Drucks noch einen Monat länger hinausgezogen. Dieser Zufall giebt mir indeß die erwünschte Gelegenheit, dem Publikum noch die Nachricht zu ertheilen, daß ich die Bragur künftig in Verbindung mit dem Herrn Prediger Koch in Berlin herausgeben werde. Wir veranstalteten deswegen in der Mitte des Julius eine Zusammenkunft in Nürnberg, und hier hatte auch der Herr Rugamtssekretär Häßlein die Gütigkeit, unsrer Verbindung beyzutreten.

Inhalt.

Inhalt.

4) Von

Inhalt.

Inhalt.

5. Neue-

Inhalt.

I. Auf-

I.

Aufsätze.

I.

Die Niederfahrt der Göttin Freya.

Fallor? an & radios hinc quoque Phoebus habet?

Milton.

Vorerinnerung.

Wir versprachen, künftig auch in der ersten Abtheilung der Bragur Beyspiele von dem Gebrauch und der Anwendung zu geben, die man in neuern Zeiten von der alten einheimischen Literatur machen könnte. Daß dies vornehmlich auf die Dichtkunst geredet war, ließ sich leicht errathen. Wirklich öffnet auch ihr die Vorzeit ein weites Feld, reich an Gegenständen zur mannigfaltigsten Bearbeitung. Besonders liegen noch viele Schätze ungekannt und unbenützt in der Mythologie des Nordens verborgen. Man hat schon manches darfür und darwider radotirt, ohne den Vorwurf genau nach seinem ganzen Umfang ins Auge gefaßt, und ohne erwogen zu haben, daß die Verunglückung einiger Versuche noch nicht berechtige, die Möglichkeit einer glücklicheren Wahl und Ausführung zu bezweifeln, und den Gebrauch der Nordischen Götterlehre überhaupt für eine grillenhafte Speculation auszugeben. Indessen that man es, und dadurch ist auch soviel bewirkt worden, daß sich seit geraumer Zeit, zumal bey den beträchtlichen Hindernissen die vor der Bearbeitung irgend eines Süjets aus diesem Fache zu überwinden sind, kein deutscher Dichter mehr an ein Unternehmen wagen mochte, bey welchem auch selbst von Kennern kein Dank und keine Aufmunterung zu gewarten war. Unsere Klopstocke, unsere Sinede und Rhingulphe

haben

haben die Bardenharfe an die Wand gehängt, und ruhen nun auf ihren Lorbeern aus. Mittlerweile ist es einer Ritterepopöe, die freylich der Stolz unsers Zeitalters und unserer Nation seyn darf, vielleicht kann man sagen — gelungen, durch den Zauber ihrer Poesie uns auch zugleich an ihren Gegenstand so innig zu fesseln, daß wir bereits alle andere Dichterprovinzen weniger reizend finden, und nur in der goldenen Ritterzeit unsern poetischen Durst zu stillen und jene ehrenvollen Zweige, die sich um die Schläfe des Sängers von Oberon winden, erringen zu können glauben. Selbst die Götter Griechenlands scheinen ihren periodischen Schlummer wieder anzufangen, und das heilige Land wird bald die Stelle des Parnasses und Helikons vertreten. Kein Wunder, daß die Wiederbelebung der Deutschen und Nordischen Götter noch ephemerischer war. Aber Schade doch, wenn unter diesem blinden Zuge des Schicksals die Mannigfaltigkeit von Phöbus Gaben ver-

 kannt,

kannt, und uns ein Vergnügen gänzlich sollte entzogen werden, zu dessen Genuß man uns einst die glänzendsten Hoffnungen gemacht hatte.

Jedoch — unsere Nachbarn und Stammverwandten, die Dänen und Engländer, hat inzwischen ein andrer Stern regiert. Sie scheinen die Schätze des Alterthums, die ihnen so nah als uns liegen, nur desto sorgfältiger beachtet zu haben, seit wir sie vernachlässigen. Und — wer weiß es! — vielleicht beschäftigt doch auch hie und da noch einen deutschen Dichter die Vorzeit seines Vaterlandes im Stillen!

Nicht, um aus vorgefaßter Meynung einer Sache das Wort zu reden, eh' ihr Werth entschieden ist; noch weniger, um die Eingeweyhten von ihren Lieblingsgegenständen abzurufen, und zur Bearbeitung unsrer einheimischen Göttermythen aufzufordern: sondern blos um Gelegenheit zu geben, daß der Streit über das Ob? und Wie? der Brauchbarkeit

keit Nordischer Mythologie wieder zur Sprache komme, meynen wir solchen Versuchen mit Recht einen Platz in unsrer Bragur einzuräumen.

Wir machen den Anfang mit dem neuesten Gedichte von dieser Gattung, womit uns erst vor kurzem der englische Dichter, Herr Sayers, in seinen Dramatischen Skizzen der Nordischen Mythologie beschenkt hat. Kann man auch der Art, wie er die vorgefundene Northische Mythe benützte, nicht unbedingten Beyfall geben, noch sie zur Nachahmung empfehlen; so verdient doch sein Werk Aufmerksamkeit und Achtung, wie sie ihm auch wirklich schon ein deutscher Kunstrichter bewiesen hat; und vielleicht ahndet man zum mindesten daraus (ob wir gleich dies in einer anderen Hinsicht, als jener Gelehrte andeutet, gesagt haben wollen), daß die grazienvollen Musen wohl auch noch einst mit dem feyerlichen Braga lustwandeln könnten.

Die Uebertragung dieses Sayersschen Gedichtes hofften wir anfänglich von einem Manne, dessen Einsicht in die englische Sprache und längst entschiedenem Geschmacke alles zuzutrauen war, erhalten zu können, und dies um so mehr, da er selbst dazu geneigt zu seyn schien; allein eine besondere Ursache hinderte ihn, unsern Wunsch zu erfüllen, und da seine Verweisung auf einen andern gelehrten Dichter zu weit aussehend war; so blieb uns weiter nichts übrig als selbst einen Versuch zu wagen. Wie dieser nun geglückt sey, das stellen wir dahin.

Die

Die Niederfahrt der Göttin Freya.

Ein dramatisches Gedicht in zween Acten.

Einleitung.

Die Gottheiten der Nordischen Völker wurden nicht wie die Griechischen als unsterblich gedacht, sondern man glaubte, sie seyen allen menschlichen Leiden und sogar dem Tode unterworfen. Entgingen ihm auch einige eine Reihe von Jahrhunderten durch; so war ihnen doch zuletzt der Untergang gewiß, nemlich bey der Ankunft des jüngsten Tages, oder, die Sprache der Nordischen Sagen beyzubehalten, der „Dämmerung der Götter." Bis dahin wohnten sie in Walhalla, und genossen in einem hohen Grade alle jene Freuden und Seeligkeiten, welche die von ihnen angebeteten Völker am meisten für wünschenswerth hielten.

Baldern, Odin's Sohn, von den Nordischen Gottheiten wegen seiner ausnehmenden Schönheit und vortreflichen Beredsamkeit hoch gepriesen, war das himmlische Amt zugetheilt, das Tagpferd Skinfax um die Sonnenbahn zu leiten. Dieser Gott wurde durch die Heimtücke Lokens, des boshaftesten und verderblichsten unter allen Göttern, frühzeitig getödtet. Zwar wagte es Loke nicht, selbst Hand an ihn zu legen; aber er suchte, um seine Absicht zu erreichen, den unglücklichen Speer auf, welcher allein vermögend war, Baldern das Leben zu nehmen, und gab ihn Hothern, einem andern Sohn von Odin, der dann auch mit dieser Zauberwaffe, ohne es zu wollen, seinen eigenen Bruder ermordete. Von nun an mußte Balders Geist, den Lehren der Gothischen Religion zufolge, hinab-

fahren

fahren in die Wohnungen Hela's, der Göttin der Unterwelt. Ueber diesen Verlust waren die Bewohner des Himmels fast untröstlich; Freya besonders, die Göttin der Schönheit, schmerzte das Schicksal ihres Geliebten so sehr, daß sie sich entschloß, selbst eine Reise hinunter in die Gefilde des Todes anzutreten, und Balders Erlösung von Hela zu erflehen. Diese Hinunterfahrt der Götiln Freya und ihr Erfolg macht den Stoff des folgenden Gedichtes aus.

Personen.

Odin, Gott des Kriegs und König der andern Gottheiten.

Thor, Gott der Luft.

Niord, Gott des Meers.

Surtur, Gott des Feuers.

Loke, Gott der Unterwelt.

Balder, Gott der Sonne.

Hertha, Göttin der Fruchtbarkeit und Odins Gemahlin.

Freya, Göttin der Schönheit.

Hela, Göttin des Todes.

Freya's Niederfahrt.

— Κωρα δε μιν ὐκ απολυει.

Βιων.

Erster Act.

Der Schauplatz ist in der Unterwelt.

Balder (allein.)

Du schreckenvolles Land, wo ewger Frost
Den Thron von Eis hat aufgeschlagen, wo
In immerwährendem Gestöber Schnee
Und Regen kämpft, die Luft unsichtbar wird,
Wo dicke Nacht den undurchdringlichen Schleyer
Hat ausgespreitet, wo der kältste Nord
Auf dichten Seen streicht, und meinen Leib
Erstarrt — Muß Balder stets vergebens
Die eitle Klage stöhnen? Wird sein Seufzen
Denn stets ein Sport verdammter Geister seyn,
Die über ihn in ihren Mörderhöhlen
Lautgellend lachen, daß es wiederhallt?

Muß Balder ewig schaudern beym Gesang
Der Todteneul'? und vor den blau und roth
Gefleckten Schlangen sich entsetzen, die
Die gift'gen Zähne weisen, und mit grausem
Gezische Mark und Bein durchschneiden? —

Fahr hin, du Traum der Lust! Lebt wohl,
Ihr glänzenden Behausungen, die stets
Vom jauchzenden Tumult der Fröhlichkeit
Und von harmonischem Gesang erschallen.
Ihr seelgen Sitze seelger Götter, die
Aus goldnen Hörnern dort den Honignectar
Der Biene zechen, hingerissen von
Der Schmeichelmelodie, die tönenden
Gefieders Braga's Harf' entrauscht. — Nie mehr
Wird Balder nun die Strahlenhallen sehn,
Wo er mit hochentzückter Seele sonst
Frohlockend saß im Kreis der Himmlischen
Und seine Freud' in ihre Freuden mischte.
Nein, Balder! Nein! — Du mußt nun bey der Brut
Der Riesen, in der Mitte heulender
Gespenster von Verbrechern wohnen. Nimmer
Wird nun dein sehnsuchtvolles Aug den Tag
Des heitern Himmels schauen. Hieher dringt
Kein Strahl des sanften Morgenlichts, hier theilt
Kein Götterabend holde Gaben aus.
Hier wirbelt nicht der Stimmen Silberklang
Mein tiefbekümmert Herz melodisch ein;
Der Höllenrabe segelt um mein Haupt,
Und krächzet hier sein heis'res Lied mir vor.

Du Flammenroß des Tages, dessen Mähne,
Hochflatternd in der Luft, den goldnen Strom
Des Lichts auf alle Welten gießt — Oft sprang
Ich auf den Strahlenrücken dir, und ritt
Den glänzenden Pfad; dann stieg ich hoch hinan
Das blaue Firmament, und glorienreich
Beflügelt' ich den wonnevollen Lauf.
Ach! wie gar anders! Ewiglich verbannt
Vom Reich des Lichtes ächzt in Hela's Hallen,
In mitternächtlich Dunkel eingehüllt,
Der Herr des Glanzes nun. —

Walhalla's Hain!
Von deinen schwanken Wipfeln flutbete
Die süßeste Musik herab in Mimers
Einschmeichelndes Gemurmel und verschmolz
Im Wohlgeruch balsam'scher Düfte — Oft
Hab' ich auf deinem Blumenpfad gewandelt
In himmlischer Gesellschaft — oft gesucht
Die stillsten deiner Schatten, oft belauscht
Mit scharfem Ohr den schmelzenden Gesang,
Gestimmt zur Liebe, der in Braga's Spiel
Ertönte; — da begegnete wohl gern
Die blühende Gestalt der schönen Freya,
Erröthend wie der kommende Tag, den fernen,
Zurückgezognen Schritten ihres Balders,

Und

Mimer. Mimers Quelle rann durch Walhalla. Ihr Wasser begeisterte den Trinker mit Weisheit, Beredsamkeit und Dichtergeist. A. d. V.

Und staunte dann den auserkohrnen Leib
Mit innrer Regung an, und ruhte gern
Mit ihrem Blick auf meiner Wang', und trank
Die Honigtöne meiner Lippen auf.
Dann schoß aus ihrem funkelnden Aug' ein Strahl
Der Liebe! —

Theurer Schauplatz flüchtger Freuden,
Leb wohl! — Was nützt nun Baldern die Gestalt,
Die Freya liebt? Was die Beredsamkeit,
Die alle Götter, wenn sie horchend lauschten,
Entzückte? — Eines Bruders blutge Hand
Hat meine Seeligkeit gemordet, mich
Vom Gipfel meines Glücks gestürzt ins Elend.

Verhaßte Jungfraun! Streutet ihr nicht weit
Umher die Frühlingsblumen, als zuerst
Ihr das entscheidende Gewebe wobt?
Und endlich krächzt der Rabe! — Schadenfroh
Erhaschtet ihr das Garn des Wehs, und tauchtet
Den höllischen Einschlag in das Pechmeer der
Verzweifelung. O du, der, hellumstrahlt
Von Glanz, auf dem lichtfarbnen Sitze thront,
O höre, höre, Odin, wie dein Sohn
Lautseufzend klagt! O wende doch dein Aug'
Hinweg vom Schauplatz deiner Herrlichkeit,
Und laß es mir die Vaterthräne weinen.
Zertheile bald die dicke Nacht des Schreckens,
Die mich umgibt! Streck' aus den kühnen Arm,
Und

Verhaßte Jungfraun. Die Nornen.

Und nimm, o nimm dein Kind aus diesen Höhlen
Der Finsterniß in deinen Sternensitz.
— Vergebner Wunsch! Es ist nicht dein, mein
Vater,
Den Schluß des wandellosen Schicksals
Zu brechen! — Balder, armer Balder, du
Wirst ohne Hoffnung hier in diesem Kerker
Die Ewigkeit verjammern müssen. Mag
Der schönen schönste Göttin, Freya, nun
Aus ihrem bangen Herzen jede süße
Erinnerung von Balders Liebe tilgen!

(Pause. Freya naht heran.)

Was seh' ich? Ists ein göttlich Licht, ein Strahl
Des Lebens, der sanftzitternd mich umschwebt?
Was für ein Wohlgeruch durchbalsamt süß
Die trüben Lüfte? — Eine Gottheit muß
Jetzt auf dem Wege seyn, und aus Erbarmen
Dies traurige Land besuchen! — Ach! sie ists!
Sie selbst! Sie selbst!

Freya (hereintretend.)

Wo weilt der liebliche Gott,
Den Hoders Grausamkeit der zärtlichen Freya
Aus ihren Armen riß? —

(Sie erblickt ihn und eilt auf ihn zu.)

Nun hab' ich ihn,
Umschließ' ihn wieder; meine Augen, roth
Von Thränen, sehn nun meinen Balder wieder.

 Ja,

Ja, Sohn von Odin! aus den Sternenreichen
Des Seegens stieg ich jetzt zum Sitz des Unglücks
Herab, um wieder dich, nur dich zu sehn.
Denn ohne dich ist selbst der Himmel Elend,
Sind alle seine hochgepries'nen Freuden
Ein tödtend Weh! — Neun Tage lang ritt ich,
Auf Odins Roß beflügelnd meinen Lauf,
Ein unermeßlich Land von dunkeln Thälern durch;
Zuletzt hemmt meinen Weg der schäumende
Giallarstrom. Hoch über dessen Wogen
Steigt eine luftge Brück' auf goldnem Fuß
Empor. Ein Krieger, ganz in Stahl gekleidet,
Bewacht den Eingang da. „Wo kommst du her?
„Wer bist du?" schrie er laut, „die zu den Hallen
„Des düstern Tods so gierig rennt? — Es bleicht
„Ja keine Blässe deiner Wange Rosen!
„Und dieser Augen hellem Licht' entdämmert
„Kein Todtenschein, das ist lebendig Feuer!
„Dich rief das Schicksal nicht!" Hinweg von mir,
Antwortet' ich, zu Hela's Hallen eilt
Jetzt eine Göttin. Damit peitscht' ich dann
Mein schnaufend Roß, daß von dem Donnerschlag
Des Hufes die erschrocknen Pfeiler bebten.
Nichts hemmte bis an Hela's eisern Thor
Den Flügellauf des Rosses, denn es schoß
Gleich einem flammenden Stern schnell über die
Erhabnen Mauern weg. Ich zittre jetzt
In Balders Armen noch.

Bal-

Balder.

Sey unbesorgt,
Geliebte Freya!

Freya.

Ach! mein Balder! daß
Doch diesem Arm die Macht nicht fehlte, dich
Des Todes Höhlen zu entreißen! — Dann
Wär' ew'ge Freude meiner Mühe Lohn.
So aber kann kein Mensch, kein Gott
Die eisernen Ketten Hela's brechen, wenn
Es ihr misfällt — und ihre schwarze Seele
Ergötzt sich an der Angst gequälter Geister.

Balder.

Auch Hela zu gewinnen wär' umsonst?
Sie bliebe ungerührt bey deiner Stimme Flehn?
Nein, Freya, nein! — auf deinen Rosenlippen
Sitzt Ueberredung allbezaubernd, ihr
Kann Niemand widerstehn, auch Hela muß
Dein Flehn erhören. Eil' und ruf die Göttin!

Freya.

Komm' aus deinem finstern Schacht,
Herrscherin der Mitternacht,
Schreckliche! hervor zu mir!
Komm' aus deiner kalten Kluft!
Horch, die weinende Freya ruft,
Und suchet Hülf' und Heil von dir!

Hela (von innen.)

Hinweg, hinweg, du Zauberin!
Aus Hela's Armen
Reißt kein Erbarmen,
Hela hört nicht! Hin ist hin!

Freya.

Bey Allvaters heil'gem Haupt,
Bey allen Göttern, die dein Zorn
Des schönsten Gott's beraubt,
Beym schrecklichen Giallarhorn,
Bey dem heil'gen Baum, der hoch
In Himmel die schwanken Aeste trägt,
Und in der Hölle Wurzel schlägt,
Beschwör' ich dich,
Du fürchterliche Königin,
Erhöre mich,
Und laß durch Freya's Thränen noch
Erweichen deinen Sinn!

Hela (hereintretend.)

Ein eisern Herz in meiner Brust
Komm' ich zu hören,
Was Freya fleht.
Sprich, doch, eh der Hahn noch kräht,
Kehre wieder ins Reich der Lust!

Freya.

Giallarhorn, Heimdalls Zauberhorn. Der heilge Baum, die Esche Ygdrasil.

Freya.

Im Abgrund deines Dunkels liegt mein Balder,
Ach! wie verzehrt von dem geheimen Leid!
Mit mattem Aug' ein Jüngling welk vor Alter,
Ein Muthiger dem niedern Gram geweyht!

Den Götterleib durchzittern kalte Schauer,
Die Rosenwang' erblaßt; der holde Mund,
Sonst so beredt, wird stumm; von tiefer Trauer
Die Brust erfüllt, das Herz von Seufzern wund.

Komm' edles Mitleid in dem Schneegewande
Zu Hela's Wohnungen herangeeilt!
Erhörung schwebt an ihres Auges Rande,
Wo, schmelzend schon, der Rührung Zähre weilt.

Erbarmungslos bey dieser Wunderschöne
Zerstörung bleibt, o Hela, nicht dein Blick!
Tilg' in des Schicksals Buch die schwarze Scene,
Und gib den Gott in Freya's Arm zurück.

Daß er mit mir ersteig den Feuerbogen,
Der strahlend dort in tausend Farben spielt!
Daß er mit mir durchflieh der Lüfte Wogen
Bis unsre Flucht am Glanzpalaste zielt!

Erhör', erhöre mich! — Walhalla's Mauern,
Sonst wiederhallend von der Freude Ruf,
Hört man jetzt dumpf um ihren Balder trauern,
Den die Natur zum Götterliebling schuf.

Aus unserm Kreis ist nun verschwunden
Die Fröhlichkeit, des Himmels Eigenthum;
Kein muntrer Scherz vergoldet unsre Stunden,
Der Kummer geht in Schattenbildern um.

Seit Balder allzufrüh ins Grab gesunken
Weis't zaudernd sich des Tages düstre Spur;
Der bleiche Mond verbirgt die Silberfunken,
Und krank verschmäht den Lenzschmuck die Natur —

Hela.

Freya, nun nichts mehr!
Wenn alle Götter der Natur hinab
Die herbe Thräne weinen auf sein Grab,
Dann geb' ich Baldern wieder her.
Ja, bey Allvaters heilgem Haupt,
Wenn alle Götter der Natur hinab
Die herbe Thräne weinen auf sein Grab,
Dann geb' ich wieder, was der Tod geraubt!
Jetzt fort von hier!

Freya.

Genug, genug!
Ich kehre schon mit Rosses Flug
Zurück ins Luftrevier!

Zwey-

Zweyter Act.

Der Schauplatz ist in Walhalla. Die Götter sind bey Odin versammelt.

Odin.

Willkommen hier, du schöne Königin
Der Liebe! — Sprich, ist Hela's hartes Herz
Erweicht durch deiner Klagen Süßigkeit?
Durch deiner Seufzer Ueberredung? — Kommt
Ins Licht zurück der allgeliebte Balder?

Freya.

Erhabner Herr der Götter und der Menschen!
Die einz'ge Huld, die Hela auf mein Flehn
Und meines Herzens laute Klagen mir
Vergönnte, war: „wenn alle Götter der
Natur auf Balders Grab die herbe Thräne
Des Schmerzes weinen, dann gibt Hela ihn
Zurück aus jener grauenvollen Nacht
Des Todes, und der allgeliebte Balder
Wird wiederum Walhalla's Mauern schmücken."
Nun mag die gold'ne Hoffnung noch nicht ganz
Aus Freya's weheerfülltem Busen fliehn.
Ich will, ich will mit süßen Schmeichelworten
Von den mitleid'gen Göttern diese Thräne
Erbitten, und aus Hela's Armen die
Zu prächt'ge Beute reißen. —

 An

An Odin (fortfahrend.)

Heldenvater! Herr im Krieg,
Strahlend in lichtem Waffenkleid!
Dein Wagen rollt und trägt den Sieg,
Der Feind erschrickt, und flieht den Streit!
Herr, dessen Weg auf Sternen geht,
In fürchterlicher Majestät
Schwingst du den goldnen Speer
Und ruf'st mit Donnerton;
Das himmlische Heer
Vernimmts und steht
Gedrängt um seinen König schon.
Der schwarze Rabe hebt
Sich in die Luft empor, und schwebt
Auf Strahlenschwingen;
Naht zu Odin dann im Flug,
Hat des heischern Sangs genug
Und wispert nun von höhern Dingen.
Er kommt von Skulda's Höllenruh,
Um deinen Forschblick auszuspähn
Und in die Zukunft einzudringen.
Da liesest du der Götter lichtem Chor
Die hohen Schickungen
Aus dem unsterblichen Buche vor. —
Sag, wird kein Vaterthränenduft
Herniederthau'n auf deines Balders Gruft?
Beweinst du nicht, was du verloren,
Dein blühend Kind, durch Hela's Zorn
Herabgestürzt aus den beglückten Zonen
In die verworfne Finsterniß,

Wo

Wo Unmuth und Verzweiflung wohnen?
Gewiß! Gewiß!
Ich sehe schon erpreßte Zähren
Die väterlichen Wangen ehren,
Und jede rollende Zähre spricht,
Welch eine Angst das Herz des Vaters bricht!
Ja, auferstehn,
Leben soll mein Balder wieder,
Wieder das Reich der Lüfte sehn!

Odin.

Odin weint die Thräne hinab,
Und netzet deines Balders Grab.

Freya wendet sich

An Hertha.

Du Königin der Erde, deren Hand
Allschöpferisch dem Menschensohn
Lebend'gen Geist und Daseyn gab;
Auf deren Stimme süßen Ton
Und lockendes Geheiß
Zuerst das unfruchtbare Land
Der wüsten Rohheit sich entwand,
Und seines eignen Schmuckes freute;
Du, die sogar das Meer zur Mutter weyhte,
Du gabst dem Volk die ganze Erde Preis,
Als sie aus vollem Schoos
Den schattigen Baum, die bunten Blumen streute,
Und Leben in jede Pflanze goß.

Sobald dein stattlicher Gang erscheint
Am sterblichen Gestad;
Schweigt in der Welt all überall
Krieg und Drommetenschall.
Der streitgerüstete Soldat
Erhebt nicht mehr
Die angeschloßnen Lanzen
Und die Natur bleibt jammerleer.
Rosinrothe Freuden tanzen
Vor deinem Silberwagen her;
Wohlgerüche, Balsamdüfte
Athmen durch die blauen Lüfte;
Berg und Thal, und Hain und Flur,
Und was vormals öde lag,
Wird in reicher Pracht gesehn;
Freundlich lächelt die Natur
In der Tiefe, auf den Höhn,
Und vergoldet doppeltschön
Steigt herauf der junge Tag.
Sag', Hertha, weinst du nicht hinab
Auf des jungen Balders Grab?

Hertha.

Hertha weint hinab,
Und netzet deines Balders Grab.

Freya wendet sich

An Thor.

Gott, dessen Macht durch alle Lüfte reicht,
Dein Flammenblitz stürzt von dem luft'gen Felsen
Die

Die Fichte, die gen Himmel steigt.
Dein Donner kracht und schmettert, daß erschrocken
Die jugendlichen Bäche stocken.
Du heißt die Dunstgestalten ziehn,
Du heißt die Wolken niederfließen,
Daß Teich' und Ströme sich ergießen
Und Sonnenhügel nicht mehr glühn.
Und wenn auf dein Gebot der Himmel sich empört,
So muß der Sturmwind schneller heulen,
Dem Ungewitter vorzueilen,
Das gräßlichbrüllend deiner Hand entfährt.
Dann steht vor Furcht der stolze Wald gebogen,
Und der erschreckte Ocean,
Auffahrend in geschwollnen Wogen,
Schlägt laut an den Gestaden an.
Du Gott, der mit dem eisernen Stab
Die Riesen zähmt, die dich verhöhnen,
Sag, wird dein Aug mitleidig thränen
Auf des geliebten Balders Grab?

Thor.

Mitleidig weinet Thor hinab,
Und netzet deines Balders Grab.

Freya wendet sich An Niord.

Gott, der des Abgrunds Tiefen mißt,
Deß schimmernd Wasser lieblich schwillt,
Und den steilen Felsberg küßt;
Wenn Donnergeheul die Luft erfüllt,

Und das geflügelte Wetter brüllt,
Daß deine Flächen sich bewegen;
So braus't das Meer den furchtbarn Schall entgegen,
Und deiner schäumenden Wellen Lauf
Steigt nun bis zu den Wolken auf,
Und peitschet die geschwärzte Luft
In schrecklicher Erschütterung.
Dann, wenn der gelbe Bliz in rothen Lüften feuert,
Fährst du voll Klarheit durch die Dämmerung,
Die das erzürnte Meer umschleyert.
Doch, eilen auf geschwindem Flügel
Die Ungewitter fort,
Und hält des Donners Rasseln ein,
Daß Sturm und Winde nicht mehr wüten;
So lispelt Thor in Zephyrn Frieden,
Und in der Sonne neuem Schein
Vergoldet sich die Stirn der Hügel.
Dann schweigt auf dein allmächtig Wort
Das Brüllen der Gewässer wieder,
Und dein bewegter Ocean
Sinkt nun gemach zu seiner Ruhe nieder!

Wonniglich
Hob sein friedlicher Busen sich,
Und hehres Schweigen hing
Auf Frühlingsfittigen,
Als Braga die schauernden Saiten rührte,
Und Niord an dem Gestade ging.

Plötzlich stand der Meeresvater still
Auf der spiegelhellen Fläche,

Bat

Bat den Himmelssänger
Um den sanftesten Gesang;
Und die schmelzende Musik,
Die in seine Fluthen drang,
Gleitete in lieblichem Geriesel
Sanft dahin, wie über Kiesel
Die kristallnen Bäche.

„Hervor! Hervor!“
Mein Vater ruft,
„Entsteig, entsteig der thauigen Kluft!
„Laß die Azurwellen netzen
„Dein golden Haar, der Glieder Schnee!
„Komm', eil' heran,
„Mit Zauberschönheit angethan,
„Daß dich der Sänger Braga seh,
„Und deine Reize ihn ergötzen!“
Er sprachs, und Freya stieg ins Reich der Lust empor.

Dann drückte Niord mich an seine Brust,
Und ich, ich war des Vaters Stolz und Lust!
Wird für seiner Tochter Pein
Dies Vaterherz nun unempfindlich seyn?
Oder weinst du mitleidsvoll hinab
Auf des jugendlichen Balders nachtumflortes Grab?

Niord.

Niord weint hinab,
Und netzet deines Balders Grab.

Freya

Freya wendet sich jetzt

An Surtur.

Herr, der zuerst dem Feuer gebot,
Aus Hekla's Schlünden aufzurauchen;
Zu dessen Fuß das Heer der Flammen dampft;
In deines glühenden Odems Hauchen
Weht und sengt der Tod,
Der selbst den Helden, dessen Roß
Noch unter ihm siegmuthig stampft,
Jetzt zu verderben droht!
Wenn dein Flammenzelter schnaubt,
Beugt die Natur ihr welkend Haupt;
Dein Todeswagen stäubt aus den Wind,
Aus deiner Rosse Nasen rinnt
Ein weitverzehrend Feuermeer.
Verwüstung flieget hinterher,
Hebt auf die rothe rechte Hand
Und kehrt mit feurigem Besen das verdorrte Land.
Sag, Surtur, weinest du hinab
Auf des jungen Balders Grab?

Surtur.

Surtur weint hinab,
Und netzet deines Balders Grab.

Freya wendet sich zuletzt

An Loke.

Gott der Unterwelt!
Dein giftiges Geschoß,

Das

Das nur tödtend fällt,
War des blühenden Balders Loos.
O laß nicht Skulda schreiben
Das ewige Gericht!
O laß Baldern nicht
Stets im Grabe bleiben!
Entreiß' dem Tod
Mit erbarmender Hand,
Reiß' aus dem verfluchten Land
Den gefallnen Gott!
Gib Leben seinem Sterbensblick,
Gib ihn in Freya's Arm zurück!
Wein', o Loke, wein' hinab
Auf des jungen Balders Grab!

Loke.

Fort! Für dein Reden
Ist Loke taub!
Loke weint nimmer,
Laß Hela immer
Den prächtgen Raub!

Freya.

Bey der Verdammten ew'gen Schmach,
Bey sterbender Mörder Weh und Ach!
Bey der Alpen gift'gem Hauch,
Bey deines Thrones Schwefelrauch,
Bey der Blitze furchtbarm Schein,
Bey des hungrigen Adlers Schrey'n,
Bey geschlachteter Kinder Blut,
Bey dem Brüllen von Gialls Fluth,

Bey der Alraun Todesschall *),
Bey deiner Hölle Schrecken all
Beschwör' ich dich — o wein' hinab
Auf des jungen Balders Grab!

Loke.

Weinen nicht! und stürzt' auf mein Gebein
Walhalla mit allen Mauern ein;
Und spie Skinfax aus flammendem Mund
Verderben in den Höllengrund;
Und drohte mir Surturs Pfeil den Tod,
Und setzte sein Feu'r mein Herz in Noth;
Und brüllte Niords schäumendes Meer
Und wärf mich leblos ans Ufer her;
Und hielte Thor mit mir Gericht
Und wüsch' in Blut mein Angesicht;
Hüb' Odin selbst, von Zorn erfüllt,
Seinen goldnen Speer, sein glänzend Schild;
Dies Ohr bleibt taub,
Dies harte Herz rührt nicht dein Flehn!
Hela behalte den prächt'gen Raub,
Bis Höll' und Himmel untergehn!

Gräter.

*) Man glaubte ehedem, daß beym Ausreissen der Alraune ein schreyender Schall aus der Erde komme, der demjenigen, welcher ihn höre, den Tod bedeute. A. d. V.

Nach=

Nachschrift.

Um den Leser nicht unter der Lectüre in seinem Vergnügen zu unterbrechen, sind alle berichtigende Anmerkungen und selbst die Sayersschen Erläuterungen, wo sie unnöthig schienen, unter dem Texte weggelassen worden. Es wäre freylich zu wünschen, daß Herr Sayers tiefere Kenntniß der Nordischen Götterlehre besäße, damit er seinem in lyrischer Hinsicht gewiß schönen und großentheils vortreflichen Gedichte auch den Werth der mythischen Wahrheit, und sich selbst ein bedeutenderes Verdienst um den Gebrauch und die Schätzung dieser Mythologie hätte erwerben können. Da dieser Gegenstand ganz für Bragur gehört, so könnte hier eine weitere Beurtheilung am rechten Orte stehen. Wirklich sollte auch zu diesem Endzwecke der fünfte, sechste und siebente Brief Ueber den Gebrauch der Nordischen Mythologie aus dem Anhange zu den Briefen Ueber den Geist der Nord D. u. M. hier eingerückt wer-

werden, da sich diese drey ganz eigentlich über die Sayersche Ausführung der Mythe von Balders Erlösung verbreiten, und die Arbeit des Englischen Dichters durch eine Vergleichung mit dem Dänischen Trauerspiele, Balders Tod von Ewald, auf einer neuen Seite beleuchten. Allein dafür war gerade ein eben so großer Raum nöthig, als nur für die ganze erste Abtheilung des Magazins bestimmt werden kann. Auch ein schon versuchter Auszug erforderte noch mehrere Bogen, und doch hätten dadurch die Gründe Für und Wider, wo nicht an Stärke, doch an Lebhaftigkeit und Einleuchtung verloren. Soviel mag indessen als Resultat hier stehen. Mythische Süjets sind überhaupt der dramatischen Dichtart nicht günstig, und man muß sich wundern, daß die meisten neuern Dichter gleichwohl immer zuerst auf diesem Wege die Nordische oder Deutsche Götterlehre empfehlen wollten. Doch ist es einem von Ihnen wirklich geglückt, die Nordischen Mythen mit entschiedenem Beyfalle so-

gar

gar aufs Theater zu bringen, nemlich dem Dänen Ewald. Sein Tod Balders kann aber auch, wo nicht in allen Theilen, doch im Ganzen als ein Muster angesehen werden, auf welche Art die Nordische Mythologie selbst der pragmatischen Behandlung empfänglich gemacht, und auch jetzt noch durch Dichter und Künstler ausgebildet werden könnte. Nicht so mit Herrn Sayers. Seine Niederfahrt der Göttin Freya läßt viele und wesentliche Wünsche unerfüllt, man mag das Gedicht betrachten auf welcher Seite man will. Die gänzliche Veränderung der Mythe war nicht nothwendig; die neue Composition verliert vielmehr dadurch gegen die alte an Interesse. Auch scheint, wenn man voraussetzt, daß der Dichter zunächst diejenigen Leser vor Augen haben mußte, welche mit der Nordischen Mythologie bekannt sind, zu folgen, daß es wenigstens nicht klug gethan sey, ihren mythischen Glauben gleich beym Anfange zu beleidigen, ihre Begriffe zu verwirren, und den Zusammenhang der Göttergeschichte zu zerstören, zumal da es der Umdichtung bey näherer Betrachtung auch an ästhetischer Wahrscheinlichkeit fehlt. In dramatischer Hinsicht steht Sayers weit unter Ewald. Schrittweise Entwicklung der Empfindungen ist seine Sache nicht, so wenig als Dialog, natürlicher Ausdruck, nüancirte Diction und Charakterdarstellung. Das ganze Gedicht ist fast rein lyrisch; überall hört man den Dichter, niemals die handelnden Personen. Er scheint es aber doch selbst für eine dramatische und nicht für eine lyrische Composition zu halten, da er es a Masque betitelt, und mit andern unter dem Namen dramatischer Skizzen begreift. Wenn man sich indessen an seine eigene Angabe nicht kehrt, und das Gedicht blos als eine lyrische Composition ansieht; so vermißt man doch auch alsdann noch innere Wahrscheinlichkeit, zu deren Erwartung man ohnehin durch die dramatische Form mehr genöthiget wird. Dies ist auch die Ursache,

warum

warum das Schauerliche, auf dessen Hervorbringung der Plan berechnet zu seyn scheint, keine nachhaltende Wirkung hat. Um H. S. poetischem Genie Gerechtigkeit wiederfahren zu lassen, muß man sein Gedicht weder als ein dramatisches, noch als ein lyrisches Ganze, sondern die einzelnen Stücke als eben so viele poetische Gemählde betrachten.

Dies im Allgemeinen. Und nun noch einige mythologische Erinnerungen.

Mit dem Personale vergleiche man das räsonnirende Verzeichniß der Nordischen Götter im ersten Bande, S. 61. u. fg. Da Herr S. außer Freya und Hela nur die Naturgottheiten wollte auftreten lassen, d. h. solche, die unmittelbar einen Theil der Natur vorstellen und beherrschen; so mußte er für das Meer statt Niord, dem Gotte der Winde, Aegern nehmen, welcher der eigentliche Neptun oder vielmehr der alte Oceanus ist. Loke kommt niemals in den Liedern der Skalden als der Gott der Unterwelt vor, sondern in den ältesten Mythen ist er der Gott des Feuers (Loge, Lohe, und in den spätern der Kakodämon. Und warum erscheint nicht statt der Deutschen Hertha die Nordische Frigga, da sonst alles Nordisch ist? Wie kommt Odin als Kriegsgott unter die Götter der Natur? denn als das Symbol der Sonne ist er nicht besungen. Die wirklichen Naturgottheiten sind übrigens schon am angef. Orte S. 71. u. 72. enumerirt.

Freya hätte wohl die Göttin der Liebe bleiben dürfen, da sie als Göttin der Schönheit kein besonderes Interesse in ihrer Situation erhält. Und warum muß der längst vergessene Irrthum übelberichteter Scribenten, daß Balder die Gottheit der Sonne sey, mit Vorbeygehung aller bessern Quellen wieder hervorgeholt werden? Poetische Licenz kann es nicht seyn — oder würde mans einem Dichter verzeihen, wenn er in einem Süjet aus der Griechischen Mythologie den Adonis zum Gotte der Sonne und Phöbus zum Beherrscher der Schlachten machte?

Schade

Schade daß die übrigens so schöne Stelle: Thou flaming steed of day etc. durch diesen Irrthum in Balders Monolog keinen mythischen Werth hat. Doch wenn man nur nicht öfter Ursache zu einem solchen Bedauren fände! Wie trefflich mahlend sind die Verse:

Groves of Valhalla! from whose waving boughs
Sweet Music, mix'd with Mimer's soothing murmur,
For ever floated on the fragrant air etc.

aber Mimer ist kein Strom, der durch Walhalla fließt, wie die Verse andeuten und H. S. in einer Note mit klaren Worten sagt; sondern es ist der Name eines Mannes, der Besitzer von dem Weisheitsbrunnen war.

Und hätte doch Balders Verwünschung der Nornen:

Ye hated maids!
When first ye 'gan to weave the woof of fate,
Ye scatter'd wide around the flowers of spring;
At length the raven croak'd — with joy ye snatch'd
The cords of woe, and dipp'd the cursed web
Deep in the pitchy waters of despair.

eben so viel objective Wahrheit, als Feuer des Kolorits! Wer sich aber aus den Nord. Blum. der Charakterisirung der Nornen aus den ältesten poetischen Denkmalen, und der Bemerkungen über den Walkyrengesang erinnert, wird leicht sehen, daß das Schicksalsgewebe der Nornen ein mythologischer Misgriff ist.

Eben so sollte, da H. S. in der so schönen Strofe der Elegie an Hela:

Yield, Hela, yield; Valhalla's mournful towers
No longer echo with the jocund sound,
No longer gladneſs gilds the paſſing hours,
But pale-ey'd ſorrow caſts her ſhadows round.

von der Trauer der Himmlischen in ihrer Wohnung redet, nicht Walhalla, sondern Asgar als ihr gemeinschaftlicher Aufenthalt angegeben seyn, wohin auch der Schauplatz des zweyten Acts gehörte. Kleinigkeiten übrigens, die sich mit leichter Mühe hätten verbessern lassen, wenn es die Absicht gewesen wäre, für die Ideen des Gedichts verantwortlich zu seyn, und nicht vielmehr das Sayerssche Werk so viel als möglich getreu wiederzugeben.

Die

Die Hymnen, um derentwillen vielleicht das Ganze so und nicht anders ausgeführt ist, haben allerdings das Verdienst hoher lyrischer Kraft und einer metrischen und rhythmischen Kunst, die in der Nachbildung manchmal fast in Verzweiflung bringt. Der Ton ist meistens hoch, geht ins Orientalischerhabene, versteigt sich aber nur einmal in dem fiery belom der Verwüstung. Desto mehr mangelt es diesen Hymnen an nationalem Charakter, an Nordischer Originalität. Der Dichter hat zwar die Eigenschaften der Naturgottheiten mit Genie aufgefaßt und mit einer schönen Fantasie dargestellt, so daß wir die Gottheiten der Luft, des Meers, der Fruchtbarkeit, des Feuers u. s. w. lebendig erkennen; aber die Nordischen Götter Thor, Niord (Aeger) Hertha (Frigga) Surtur ꝛc. würden sich in manchem Zuge kaum entfernt getroffen finden. Sayers Schilderungen sind zu allgemein, und man könnte seine Hymnen durch Veränderung der Namen mit gleichem Recht an Jupiter, Neptun,

Ceres, Hephästos ic. als an jene Nordischen Götter richten. Wirklich scheint auch H. S. aus der Griechisch-Römischen Mythologie mehr geschöpft zu haben, als aus der Fabellehre des Nordens. So ist es ganz ein Eigenthum der erstern, wenn die Göttin der Liebe aus dem Schaume des Meeres hervorkommt. Das sollte man ihr aber als eigen lassen, und, so schön und lieblich auch die Idee immer seyn mag, nicht in die Nordische hinübertragen. Herr S. macht es aber so, und läßt die Göttin Freya nach Aphroditens Beyspiele ebenfalls den Wellen entsteigen. Ich weiß, man wird das als eine Bereicherung der Nordischen Mythologie ansehen wollen; aber was gewinnt denn auf solche Art unsere Dichtkunst durch den Gebrauch derselben? Neue Charaktere? oder nur neue Namen?

2.

Kurzer Begriff
von den
Druiden, Barden, Skalden, Minstrels, Minnesingern und Meistersängern.

Da Bragur vorzüglich für die Bearbeitung und Bekanntmachung der Gedichte unserer gesammten vaterländischen Vorzeit bestimmt ist; so müssen auch die verschiedenen Dichter-benennungen, die in dieser und jener Zeit, bey diesem und jenem Zweige unseres Stammes gebräuchlich waren, häufig vorkommen, und unsere Leser konnten eine Beleuchtung dersel-ben mit Recht erwarten, sobald die allgemei-neren Uebersichten, die nothwendiger Weise vorangehen mußten, wirklich gegeben waren. Der Fall ist nun da, und mehrere Gelehrte

haben

haben auch bereits die Geschichte einzelner Dichterschaften theils schon für Bragur bearbeitet, theils sich vorläufig zu einer oder der andern verstanden. Die Einrichtung dieses Magazins erlaubt aber nicht, in Einem Bande mehr als Eine dieser Geschichten aufzunehmen. Da nun der Ueberblick des Ganzen durch die Vertheilung in mehrere Bände dem Leser zu lange vorenthalten wird; so folgt hier, um diesen Mangel einigermaaßen zu ersetzen, eine kurze Skizze von den vornehmsten Dichterschaften der einheimischen Vorzeit. — Von Mösogothischen Dichtern ist uns so wenig mehr bekannt [als] übergeblieben, man müßte denn den Gothischen Glückwunsch am Byzantinischen Hofe hieher rechnen, welchen Herr Professor Forster aus dem Konstantin Porphyrogenet zuerst und allein nach richtigen Grundsätzen wieder herzustellen versucht hat, ein Versuch, der unter die scharfsinnigsten gelehrten Wagnisse gehört. Die beyden andern Stämme, der Nordische und Deutsche, sind

desto

desto fruchtbarer an poetischen Producten, und haben auch jede ihre eigenen Namen für ihre Dichter. Im Norden führten sie in einem Zeitraume von mehr als tausend Jahren nur Einen, nemlich den der Skalden. Reicher an solchen Benennungen ist die deutsche Vorzeit. Im Heidenthum legt man ihr gewöhnlich Barden und Druiden bey; in der fränkischen Periode weiß ich keinen einheimischen Namen für die deutschen Dichter; in der schwäbischen aber finden sich Minnesinger und nach diesen machten sich die Meistersänger bekannt. Auch die sächsischen Dichter in Brittannien führten noch einen andern Ordensnamen, den Namen der Minstrels. Von allen diesen soll also hier ein kurzer Begriff gegeben werden; nur kann ich das nicht von Barden und Druiden der Deutschen, da mir für diese Meinung noch die Belege fehlen. Theils aber zur Vergleichung, und theils, als einen Beytrag zur Bestimmung dessen, was uns nicht angehört, setze ich an ihrer Statt

die

die Barden und aus einem ähnlichen Grunde auch die Druiden der Galen oder Celten her. Uebrigens nehme man die folgenden Blätter für nicht mehr als sie seyn sollen, eine vorläufige Skizze, die aus dem Bekannten das Glaubwürdige kurz zusammenstellt, um dem Nichtkenner einen deutlichen, wenigstens einen klaren Begriff von diesen verschiedenen Dichtern zu verschaffen, bis in den folgenden Bänden von jeder einzelnen Dichterschaft die detaillirtere Beschreibung erscheinen kann.

a.

Druiden

waren nach dem einmüthigen Zeugnisse der alten Schriftsteller und der neuern Forscher weder Dichter noch Sänger, sondern die Priester des Galischen Volksstammes. Nach dem Cäsar setzte man zu seiner Zeit ihren Ursprung in Brittannien. Die Zeit ihrer Entstehung ist ungewiß; gewiß aber, daß sie unter sich verbunden lebten, und ihre eigenen

Rechte

Rechte und Gesetze hatten. Ihr Orden muß indessen sehr alt seyn, da die frühern Griechischen und Römischen Schriftsteller schon seiner gedenken.

Der Name der Druiden bedeutet in der galischen Sprache weise Männer. Sie waren auch wirklich die σοφοι ihres Volks, die Verwalter der Religionsgeheimnisse, und zugleich der Natur- und Vernunft-Weisheit; so wie sie nach ächter Priesterart durch das Vorgeben ihrer Vertrautschaft mit dem Himmel auch die Macht der Gesetze an sich zu reißen wußten, und also im politischen, religiösen und Privatstande effective die obersten Richter machten. Ihr Urtheil erkannte man für das Urtheil des Himmels (breith — neimhe). Doch standen auch sie wieder unter einem Oberhaupte, dem Erzdruiden, im Galischen Coibhi oder Coibhi Druidh genannt; meistens der Würdigste des Ordens, der von ihnen selbst nach Mehrheit der Stimmen gewählt wurde.

Die-

Dieser Kolwi war die höchste Instanz, und von ihm galt keine weitere Appellation. Seine Verehrung und das Vertrauen des Volks auf ihn war so groß und allgemein, daß man von ihm im Sprüchwort sagte:

„Der Erd' ist nicht ein Stein so nah,
„Als Hülfsbedürft'gen Hülfe vom Kolwi."

Die Druiden unterschieden sich auch im Aeußern von andern Ständen. Ihr Braean oder Oberkleid, ein Talar, der bis an die Fersen reichte, hatte sechserley Farben. (Andere trugen sie nur bis an die Kniee, und selbst die höchsten Standespersonen, außer dem König, der sich durch einen siebenfarbigen Talar auszeichnete, durften nicht mehr als vier Farben in ihren Kleidern haben.) Ihr Haupthaar war kurz, den Bart aber ließen sie lang wachsen. In der Hand trugen sie gewöhnlich einen weißen Stab, slatan drui'eachd oder Zauberstab genannt; um ihren Nacken aber ein eyförmiges Angehänge in Gold gefaßt, und über

die

die Schultern, vorzüglich bey Amtsverrichtungen; ein weißes Chorkleid. Sogar von ihren Schuhen sind wir berichtet, es seyen fünfeckigte hölzerne Pantoffel gewesen. Uebrigens läßt es sich glauben, daß ihr Betragen vorzugsweise musterhaft war, daß sie für ihre Zeit keine gemeinen Kenntnisse besaßen, und selbst auch, daß sie ihre Gewalt selten, wenigstens nicht in der Blüthe ihres Ordens, misbrauchten. Wer die Würde eines Druiden erlangen wollte, mußte oft erst etlich und zwanzig Jahre ihren Unterricht anhören, und in seinem Lebenswandel und guten Sitten ein geprüfter Mann seyn.

In ihrer Macht stand es auch den Vergobret *) oder den jährlichen Regenten zu wählen;

*) Obgleich Julius Cäsar von den Galliern und namentlich von den Aeduern erzählt, sie hätten einen jährlichen Oberrichter gehabt, der in ihrer Sprache Vergobret genannt werde; so hat doch eine misverstandene Vaterlandsliebe die Vergobrete auch den alten Deutschen zu vindiciren gesucht.

wählen; dieses Recht aber gab zuletzt Gelegenheit zu ihrem Untergang. Im Anfange des

sucht. Verschiedene Gelehrte, besonders Junius und Schilter bemühten sich, dieses Wort aus dem Fränkischen zu erklären. Jener leitete es von *vergben*, (darbringen, vorlegen, ingleichen, doch scheint das nur Vermuthung zu seyn, fordern, vollstrecken) ab, und machte aus der Endigung Obret Oberst, also: oberster Vollzieher. Dieser aber leitet vergo von *vörgen*, Fährleute, Schiffer ab, und bret von *brecht*, vornehm, berühmt; so daß es eine metaphorische Benennung des Richters wäre: „der vornehme, erhabene Schiffer, der am Staatsruder sitzt.“ Oder schlägt er auch vor, vergo von *werge* (Werk) abzuleiten, und so hieße es dann: der Thatenberühmte. Man sieht aber leicht, daß alle diese Etymologien gezwungen sind, und begreift wohl, daß man den Ursprung eines galischen Wortes nicht in der Fränkischen, sondern in der Galischen Sprache aufsuchen müsse. In dieser findet man nun, daß *Fergu-breth* nichts mehr und nichts weniger als einen Richter bedeute, nach dem Genius der Sprache und einer sehr gewöhnlichen Zusammensetzung „den Mann des Urtheils, Mann des Gerichts“ von *fergu* (alt für fearg, fear) ein Mann, und *breith*, das Urtheil, Gericht.

des zweyten Jahrhunderts nemlich begann ihr Ansehen unter den Caledoniern zu sinken. Die Vornehmen des Volks nahmen sich nun heraus, den Vergobret selbst zu wählen, ohne die Druiden nur darum zu befragen. Dies schmerzte nun freylich diese Priester sehr, und sie dachten ernstlich darauf, bey dem nächsten Vorfalle dieses Recht zur Ehre ihres Ordens wieder aus den Händen der Ungeweyhten zu reißen. Als sich daher ein neuer Streit mit den Römern erhob, sandten sie Garmal, Tarno's Sohn, geraden Weges hin zu des berühmten Fingals Großvater, der dazumal Vergobret war, und befahlen ihm im Namen des ganzen Ordens, sein Amt niederzulegen. Wie leicht zu erachten weigerte sich dieser; jene aber bestanden auf ihrer Forderung; beyde Partheyen wurden hitziger, griffen zu den Waffen, und es entstand ein bürgerlicher Krieg, der dem Orden der Druiden auf einmal ein Ende machte. Von den wenigen, die noch übrig blieben, zogen sich einige in ihre

Höhlen zurück, andre flohen nach den Hebridischen Inseln, wo sie sich noch auf Anglesey und vorzüglich auf Jona geraume Zeit erhielten, bis sie endlich auch da im sechsten Jahrhundert von St. Columba herausgeworfen wurden.

Mit den Druiden standen, es ist nicht genau bekannt, in welcher, aber doch gewiß in naher Verbindung die

b.

Barden.

So hießen die eigentlichen Dichter und Sänger des nemlichen Volkes, die mit den Aoiden der Griechen große Aehnlichkeit hatten. Es scheint, daß einige von ihnen in den Orden der Druiden aufgenommen, oder vielmehr, daß die Druiden aus ihrem Orden gewählt wurden. Ihr Amt war, das Lob der Helden zu besingen, und ihren Gesang mit der Harfe zu begleiten. Sie gingen deswegen selbst in den Krieg, welches die Drui-

den

den nicht thaten, und waren bey den Schlachten zugegen, um Augenzeugen von den Thaten der Tapfern zu seyn. „Sie schritten (so heißt es in einem alten Gedichte von den Irischen Barden) voran an der Spitze der Armee, geschmückt mit weitflatternden Kleidern, die glänzenden Harfen in ihrer Hand, umgeben von den Orfidigh oder Instrumentenspielern. Während die Schlacht wüthete, standen sie beyseite, und beobachteten in Sicherheit (denn ihre Person war heilig) die Handlungen der Feldherren, und sammelten Stoff zu ihren Gesängen.“ Sonst war es auch bey den Nordbritten überhaupt im Gebrauch, daß die vornehmern Barden am Vorabend einer Schlacht das Heer in einem Liede zur Tapferkeit ermunterten, welche Art von Gesange man Brosnuha-cath (Begeisterung zum Kriege) nannte. In der Schlacht selbst aber war ihr Ansehen so mächtig wirkend, daß die Streitenden mitten in dem hitzigsten Gefechte die Waffen sinken liessen, wenn ein Barde sein Veto rief.

Mit ihnen zugleich werden in den ältern Schriftstellern die Semnotheoi und Eubages genannt. Man erklärt nun zwar jene für die Stammtafelndichter (Seannachai im Galischen), und diese entweder für Profeten, (Faidhs im Galischen) oder für Lehrlinge, Anfänger, Dea' oder deu' phaiste, welches in den obliquen Beugungsfällen 'eu-vaiste klingt, und versprechende Jünglinge bedeutet; allein das eine wie das andere kommt doch am Ende nur auf eine Muthmaßung hinaus. Wir bleiben also bey den Barden.

In Gallien löschte ihr Orden bald aus, ohne eine Spur hinter sich zu lassen; desto länger aber erhielt er sich in Großbrittannien, wo er sich der Nation so unentbehrlich machte, daß er selbst nach der Einführung des Christenthums, wenn gleich in veränderter Gestalt, doch mit ähnlichem Glück und Ansehen seine Existenz behauptete. Sie hatten die Könige und die Heiligkeit ihrer Person zum Schutz.

Einige von ihnen besaßen oft ganze Ländereyen im Staate als ein Erbeigenthum; auch genossen sie die Freygebigkeit der Privatpersonen, und wurden mitunter sogar auf öffentliche Kosten unterhalten. Diese Vorzüge und Vortheile aber vermehrten ihre Anzahl so sehr, daß man einmal unter einem Irrländischen Monarchen nur allein tausend Hauptbarden zählte. Gegen das Ende des sechsten Jahrhunderts rechnete sich schon ein Drittheil des Volks zu ihnen, und machte auf ihre Rechte Anspruch. Natürlich mußte auf solche Art, zumal da die Aufseher des Rechts und der Rechtschaffenheit, die Druiden, vertrieben waren, ihre Würde nach und nach abnehmen. Ihr Orden verlosch, und die Bardenkunst ging bald in Hofpoeterey und Bänkelgesang über.

In Wales führte der Hofbarde von seiner Harfe, Telym oder Telyn genannt, den Namen Bard-Teulu, und war dem Range nach der siebente unter den vier und zwanzig hohen Bedienten des Hofs. In Irrland hieß ein Hauptbarde Ard-Files, Hochdichter, oder Ollamh Redan, Doctor der Dichtkünste. Jeder dieser Hochdichter oder Doctoren hatte dreyssig Barden vom zweyten Range, und jeder von den letztern wieder funfzehn Lehrlinge zur Begleitung. Man sieht daraus, daß sie auch unter sich in gewisse Ordnungen eingetheilt waren.

Die berühmtesten Barden unter denen in Wales sind Taliesin und Chyvarch, unter welchen der erste mit dem stolzen Titel Ben-Bairdhe, Haupt der Barden, von seinen Landsleuten beehrt wurde. Beyde blühten im sechsten Jahrhundert.

In Irrland nennt man als einen der Ersten den Barden Kraftiene (Craiftine), der schon 300 Jahre vor unsrer Zeitrechnung gelebt haben soll.

In den schottischen Hochländern oder in dem eigentlichen Caledonien aber blühte ohngefähr im dritten, vierten und fünften Jahr-

hun-

hundert das berühmte Drey der vortreflichsten Barden, Orran, Ullin und Ossian, von deren hohen Gesängen das Gedächtniß noch einen grossen Theil auf die Nachwelt gebracht hat.

Allein weder diese Barden, noch die vorher gedachten Druiden, gehören dem deutschen, oder, um allgemeiner nach der im ersten Bande angenommenen Bestimmung zu reden, dem Gothischen Stamme, unserm vaterländischen, an. Wir haben auch nicht einmal das mindeste Recht, von der Beschaffenheit der celtischen Druiden auf den Charakter der alten deutschen Priester, und eben so wenig von dem Geiste der celtischen Barden auf den Geist der Gesänge unserer ältesten vaterländischen Dichter zu schliessen. Wollen wir uns ja von diesen durch Analogie einen etwelchen Begriff machen, so weiß ich nicht, zu welchen Dichtern des Alterthums wir uns eher wenden sollten, als zu unsern nächsten

Stammes- Sprach- und Geistes-Verwandten, den Skalden.

c.

Skalden.

Dies ist der Ehrennahme der Nordischen Dichter, sowohl der älteren skandinavischen in Dännemark, Norwegen und Schweden, als der späteren in Island. In welchem Jahrhundert er aber entstanden sey, kann ich nicht sagen; doch vielleicht läßt es sich mit der Zeit näher bestimmen. Snorro nennt die allerersten Dichter des Nordens (die eingewanderten Asen) Liodasmidir, Liederschmiede, Liedermacher. Skalden bedeutet nach der wahrscheinlichsten Ableitung vernünftige, kluge, oder vielmehr witzige Männer. Sonst hieß man sie auch Speckinger, Seher, Weise.

Der älteste Skalde, dessen Nahme uns noch aufbehalten ist, wird von G. Schöning in in das zweyte Jahrhundert gesetzt, nemlich Ulfur hinn Oarge; und der älteste, von dessen Liedern wir den Verfasser kennen, das ist der berühmte Starkader oder Sterkoddur, ein Schwede von Geburt, nach der gewöhnlichen Meynung aus dem sechsten Jahrhundert. Daß wir nicht ältere Skalden mit Namen kennen, und von ältern Liedern nicht die Verfasser mehr wissen, das hat die undankbare Zeit gethan. Man muß aber den Ursprung der nordischen Dichtkunst und Dichter weit früher annehmen, wenn man nach dem Gange der Entwickelung menschlicher Fähigkeiten rechnet, oder wenn man nur die Spuren älterer Mythen und älterer Dichtkunst in den uns noch aufbehaltenen Götterfabeln nicht übermerken will.

Einen Orden scheinen die Skalden nicht gehabt zu haben. Wem Odin hold war, und wessen Herz Braga begeisterte, oder mit simpeln Worten, wer sich zum Dichten angetrieben

ben fühlte, der ward ein Skalde, er mochte seyn, wer er wollte. Könige auf ihren Thronen und Hirten auf den Feldhügeln ergriffen die Harfe, wenn der Skalwyngl d. i. ein poetischer Geist sie anwandelte. Freylich gab es auch Männer, welchen die Götter vor andern günstig waren, und diese widmeten sich dann vorzüglich der Dichtkunst, und machten in solcher Hinsicht einen eigenen Stand aus. Sowohl in den ältesten als in spätern Zeiten waren sie die Tyrtäen im Krieg. Man hat jetzt noch Gesänge, welche von ihnen vor dem Anfange eines Treffens zur Anfeuerung der Krieger abgesungen wurden. Nur aus Unbekanntheit mit ihren Werken aber kann man behaupten, daß Kriege und Heldenthaten der einzige Stoff ihrer Lieder gewesen seyen. Die Gegenstände ihrer Kunst waren so mannigfach als ihre Empfindungen und die Zeiten und Umstände, unter welchen sie lebten. Sie besangen Götter und Menschen, einzelne Helden und ganze Geschlechter, große Begebenheiten und kleine Vorfälle, trugen die Weisheit der Natur, die Speculationen der Vernunft und die Mysterien ihrer Religion in Liedern vor. Auch waren ihnen die schöneren Gefühle der Liebe sowohl als die erhabenen der Tapferkeit und des kriegerischen Ruhmes bekannt. Nicht selten erfand auch der Witz eigene Dichtungen, die zum Theil mit der muthwilligsten Laune ausgeführt sind, und oft den feinsten Spott enthalten.

Die Könige und Fürsten schätzten sich glücklich, solche Männer an ihren Höfen zu haben, nicht blos, um ihre Thaten und ihr Geschlecht durch sie erhoben und verewigt zu wissen, sondern vorzüglich wohl ihrer Gelehrsamkeit und Einsicht wegen. Nach und nach wurde nach dem gewöhnlichen Laufe der Welt freylich auch dies zur Sitte, und ein Gefolge von Skalden mußte endlich zur Vermehrung des fürstlichen Glanzes dienen. Diese Hofskalden scheinen im dreyzehnten Jahrhundert am zahlreichreichsten, und die Isländischen die beliebtesten gewesen zu seyn. Man hat auch Beyspiele von Skalden, die an allen drey Nordischen Höfen zugleich als Hofskalden angenommen waren. Einige Isländische befanden sich sogar an dem Englischen Hofe der Könige Ethelsten und Ethelred. Der letzte Isländische Hofskalde war Sturle Tordson, und lebte ohngefähr um das Jahr 1265 an Birger Jarls Hofe in Schweden.

Ueberhaupt haben sich unter den spätern Skalden die Isländischen am meisten hervorgethan und berühmt gemacht. Von ihren Landsleuten rühren auch großentheils die bekannten Nordischen Sagen her.

Von den Gedichten sowohl der Skandinavischen als der Isländischen Skalden ist noch eine sehr bedeutende Anzahl vorhanden; nur sind bey weitem noch nicht alle durch den Druck bekannt. Gedichtsammlungen einzelner Skalden aber hat man noch gar nicht, und es möchte wohl ein halbes Jahrhundert verfließen, ehe man im Stande ist, sich eine vollständige Kenntniß der Skaldenliteratur erwerben zu können. Ihre Geschichte ist daher bis itzt noch äußerst mager, und eine gegründete specielle Classification derselben nicht möglich.

Von dem Charakter ihrer Gedichte aber kann man im Allgemeinen so viel sagen, daß sie sich besonders durch zween Umstände von den Liedern aller andern alten Völker, die nicht von Gothischer Abkunft sind, unterscheiden, nemlich durch ihre Prosodie und Mythologie. Jene, auf die künstlichste Harmonie gegründet, verschaffte den Skalden den Vortheil, daß ihre Lieder blieben, wie sie anfangs gedichtet waren, wenn sie auch noch so viele Jahrhunderte blos durchs Gedächtniß mußten fortgepflanzt werden. Diese, die Mythologie, versah sie mit einer eigenen Dichtersprache (Skaldskaparmal), die zwar in den spätern Zeiten ins Widrige und Lächerliche

liche ausartete, bey den frühern Dichtern aber als natürlicher einheimischer Schmuck gefällt, und den Reiz der Neuheit und wahrer Originalität gewährt.

Dies von den Skalden der Norden. Die Angelsächsischen Dichter und Sänger in Großbrittannien wurden im Mittelalter

d.

Minstrels

genannt. Dieser Name, aus dem Mönchslateinischen Worte Ministellus entstanden, bedeutet nach dem Einen einen Künstler oder Professionisten, nach dem Andern einen Hofbeamten, und ein Dritter sagt, daß er von dem Englischen Minster's, wie man die Kirchendiener bey den Kathedralen nannte, herzuleiten sey. Vielleicht haben alle drey, vielleicht keiner recht. Doch scheinen die beyden erstern Bedeutungen der Sache am meisten zu entsprechen.

Die

Die Minstrels waren anfänglich, als sich die Angelsachsen noch zur Odinischen Religion bekannten, unter sich verbundene Dichter, die ihre eigenen Lieder in den Häusern der Vornehmen und bey öffentlichen Festen und Lustbarkeiten zur Harfe absangen. Nach der Einführung des Christenthums aber fingen die Dichter an, sich von den Sängern zu unterscheiden. Die Poesie kam in die Hände der Gelehrten von aller Art; die Musik hingegen und die Absingung der Lieder blieb bey den Minstrels, die indessen nach wie vor in Verbindung lebten, herumzogen, und nur jetzt nicht mehr eigene Arbeiten (doch gab es Ausnahmen) sondern die Lieder anderer Poeten mit Gesang und Spiel begleiteten. Sowohl in der heidnischen als in der christlichen Zeit behaupteten auch sie wie die Barden und Skalden ein gewisses Ansehen; genossen überall freyen Zutritt, reisten in ihrem Ordenshabit sicher, und konnten selbst ohne Gefahr ein feindliches Lager besuchen. Unter den Angelsächsischen Königen war der Minstrel eine besondere Hofstelle. In die Regierung Richard des Ersten aber darf man vielleicht den Flor der Minstrelschaft setzen. Von Ranulph, dem letzten Grafen von Chester, erhielt Lord Roger von Lacy das Patronat über die Minstrels, und dieser trat es wieder an Hugo von Dutton und seine Erben ab. Dadurch kam es, daß sie nachmals ein eigenes Gericht zu Chester erhielten, in welchem man sich über die Vortheile der Gesellschaft berathschlagte, und die Unwürdigen zur Rechenschaft zog. Nicht lange vor dem Anfange des funfzehnten Jahrhunderts errichtete Johann von Gaunt zu Tutbury in Staffordshire einen ähnlichen Gerichtshof von Minstrels, dessen Gewalt sich über alle Mitglieder dieses Ordens in den fünf benachbarten Grafschaften erstreckte. Durch ein förmliches Patent waren sie auch bevollmächtiget, einen König der Minstrels zu wählen und vier Aeltesten, welche die Aufsicht über die Andern haben

soll:

sollten. Noch unter Heinrich dem Achten findet man, daß alle großen und adlichen Häuser eine Anzahl von Minstrels hielten. Gegen das Ende des sechszehnten Jahrhunderts aber hatten diese Sänger schon durch ihr Herumstreichen bereits soviel an Sittlichkeit, Ansehen und Credit verlohren, daß sie in einer Verordnung der Königin Elisabeth mit den Straßenräubern in eine Klasse gesetzt, und zu gleicher Strafe verurtheilt wurden. Von diesem Zeitpunkt an scheint auch Name und Orden der Minstrels verloschen zu seyn.

Die Vorfahren der Minstrels zu bestimmen, bedarf es wohl keiner weit her gesuchten Gründe. Aus den Gallischen Barden in Brittannien entstanden sie sicher nicht, so oft man das auch schon gesagt und Percy misverstanden hat. Ohne Zweifel sind sie die Nachfolger der ältern Angelsächsischen Dichter, die vielleicht eher mit den Skandinavischen als mit den Galischen einen gemeinschaftlichen Namen führen mochten.

Ich bemerke nur noch, daß von diesen Minstrels vermuthlich die ältern englischen Balladen und Romanzen herrühren, die zum Theil schon durch unsere neuern Dichter glücklich auf deutschen Boden verpflanzt sind.

Ohngefähr um die nemliche Zeit, als die Minstrels in Brittannien umzogen, blühte in Deutschland das berühmte Chor der

e.

M i n n e s i n g e r.

Was man mit dieser Benennung für einen Begriff zu verbinden hat, werden die Leser der Bragur schon hin und wieder in dem ersten Bande angedeutet gefunden haben. Unter dem schönen Namen der Minne dachten sich unsere Vorväter die getreue und standhafte Liebe zu der auserkohrnen Dame des Herzens. Minne war die Göttin, welche die deutschen Ritter ihre kühnsten Abentheuer beste-

bestehen hieß, und die nemliche gab ihnen auch die zärtliche Laute in die Hand, die so oft von ihren verliebten Klagen wiedertönte, und begeisterte sie zu jenen schmelzenden Gesängen, welchen sie ihren Namen und ihre Unsterblichkeit zu verdanken haben. Die höchsten Fürsten unsers Vaterlandes huldigten dieser süßen Schwärmerey, und die deutsche Dichtkunst erlebte einmal die glückliche Periode, wo sie nicht die Gunst der Großen erflehen durfte, sondern diese selbst mit dem edelsten Wetteifer um die ihrige buhlten.

Man belegt diese Liebessänger der Ritterzeit auch mit dem Namen der schwäbischen Dichter, und gibt beyde Benennungen für gleichbedeutend aus; allein mich dünkt, dadurch sind unsre Begriffe von ihnen mehr verwirrt als aufgeklärt geworden. Der Name der schwäbischen Dichter ist für die Minnesinger zu eng und zu weit; zu enge, weil der Anfang ihrer Periode (wenn uns auch gleich ältere Liebeslieder der Ritter nicht aufbewahrt sind) sehr wahrscheinlich vor der Erhebung des schwäbischen Hauses zur Kaiserwürde gedacht werden muß, und auch ihr Ende nicht von der schwäbischen Regierung abhing; zu weit, indem gleichwohl der schwäbische Zeitpunkt auch andere Dichter noch unter sich begreift, die man nicht zu den Minnesingern rechnen kann. Man sollte daher wenigstens beyde Benennungen nicht verwechseln, und jeder ihren eigenen Werth und Vortheil lassen.

Ich will es nicht geradezu behaupten, aber so weit ich sie kenne, scheint mir die Besingung der Minne nicht blos vorzugsweise ein Eigenthum des höhern Adels, sondern so unzertrennlich mit dem Geiste der Ritterzeit verbunden gewesen zu seyn, daß die Entstehung und der Untergang der letztern auch den Anfang und das Ende der Minnesingerperiode bestimme. Dies hindert demunerachtet nicht, ihren Flor in das dreyzehnte Jahrhundert zu setzen. Soviel für jetzt.

Von

Von diesen Sängern ist noch eine beträchtliche Anzahl lyrischer, und auch didaktischer und epischer Gedichte vorhanden. Viele davon sind gedruckt, aber wenige bearbeitet, und noch weniger bey der Lesewelt in Umlauf gebracht. Auch das, was hie und da über die Geschichte dieser merkwürdigen Dichterperiode gesagt ist, sind nichts mehr als einzelne Bruchstücke, die noch lange nicht für Materiallen zu einem Ganzen können angesehen werden. Eine competente Charakteristik der Minnesinger aber läßt sich alsdann erst hoffen, wenn die Lebens- und Zeit-Umstände jedes dieser Dichter mehr ins Licht gesetzt, und ihre Lieder chronologisch zusammengestellt und erläutert sind, damit wir den Unterschied ihrer poetischen Talente bemerken, und zugleich beurtheilen können, was die spätern dem Studium der frühern schuldig sind, welche von ihnen Original, und welche nur Copien waren.

Nach der Erlöschung dieser reizenden Dichter thaten sich die

f.

Meistersänger

hervor. Die Musen, möchte ich sagen, welche vorher nur Palläste zu ihrem Aufenthalt erkohren hatten, um hinter den Gardinen der Fürsten die Sprache der Minne zu belauschen, schienen sich auf Einmal das Wort zum Abzug aus diesen glänzenden Wohnungen gegeben zu haben, ließen sich zu der niedern Volksclasse herab, und traten „mit Gunst“ in die Zünfte der Meister und Gesellen ein. Im vierzehnten Jahrhundert nemlich hörte die Dichtkunst auf, eine Beschäftigung des höheren Adels zu seyn; damit erlosch auch der Minnegesang, und nun erst konnten die Meistersänger, die schon lange ihr Wesen getrieben hatten, alle Aufmerksamkeit auf sich allein ziehen. Daher mag es wohl kommen, daß man gewöhnlich die

die Meistersänger auch der Zeit nach auf die Minnesinger folgen, und jene aus diesen entstehen und abkommen läßt. Beydes möchte aber manchen gerechten Widerspruch erfahren dürfen. Was die Zeitfolge betrift, so dünkt mich, die Meistersänger seyen fast gleich alt mit den Minnesingern, ohne mit ihnen weder Geist, noch Kunst, noch Charakter gemein zu haben, oder in irgend einer gegenseitigen Verbindung gestanden zu seyn. Wenn man auch nicht der Tradition und den Lagerbüchern der Meistersänger, die sich ja ausdrücklich auf Vorgänger aus dem schwäbischen Zeitpuncte berufen, Glauben beymessen will, und in einzelnen Puncten es nicht kann; so liefert doch selbst die Bodmerische Sammlung Beyspiele von älterem Meistergesang und frühern Meistersängern als aus dem vierzehnten Jahrhundert, die Beweises genug sind, daß man die Periode der Meistersänger nicht erst mit dem Ende der Minnesinger anfangen darf. Demunerachtet aber könnten nun die erstern doch Abkömmlinge und Lehrlinge von den letztern gewesen seyn. Allein ich weiß nicht, ob der Unterschied der Stände in jener Zeit so wenig Einfluß hatte, daß der Adel die gemeinsten Handwerksleute nicht blos an einer Kunst, die zu den Geheimnissen seines Herzens gehörte, Theil nehmen lassen, sondern sie sogar darin unterrichten, und, wie man denken sollte, zu Brüdern ihres Ordens machen konnte? Ob es ferner wahrscheinlich ist, daß Leute, die keine Ritter waren, oder wenigstens nicht an ihren Stand gränzten, gleichwohl mit ihnen einerley Ideen, Sinn und Gefühl haben, und für die ritterliche Liebe empfänglich seyn mochten? Ueberhaupt aber (um die Gründe nicht zu häufen) frage ich nur, ob es denn schon erwiesen ist, daß die Minnesinger wirklich als Dichter (die Stellen, auf die Herr Adelung wahrscheinlich deutet, möchten leichter das Gegentheil darthun) einen Orden ausmachten, eigene Rechte, Gesetze, Bücher, Vorschriften u. s. w.

kurz

kurz eine eigene bestimmte Ordnung für ihre Kunst, Verse und Reime hatten? ob es also nur möglich war, daß die Meistersänger von ihnen irgend eine besondere Dichtkunst lernen, Orden und Ordensgesetze von ihnen erben konnten? Oder was soll das Entstehen und Abkommen von den Minnesingern sonst heißen? —

Eben so wenig mag noch die Bedeutung des Wortes Meistersänger ganz aufs Reine seyn. Ich bin aber schon zu weitläuftig geworden, um in dieser Hinsicht mehr hinzufügen zu können, als daß zum mindesten der Vorsatz des Wortes Meister in der Sammlung der schwäbischen Dichter (wie die Bodmerische bestimmter benannt seyn möchte) nicht Meister des Gesanges bedeute, sondern blos den Stand des Dichters (hier: den Meister Schlosser, Schmidt, Seiler u. s. w.) anzeige. Nachdem aber einmal die edle Dichtkunst eine Profession der Handwerker und zünftig ward, so wurde sie auch nach ihrem Geist

behan-

behandelt, und die Mitglieder ihrer Zunft hatten in der Dichtkunst die Grade der Lehrlinge, Gesellen und Meister eben so wie in ihrem Handwerke nach und nach durchzugehen und zu überwinden. Man kann sich das Detail denken, und die geistlosen Geburten vorstellen, die eine so handwerksmäßige Kunst erzeugen mußte. Es versteht sich, daß ich damit nicht alles verwerfe; aber was gut ist, das brachte auch nicht die Zunft, sondern die Natur hervor. Hat doch Hanns Sachs, der selbst eine eigene Tabulatur für den Meistergesang stellte, alles unterdrückt, was er als Meistersänger dichten mußte, und nur das des Druckes würdig gehalten, was ihm sein eigenes Genie und seine Laune eingab!

Uebrigens waren die Meistersänger weit ausgebreitet, und hatten berühmte Zünfte in den vornehmsten Städten, als in Mainz, Regensburg, Nürnberg, Strasburg, Augsburg, Ulm u. s. w, wo sie zum Theile noch bis jetzt zu finden sind.

So wenig oder so viel zu einem vorläufigen kurzen Begriff von den Druiden, Barden, Skalden, Minstrels, Minnesingern und Meistersängern. Wenn die beyden letztern Artikel mehr problematisch als dogmatisch aussehen, so war der Gegenstand daran Schuld, von dem sich der Verfasser dieses Aufsatzes selbst erst einen richtigern Begriff verschaffen wollte, weil ihm der gewöhnliche nicht überzeugend war. Die Einstreuung einiger anderer Ideen aber hatte nur den Wunsch zum Grunde, diesen oder jenen Punct einst näher untersucht und erörtert zu sehen.

G.

3.

Ueber den Geist *)

der

Nordischen Dichtkunst und Mythologie.

An Herrn Prof. F.....rn in Br**

Zweyter Brief.

Wenn ich nun aber wirklich die Trümmern von einem Nordischen Gedichte aufgefunden hätte, die es wagen dürften, sich mit den Ovidischen Metamorphosen zu messen? Wenn sie es wirklich klar bewiesen, daß die Nordische Mythologie eines poetischen Zusammenhangs

*) Wenn dieser Beysatz auf die ersten Briefe nicht zu passen scheint; so kann er doch um der Folge willen nicht weggelassen, und auch die Ordnung der Briefe nicht geändert werden.

hangs fähig war, den die Griechische, wenigstens unter der Hand des Römischen Dichters, nicht gewonnen hat?

„Nordische Metamorphosen?“ rufen Sie verwundert aus. „Nordische? in alter skandinavischer Sprache? von einem Nordischen Skalden gedichtet? wirklich aus der Vorzeit? Das ist nicht möglich! Das ist unerhört!“ „O mein Freund, wenn es auf die Unerhörtheit ankömmt, so hab' ich wohl schon tollere Dinge aus unserm Norden hören müssen. Es ist nicht alles unmöglich, was uns im ersten Augenblicke unwahrscheinlich dünkt. Ich scherze nicht, das sollen Sie sehen. Kein ganzes Gedicht, Trümmern nur, aber Trümmern, auf welchen sich noch jetzt unter andern Umständen das schönste Gebäude aufführen ließe. Leider hab' ich noch nicht alles entziffert. Borgen Sie mir immer die Fragmente des Gedichtes selbst noch einige Zeit; ich will dafür desto geduldiger seyn, Ihnen die vorhandenen Rubriken abzuschreiben, die, ob sie gleich auch

nicht

nicht mehr vollständig sind, doch den Plan dieses verloren gegangenen Werkes der Nordischen Vorzeit deutlich genug verrathen. Ich affectire keinen alten Styl in der Uebersetzung. Der im Originale war zu seiner Zeit auch nicht alt. Hier sind sie.

*

Die Urältermutter Allkunna versammelt ihre Söhne und Töchter, Enkel und Urenkel, um ihnen noch vor ihrem Ende die Geschichte des Himmels und der Erde zu erzählen, damit sie inskünftige die längst gefallenen und zerstörten Götter nicht mehr anbeten, und ihre Nachkommen lehren möchten, daß nur Ein Wesen über Alles regiere.

*

Die Familie der Urältermutter lagert sich um sie her, und will ihr zuhorchen, bis der Tag anbricht. Allkunna verlangt das nicht, sie sollen der Ruhe genießen; nur wünscht sie, daß sie jeden Abend, wenn der letzte Strahl der Sonne im Meer verschwinde, wiederkommen mögen. In zwölf Nächten hofft sie ihnen alles erzählt zu haben, was sie von Göttern und Menschen weiß. Nun beginnt das Gedicht selbst.

Vermuthlich war es nach dieser Angabe in zwölf Nächte abgetheilt; diese Abtheilung aber ist verloren; ich setze Ihnen also die Rubriken her, wie ich sie habe.

---

*

Von Ewigkeit herrschte Allvater. Er ist der Schöpfer der ganzen Welt, und aller Asen.

*

Am Anfang war nichts als eine leichte Masse, ein Abgrund ohne Gränzen, Ginnungagap.

*

In diesem stand die Esche Ygdrasil, unter deren Wurzeln Vergangenheit, Gegenwart und Zukunft, die bestimmende Zeit verborgen war.

*

Durch Allvaters Kraft sondern sich in Ginnungagap die feurigen und die kalten Theile. Daraus entstehen die beyden Welten, Muspelheim und Niflheim, mit jener der schwarze Herrscher Surtur.

*

Die Flüsse Eliwagur treten aus ihren Betten. Ihr Gift erstarrt. Von Muspelheim weht das Feuer, von Niflheim der Eiswind, die gefrornen Dünste lösen sich in Tropfen auf, und bilden den Riesen Ymer.

*

Ymer erzeugt das böse Geschlecht der Eisriesen oder Rymthursen, und aller andern Riesen.

*

Aus einem Felsen entspringt der Felsensohn Bure; dieser zeugt Bör, dieser Odin, Wile und We.

*

Börs Söhne erschlagen den Rymthursen Ymer. Aus seinem Blute entsteht eine Weltfluth,

fluth, in welcher das ganze Geschlecht der Riesen umkommt, außer Bergelmern, der sich auf einem Nachen rettet, und der Vater aller künftigen Riesen wird.

*

Aus Ymers Körper bauen die drey Brüder die ganze Welt, Himmel und Erde, Meer und Felsen, nehmen darauf den Himmel ein, und werden die Beherrscher desselben, d. i. Götter.

*

Die Götter versetzen nun die Feuerfunken von Muspelheim an den Himmel, und ordnen ihren Lauf. So entstehen Sonne und Mond, Planeten und Fixsterne.

*

Für die Welt erbauen sie die Mittelburg Midgard, und erschaffen die Menschen.

*

Die Zwergen entstehen als Würmer in Ymers Leichnam, und erhalten von den Göttern menschliche Gestalt und Vernunft.

*

Niörfes Tochter Nött, die Nacht, vermählt sich mit dem dämmernden Dellinger und zeugt mit ihm Dagur, den Tag.

*

Allvater versetzt beyde in den Himmel, gibt ihnen Roß und Wagen und läßt sie um die Erde reiten.

*

Mundilfare's Kinder, Maani und Sool, nehmen die Götter weg zur Regierung der Sonne und des Monds.

*

Wasuder erzeugt den Winter, Swasuther den Sommer.

* * *

Odin vermählt sich mit des Riesen Fiorgyns Tochter, Frigga, auch Jörd, Erde genannt, und zeugt mit ihr die Asen, Thor, Balder, Braga, Hermode, Tyr und Hoder.

Die

*

Der Riese Farbaute vermählt sich mit Laufeya und zeugt mit ihr Loke, Bileister und Helblinder.

*

Loke heurathet die Riesin Angerbode, zeugt mit ihr den Wolf Fenrir, die Weltschlange Jormungandur und den Tod Hela.

*

Heimdall wird von neun Riesenjungfraun am Rande der Erde geboren.

*

Die Asen erbauen sich eine Stadt im Himmel und nennen sie nach ihrem Namen Asgard.

*

Die Götter und Göttinnen erhalten ihre eigenen Wohnungen und Palläste.

*

Idunna wird unter die Göttinnen aufgenommen, und vermählt sich mit Braga.

*

Vom Weisheitsbrunnen Mimers. Odin gibt für einen einzigen Trunk aus demselben sein eines Auge.

* * *

Krieg der Asen mit den Wanen. Niord wird unter die Asen aufgenommen.

*

Odin, Loke und Häner machen eine Reise ins Land der Jötunnen.

*

Zum Zeichen des Friedens spucken beyde Partheyen in ein Gefäß, daraus entsteht Quaser.

*

Quaser wird von zween Zwergen getödtet, und aus seinem Blut ein Dichtermeth gemacht.

*

Suttung, ein Riese, erhält diesen Meth, und läßt ihn durch seine Tochter bewachen. Die Götter werden lüstern darnach und senden Odin ab.

Odin

*

Odin erreicht seinen Zweck, bringt den Meth nach Asgard.

*

Die Dichtkunst entsteht.

*

Loke wird von dem Riesen Thiasse in die Luft geführt. Um loszukommen, muß er versprechen, Idunna, Braga's Gattin, in seine Hände zu spielen. Loke verleitet Idunna in einen Wald, Thiasse entführt sie.

*

Die Götter fangen an zu altern, weil ihnen nun die Aepfel der Unsterblichkeit fehlen.

*

Loke wird vorgefordert, bekennt, und verbindet sich, Idunna wieder herbeyzubringen. Er verwandelt sich in einen Adler und holt in dieser Gestalt die Göttin aus der Burg des Riesen.

*

Thiasse fliegt ihm nach bis zur Götterburg, die Götter tödten ihn, und versetzen seine Augen in den Himmel.

Wie Skade, Thiassens Tochter, nach Asgard kommt, und den Tod ihres Vaters beklagt.

*

Skade wird unter die Göttinnen aufgenommen, und Niord ihr zum Gemahl gegeben.

*

Niord zeugt mit ihr Frey und Freya. Die Götter schenken dem jungen Frey das Reich der Elfen.

*

Loke vermählt sich zum zweytenmale mit der Riesentochter Sigynia und zeugt mit ihr zwey Söhne, Nar und Wal.

*

Thor reiset ebenfalls in das Riesenland, raubt die Königin Sifia, bringt sie und ihren Sohn Uller in den Himmel, und zeugt mit ihr Mode und Magne.

*

Die Bergriesen und Eisriesen insultiren die Götterstadt.

Ein

*

Ein Zwerge erbietet sich, eine feste Burg gegen sie zu erbauen unter der Bedingung, daß man ihm die schöne Göttin Freya nebst der Sonne und dem Monde zur Belohnung gebe.

*

Die Asen gehen die Bedingung ein, wenn das Werk innerhalb des Winters fertig werde.

*

Der Bau naht sich der Vollendung, die Götter fürchten schon den Preis zu verlieren, Loke aber rettet sie noch durch eine List, die zugleich die Ursache von der Misgeburt des Götterpferdes Sleipner wird.

*

Die Götter erbauen nun auch von dieser Burg aus den Luftweg Bifröst oder den Regenbogen, und setzen am Ende derselben den Gott Heimdall zum Wächter, wenn die Riesen wieder den Himmel stürmen wollten, weswegen sie ihm auch die errichtete Himmelsburg zur Wohnung einräumen.

* * *

Freya vermählt sich mit Odur und gebiert ihm zwo Töchter, Nossa und Gersemi.

*

Odur reiset in ferne Länder. Freya folgt ihm nach.

*

Ihre Abentheuer.

*

Sie verliert ihn endlich, kann ihn nimmer finden, kehrt nach Asgard zurück und weint goldene Thränen um ihn.

*

Jetzt fängt Freya an, allen Göttern die Freuden der Liebe zu schenken, besonders Odin.

* * *

Ihr Bruder Frey besteigt aus Vorwitz den Thron Lidskialf, und wird dafür mit Liebeswuth gegen die Riesentochter Gerda bestraft.

*

Er sendet seinen Diener Skirner in das Riesenland, um die Prinzessin zu werben, und verspricht ihm sein Schwert zur Belohnung.

Skir-

*

Skirner wirbt, erzwingt das Jawort, kehrt nach Asgard zurück, und erhält das versprochne Schwert.

*

Wie Frey und Gerda nach neun Nächten in dem „Hain zu den stillen Reisen“ zusammenkommen.

*

Frey vermählt sich mit Gerda. Die Aufnahme der letztern unter die Göttinnen.

* * *

Loke schneidet der Gemahlin Thors aus Muthwillen die Haare ab.

*

Der Donnergott nöthigt den muthwilligen Loke durch Drohungen, ihr nunmehr goldene zu verschaffen.

*

Wie Loke deshalb in das Zwergenland reiset, und von den Söhnen Ywalds außer dem verlangten goldenen Haar noch zwey Kleinodien erhält, das Schiff Skidbladner und die Streitart Gugner.

*

Wie ihm unterwegs ein andrer Zwerge, Namens Brock, begegnet, mit welchem er um den Kopf wettet, daß sein Bruder nicht im Stande sey, drey ähnliche Kostbarkeiten hervorzubringen.

*

Der Zwerge geht die Wette ein, und Eiter, sein Bruder, verfertigt ebenfalls drey Kleinodien, den Ring Drupner, den Eber Gullinbuste, und den Hammer Miölner.

*

Beyde Partheyen erscheinen mit ihren Geschenken in Asgard. Die Götter sollen entscheiden. Loke gibt Odin das Schwert Gugner, Thor das goldene Haar, Freyern das Schiff Skidbladner. Der Zwerge Brock hingegen Odin den Ring Drupner, Frey den Eber Gullinbuste, Thor den Hammer Miölner. Das letzte Geschenk wird einstimmig für das vornehmste gehalten, und der Zwerg als Sieger erkannt.

Loke

*

Loke bietet für seinen Kopf ein Lösegeld. Der Zwerg ist aber nicht damit zufrieden. Loke entwischt und verschwindet.

* . .

Der Gott Thor vermißt seinen Hammer, den ihm der Riesenkönig Thrym gestohlen.

.

Loke wird nach Jötunheim gesendet, der Riese gesteht den Raub, und will ihn für die Auslieferung der Liebesgöttin wieder ersetzen.

*

Der Botschafter kehrt zurück, Freya soll den Riesenkönig nehmen, sie sträubt sich, die Götter halten Rath. Thor muß sich selbst in eine Braut verkleiden und fährt nach Jötunheim.

.

Thrym läßt sich täuschen, liefert den Hammer aus, und Thor erschlägt den Riesen nebst seinem ganzen Geschlecht.

Odin

* * *

Odin macht Reisen nach Samsey, nach Jötunheim und in viele Länder, besteht manche Helden- Weisheits- und Liebes-Abentheuer.

* * *

Thors Reisen ins Land der Riesen.

* * *

Thor kommt nach Utgard und thut Wunderthaten, trinkt das Meer aus, überwältigt den Tod, und läuft mit einem Gedanken in die Wette.

*

Seine Abentheuer mit Skrymern und Rugnern.

*

Thor will die Weltschlange Jormungandur fangen und tödten, reiset deswegen zu Hymern, erreicht aber seinen Zweck nicht.

* * *

Die Götter binden den Wolf Fenrir; Tyr gibt ihm seine Hand zum Unterpfande und verliert sie.

Bal-

* * *

Balder hat schreckliche Träume und benachrichtigt davon die Götter.

*

Die Götter halten einen Rath, und Frigga beschwört alle Geschöpfe, Baldern keinen Schaden zu thun, außer einer jungen Staude.

*

Loke erforscht von ihr dies nicht beschworne Gewächs, und gibt es dem blinden Hoder, als eben alle Götter zum Zeitvertreibe auf den festgemachten Balder werfen.

*

Hoder wirft ihn ebenfalls, Balder ist todt, und muß ins Reich der Hela wandern.

*

Balders Leichenbegängniß.

*

Die Götter sind bekümmert und senden Hermode nach Niflheim, um Baldern von Hela wieder zu erbitten.

Hela

*

Hela macht die Bedingung, daß sich kein Ding auf der ganzen Welt weigern soll, über seinen Tod zu weinen.

*

Frigga sendet in alle Welt. Alles weint, nur die Zauberin Thok nicht, und Balder muß unter den Todten bleiben.

* * *

Die Götter kommen zu dem Riesen oder Meergott Aeger zum Gastmahl.

*

Loke kommt auch, hält sich über alles auf, erschlägt den Diener Fimafenger und lästert alle Götter.

*

Die Götter ergreifen ihn, und binden ihn mit den Eingeweiden seines Sohnes Nar.

*

Skade hängt eine giftige Schlange über sein Antlitz. Signnia, seine Gemahlin, setzt sich ihm zur Seite und faßt das Gift in einer Schaale auf.

*

Erstes Entstehen des Erdbebens.

*

Es folgen blutige Kriege unter den Menschen.

*

Drey schreckliche Winter kommen auf einander.

*

Im Himmel und in der Natur entsteht ein allgemeiner Krieg.

*

Surtur mit den Muspelheimern zieht gegen die Götter zu Felde.

*

Heimdall stößt in das Allarmhorn.

*

Odin kommt mit allen Göttern und Einherien gewappnet auf den Kampfplatz.

*

Thor kämpft mit der Midgardischen Schlange, erschöpft sich und gibt seinen Geist auf.

*

Frey streitet mit Surtur und erliegt.

*

Tyr mit dem Höllenhund Garmur. Beyde fallen zugleich.

*

Odin wird von dem Wolfe Fenrir verschlungen.

*

Loke und Heimdall bringen einander selbst um.

* * *

Darauf wirft Surtur Feuer in die Welt, und verbrennt die Erde und den Himmel mit allen Menschen und Göttern.

*

Aus dem Meere entsteigt eine neue Erde, und ein neuer Himmel, die nun beyde wieder von dem einzigen ewigen Wesen Allvater allein regiert werden.

* * *

So weit, mein Freund, die Erzählung der zwölf Nächte, oder vielmehr die Fragmente meiner Handschrift. Der Lücken mit drey schwarzen Sternen sind freylich viele; aber Anfang und Ende hat uns doch ein barmherziger Genius der Zeit zum Glück noch ganz gerettet. Auch die Zwischenstücke enthalten bedeutende Winke, wie die entwickelte Fabelnatur ihre Kräfte nach und nach zu sehr vertheilt und schwächt, um sich selbst den Untergang zu bereiten. Verlangen Sie mehr zur Muthmaßung über den Zusammenhang des Ganzen? — Und nun, mein Theuerster, urtheilen Sie, welche von beyden Metamorphosen mehr Einheit im Plane haben mögen, die Römischen oder die Nordischen? Und wollen Sie auch dann noch der mythischen Chronick vom Chaos bis auf Julius Cäsar gegen diese allem Anscheine nach pragmatische Erzählung der Alkunna das partheyische Wort reden? oder lieber eingestehen, daß die Natur wenigstens im Anlegen und Hauptwurf eine mächtige Rivalin der Kunst sey? Ich denke, das letztere. Leben Sie wohl.

Ihr

G.

Nachricht.

Als hier das Manuscript des Mitherausgebers der Bragur eintreffen sollte, kam die so ganz ungeahndete Botschaft von dem plötzlichen Tode desselben.

Mein Schmerz und meine Betäubung sind zu groß, als daß ich jetzt das Mindeste hinzusetzen könnte.

Am 5. Febr. 1792.

Gräter.

II. Unter-

II.

Unterhaltungen.

Natura in ogni aspetto
Semplice si figura;
Ch'il sempliee non ama,
Amar non può natura.

I.

Romane.

(Fortsetzung.)

Tyrfing, oder das Zwergengeschmeide.

Zweytes Buch.

Wir lassen jetzt die Arngrimiden segeln und begeben uns nach Swithiod. Die liebenswürdige Prinzessin Ingburg hatte seit der Ankunft der Berserker an ihres Vaters Hofe keine frohe Stunde mehr. Immer schwebte ihr noch der Kämpfer Hlörwart lebendig vor Augen, wie er so trotzig hereintrat, so pochend auf seine Tollkühnheit und das Schrecken seiner Thaten sie zur Braut forderte, mit welcher Verachtung er ihre Liebe zu Hialmarn aufnahm; und ach! wie klopfte ihr Herz, wenn sie an den Tag gedachte, an welchem der Freund ihrer Seele vielleicht auf ewig von ihr scheiden soll, um unter den Streichen eines Wüthenden sein tapferes Leben zu enden. Dennoch konnte sie ihre Angst nicht mit dem muthigen Prinzen Hialmar theilen, ohne Furcht, ihn zu beleidigen, oder vor ihm erröthen zu müssen. Das gute Mädchen verschloß ihren Kummer, aber man sah wohl, daß die Heiterkeit von ihrer Stirne floh, daß das Feuer ihrer Augen erlosch, und die Rosen ihrer Wangen nicht mehr blühten. Selbst bey den allgemeinen Feyerlichkeiten des Volks, wo sie sich sonst Mühe gegeben hatte, die fröhlichste und freundlichste zu seyn, war sie jetzt still und traurig, vergaß die Königstochter, und dachte nur dem Anliegen ihres Herzens nach. Auch der Tag „Aller Göttinnen" und das Fest des Sonnenrads hatten für sie keine

Freuden mehr. Nur wenn Hialmars Muth von den Skalden besungen wurde, oder wenn er neuerdings einen unglaublichen Sieg erfocht, und ihr die Beute zum Geschenke brachte; dann funkelte in ihren Blicken die Hoffnung wieder, daß ihr Geliebter auch von dem bevorstehenden Inselgange als Sieger und Held in ihre Arme zurückkehren, und sie zu der geehrtesten Frau des Landes machen werde.

Die Zeit der Blumen nahte indessen mit schnellen Schritten heran. Da dem König soviel an der Erhaltung des Prinzen Hialmars lag, theils weil er ebenfalls aus königlichem Geblüte entsprossen, und bereits Herr über fünf Länder war, theils weil das schwedische Reich seinem Muthe und seiner Tapferkeit die wichtigsten Eroberungen verdankte, und vornemlich weil das Wohl seiner Tochter, die er so zärtlich liebte, ganz von dem Leben Hialmars abzuhängen schien; so berief er die Diener des Staats zusammen, und berathschlagte sich mit ihnen gemeinschaftlich über die Sicherheit des Prinzen bey dem bevorstehenden Zweykampfe mit den Berserkern. Nach reiflicher Erwägung der Umstände beschloß man, zwey Schiffe auszurüsten, und zur Besetzung derselben unter den Kämpfern des Reichs zweyhundert der keckſten und bewährtesten Helden auszulesen, von welchen das eine Hundert Hialmar, das andere aber Oddur, sein Amtsgenosse, commandiren sollte, der dem Prinzen in diesem gefährlichen Vorhaben schlechterdings zum Beystande mitzugeben sey. Dieser Schluß gefiel dem König, und er befahl sogleich, daß man Anstalt machen sollte, alles so auszuführen, wie man in der Versammlung überein gekommen war. Als nun der Morgen des zur Abreise bestimmten Tages anbrach, versammelten sich die Kämpfer vor den Wohnungen der beyden Reichsbeschützer, die schon vor Sonnen Aufgang zum Streite gerüstet waren, und unter freyem Himmel mit Ungeduld dem längst ersehnten Mor-

Morgen entgegen harrten. Hialmar war in vollem Harnisch; Oddur aber hatte außer Helm und Schwert keine eiserne Rüstung; an deren Statt war er mit einem Irrländischen Zaubergewand angethan, das alle Kraft des Stahls vereitelte. Jetzt kam auch der König mit seinen Freunden, und die Prinzessin mit ihren Jungfrauen herbey. Man gab das Zeichen, Hialmar und Oddur führten ihre Mannschaft an, und so ging der Zug aus Upsal hinaus, und in feyerlicher Ordnung längs den Ufern des inselreichen Mälersee's hinab, bis an die Stadt Agnafit, in deren Hafen bereits zwey Schiffe von Eschenholz segelfertig lagen, um die hohen Streiter in das Baltische Meer zu bringen. Oddur, der Weitgereiste, commandirte sogleich die zweyhundert Kämpfer in zween Haufen; hundert stiegen in dieses und hundert in jenes Schiff. Alsdann empfahl er sich selbst, stieg in das eine davon, und seine Leute nahmen darauf zu beyden Seiten die Ruderbänke ein. Jetzt sollte sich auch

Hial-

Hialmar trennen; sein Busen hob sich schwer; seine Füsse wollten sich nicht bewegen, seine Lippen nicht reden; lange stand er sprachlos und unentschlossen da, heftete bald seinen Blick auf den König, bald auf die Prinzessin; endlich trat er näher. „Dank Euch Herr,“ sprach er gerührt zum König und drückte seine Hand, „Dank Euch für die Liebe und Ehre, die Ihr mir erwiesen. Wenn die Nornen es beschlossen haben, so komm' ich bald wieder.“ „Zweiflet nicht, muthiger Hialmar, (antwortete Yngwin) Ihr werdet siegreich seyn, wie Ihr in allen Kämpfen gewesen seyd, und ich werde die Sonne sehen, die zu Eurer Rückkunft scheint, und die Nacht erleben, die meine Tage mit Freuden krönen wird. Möge Odin Euch beglücken! Möge Tyr Eure Kraft erhalten! Mögen alle Götter Euch gnädig seyn! Lebt wohl!“ — „Ja mögen mir die Götter gnädig seyn, daß ich Dich wiedersehe, meine schöne Ingburg, und den köstlichen Preiß erhalte, um den ich mit Freuden mein

Leben

Leben wage.“ — „Ach!“ seufzte die Prinzessin, da nun Hialmars Rede endlich ihrem langen Kummer zu sprechen erlaubte, „Du wirst nicht wieder nach Upsal kehren, ich werde Dich nie, nie wiedersehen, als dort oben in jenen goldenen Palästen, wo Gefiona den Jungfraun ihre Wohnung bereitet hat, und die Walkyren Euch an Odins Tafel den Becher reichen.“ — „Sey ruhig, meine Ingburg!“ erwiederte Hialmar und schloß sie fest in seine Arme, — „verzage nicht, wir werden uns wiedersehen!“ — „Ja dort oben, Hialmar!“ entgegnete sie abermals und drückte ihn heftig an ihre Brust, „ich fühl', ich fühl' es, unsre erste Umarmung wird auch unsre letzte seyn. Daß ich mit dir gehen, als eine Schildjungfrau zu Deiner Seite streiten, und den trotzigen Berserker mit eigener Hand erlegen könnte, der es wagen will, sich über den blutigen Leichnam meines Geliebten den Weg zu meiner Kammer zu bahnen. Ingburg oder Tod! schrie er, und ich, ich schwöre dir,

mein

mein Hialmar, entweder dich, oder keinen mehr! Hier, mein Busenfreund!" — jetzt zog sie ihren goldenen Ring vom Finger — „nimm dieses Kleinod, ich bin auf ewig — nur deine Braut! wem auch Uller den Sieg verleiht, dir oder dem Berserker. Die schrecklichrächende Wara sey meine Zeugin! — Und nun, mein Bräutigam, (mit diesen Worten umschlang sie ihn noch einmal) geh hin und kämpfe den Todeskampf! Ich folge dir. Leb wohl, mein Hialmar! Leb ewig wohl!"

Diese zärtliche Verzweiflung erschütterte Hialmars Seele. „Leb wohl, meine Ingburg!" sagte er noch mit erstickter Stimme, riß sich aus ihren Armen los, warf noch auf sie und den König einen stummen Blick, und stieg dann gedankenvoll in sein Schiff hinab. Oddur schlug mit dem Schwert an den Bord, alle Ruder bewegten sich, und die Schiffe eilten ins Meer.

Die Prinzessin und ihr königlicher Vater sahen den Abfahrenden wehmüthig nach, bis die

die Maste aus ihren Augen verschwanden; dann kehrten sie mit ihrem Gefolge nach Upsal zurück. „Niord müsse Eurem Eidam günstig seyn!“ sagten die Hofleute zum König. „Die gütige Freya wird Dein Gebet erhören!“ sprachen die Jungfraun.

Unterdessen fuhren die Kämpfer schon durch die Schwedischen Scheeren herab. Der Tag war, obgleich nicht ganz wolkenlos, doch hell und schön, und der Anfang ihrer Schifffahrt schien eine glückliche Vorbedeutung zu seyn. Als sie an die Scheeren der Insel Sot kamen, schallte ihnen ein lieblicher Gesang entgegen. Die schönen Insulanerinnen, die Hialmar einst aus der Hand der großbärtigen Jötunnen errettet hatte, waren hier am Strande des Meeres versammelt, um ihren Befreyer mit Liedern zu bewillkommen, und ihm zu seiner Kampffahrt Glück zu wünschen. Da sich die Schiffe dem Eylande näherten, erhoben sie ihre Stimme zum Preiße seines Muths und seiner Tapferkeit; und als sie wieder von dannen flogen, sangen die Jungfraun ihm in abwechselnden Chören ihre Wünsche nach.

„Beglückt ihn, ihr Götter!“ fingen sie an,
2. Seyd gnädig gesinnt!
3. Begünstigt das Wetter!
4. Regieret den Wind!

1. Dem Donner gebieten,
Das wirst du, o Thor!
2. Dann schreitet im Frieden
Frey's Sonne hervor;

3. Dann schweigen die Stürme
Der Fluthen gar bald;
4. Daß Aeger sich thürme,
Wehrt Niords Gewalt!

1. Dann gleiten mit Eile
Die Schiffe dahin,
2. Wie flüchtige Pfeile
Dem Bogen entfliehn!

Mehr konnten die segelnden Helden nicht verstehen, aber die lieblich tönenden Stimmen der Jungfraun klangen noch lange in die Schiffe nach. Durch diesen so angenehm überraschenden Auftritt waren alle Kämpfer wie neu belebt, besonders Hialmar, für dessen

Herz,

Herz, das noch durch Ingburgs Abschied so sehr ins Hoffnungslose gestimmt war, der holde Mädchengesang und die Erinnerung an eine alte Heldenthat die heilsamste Wirkung hervorbrachte. Denn nun schien sein berühmter Muth mit doppelter Kraft wiederzukehren, der alle traurigen Ahndungen in Bilder der Freude verwandelte, ihn nur an einen herrlichen Sieg denken, und mit Verlangen dem Zweykampfe mit den Berserkern entgegensehen ließ. So setzten die Kämpfer ihre Fahrt mit fröhlichem Geiste und heiterer Laune fort, schifften mit dem günstigsten Winde längs der Küste von Swithiod durch alle Klippen weg, kamen dann in die weite Ostsee, ließen die Insel Borgundarholm *) auf der Seite, und fuhren zwischen den Ufern von Laland und Sialand **) in den Sund des großen Belts ein. Wind und Wellen blieben ihre Freunde, und

*) Der alte Name von Bornholm.

**) Jetzt Seeland.

und so langten sie endlich glücklich an einem sonnenhellen Morgen an der Mittagsseite der Insel Samsey an, und legten ihre Schiffe in dem Hafen der Hunnen, Unarwoger genannt, vor Anker.

Noch war es still auf der weiten Insel; kein Vogel sang in den Büschen, kein Blatt rauschte auf den Bäumen, kein Thier regte sich im Walde, und nirgendsher tönte der Fußtritt eines Menschen wieder. Hialmar und Oddur, begierig auf das Abentheuer des Tages, entschlossen sich ans Land zu steigen, ließen ihre zweyhundert bewehrten Männer zur Bewachung in den Schiffen zurück, und gingen auf der rechten Seite der Insel durch den dicksten Theil des Waldes hinauf, um zu sehen, ob sich das Schiff ihrer Gegner noch nicht den Ufern des Eylands nahe. Die Schwedischen Prinzen hatten sich kaum auf den Weg gemacht, so landeten schon die Söhne Arngrims, die von dem Wohnsitze ihres Freundes Biartmars aus mit eben so günstigem

Winde

Winde gesegelt waren, an dem entgegengesetzten Ende von Samsey in dem nördlichen Hafen, den man seiner vorzüglichen Anmuth wegen Munarwoger oder den Hafen der Freude nannte. „Herauf, ihr Brüder!“ schrie Hiörwart, indem er aus dem Schiffe sprang,

Herauf, Angantyr!
Heerwart und Seming!
Brani und Brami!
Barri und Reitner!
Tunder und Bui!
Ihr beyden Haddings!
S' ist Zeit zum Kampf!

Und alle Brüder flogen ihm nach. „Werden wir heute nicht die Schweden nach Walhalla schicken?“ sagte Seming. „Ja, Bruder! (erwiederten die andern) und dir, Hiörwart! die Königstochter erkämpfen!“ — „Mein Tyrfing soll wie eine Flamme auf ihren Häuptern brennen! (setzte Angantyr hinzu) Laßt uns eilen, ihr Brüder, daß wir den Raben noch ein Mittagsmahl bereiten!“

Unglücklicher Hialmar! der du itzt sicher im Schatten der Bäume wandelst! Unglückliche Ingburg, in deren Herz die Hoffnung zurückkehrt, nachdem die Quellen deiner Augen versiegt sind! Fürchtet nur, fürchtet den Ausgang des Kampfes! Weissagend war eure Ahndung! Kennt ihr den Fluch des Zwergen nicht? Menschentod heißt sein Geschmeide! Menschenblut fordert Angantyrs Schwert!

Die tollkühnen Brüder ergriff die Berserkerwuth. Sie wußten sich vor Mordlust nicht mehr zu lassen. Rasend rannten sie an der Westseite des Waldes herab, schrieen und tobten, schlugen um sich und kämpften mit allen Bäumen, und hauten nieder was sie konnten. Die Insulaner, die nächst dem Walde wohnten, glaubten, die Landgeister hielten einen Umzug, und geriethen in ein so großes Schrekken, daß sich keiner mehr aus seiner Hütte traute. Hialmar und Oddur aber, die sich auf der entgegengesetzten Seite der Insel be-

fan-

fanden, waren zu weit entfernt, um von diesem Lermen etwas vernehmen zu können. Die Berserkerwuth hatte indessen die zwölf Brüder den ganzen Wald hindurch getrieben, und schon jagten sie dem Hafen Unarwoger zu, in welchem die Schwedischen Schiffe vor Anker lagen. Kaum erblickten sie diese, so war's, als ob die Wuth mit zwiefachem Feuer durch ihre Adern flammte; sie heulten wie die Hunde, schlugen die Luft mit ihren Schwertern, bissen vor Zorn in die Ränder der Schilde, liefen den Schiffen zu, und sprangen mit fürchterlichem Gebrülle je sechs in dieselben hinab. Die Schwedischen Kämpfer zeigten unglaublichen Muth; nicht Einem entfuhr ein furchtsames Wort; jeder stand wie ein Pfosten auf seiner Stelle da, und wich bey den wüthendsten Streichen nicht einen Schritt. Allein all ihre Tapferkeit und selbst ihre Verzweiflung war wie eine leimerne Wand gegen den reißenden Strom. Die Berserker wütheten an dem einen Borde hin und an dem andern her, schlugen und hieben alles zu Boden, was Leben hatte, und ein Kämpfer sank nach dem andern mit dem Schwert in der Faust auf seinem Platze nieder. So wurde die auserlesenste Mannschaft von Swithiod, zweyhundert der beherztesten und bewährtesten Krieger das unwürdige Opfer von zwölf Rasenden! Die Schiffe rauchten wie zween Blutkessel, in welchen die Leichname der Kämpfer zu kochen schienen. Die Brüder aber stiegen heulend ans Land.

Ihre Mordlust war nun gestillt, und die Berserkerwuth vorüber. Hiörwart, welcher nun alles getödtet und die Prinzessin schon errungen glaubte, sprach ganz siegstolz zu seinen Brüdern: „Die Altersschwäche hat unsern Vater Arngrim irre geführt, als er uns Hialmar und Oddur als die tapfersten und trotzigsten Kämpfer rühmte! Seh' ich doch nun, daß keiner von beyden mehr taugt als alle andern!“ Angantyr aber, dem sein Traum in Aalburg nun wieder in Erinnerung kam, fürchtete, sie möch-

möchten noch nicht am Ende seyn. „Klagen wir nicht darüber (gab er Hiörwarten zur Antwort), ob wir gleich keinen uns gewachsen funden; mag auch seyn, daß Oddur und Hialmar noch nicht umgekommen sind!“

Die beyden Schwedischen Helden kehrten eben von ihrer Kundschaftung zurück, als die Berserker das Blutbad verließen und ans Land stiegen; die Bäume aber bedeckten sie so, daß sie von ihnen nicht konnten gesehen werden. Oddur entsetzte sich ob dem Anblick, und

Plötzlich kam
Furcht ihn an,
Als er sie mit Brüllen
Aus den Schiffen gehen
Und mit Heulen
Auf die Insel steigen sah,
Alle Zwölf
Ohn' Helm und Panzer.

„Das siehst du nun, sagte er zu Hialmarn, unsre Männer sind gefallen, und es dünkt mich gleich, als ob wir am Abend alle bey Odin in Walhalla zu Gaste seyn würden." „Ich werde nicht mit zu Gaste kommen," antwortete der muthige Hialmar; „ehe der Abend anbricht, sind sie alle todt, die zwölf Berserker, und wir beyde werden noch leben. „Solche Feinde aber," erwiederte Oddur, „habe ich niemals gesehen; und es sind nun zween Wege vor uns, entweder in den Wald zurückzufliehen, oder sie mit gewaffneter Hand zu erwarten. Mein Rath wäre, die Flucht zu erkiesen; denn wir beyde sind nicht Mannes genug, es mit jenen Zwölfen aufzunehmen, die ja zweyhundert unserer entschlossensten Männer schon ermordet haben." „Laß uns nimmer vor unsern Feinden fliehen," antwortete Hialmar, „wenn sie auch etwas rasend scheinen; — stellen wir uns vielmehr ihren Waffen entgegen, und ich, ich will nun gehen, mich mit den Berserkern zu schlagen." Unter diesen Gesprächen kamen sie aus dem Walde hervor, und sobald die Brüder sie

von

von weitem ersahen, gingen sie ihnen mit gezogenen Schwertern entgegen, alle noch triefend von dem Blute der Erschlagenen; und Einer von ihnen ragte über alle hinaus. Aber ihr Betragen war weit gemäßigter: denn nach einem solchen Anfalle von Raserey schienen sie allemal so erschöpft und geschwächt zu seyn, als ob sie eben von einer harten Krankheit genesen wären, und wo die Berserkerwuth sie nicht begleitete, hatten sie kaum die halbe Kraft.

Da Hialmar und Oddur den strahlenden Tyrfing in Angantyrs Händen blitzen sahen, sprach Hialmar: was willt du lieber, mit dem großen Angantyr allein, oder mit seinen eilf Brüdern kämpfen?" „Mit Angantyr," entgegnete Oddur, „denn der wird mächtige Hiebe mit dem Tyrfing austheilen, und da verspreche ich mir mehr Schutz von meinem Zauberhemd, als von deinem Panzer." „Wie? (erwiederte Hialmar, der sich dieser Antwort nicht versehen hatte) Sind wir mit einander hie-

hieher gekommen, daß du mir den Vorgang wegnehmest? Willt du dich darum schlagen mit Angantyr, weil dir das ein größeres Wagstück dünkt? Nun bin ich doch der Hauptmann dieses Inselganges, und dazu aus königlichem Geblüte zum Herrschen geboren, muß also ich hier vorzustehen haben! Verhieß was anders der Königstochter in Swithiod, als dich oder einen andern für mich in diesen Zweykampf gehen zu lassen; und werde ich mich also mit Angantyr schlagen!" „Das magst du," antwortete Oddur, „aber du erkiesest das, was das schlimmste ist.

Hialmar schwang also sein Schwert und trat vor, Angantyr ihm entgegen; und einer hieß den andern nach Walhalla fahren. Darauf begehrte der Berserker noch Gehör, wie er es bey jedem Ausgang wollte gehalten wissen. Ihm schwebte vornemlich der noch nicht erfüllte Fluch des Zwergengeschmeides ob, den er wo möglich vernichtet, und wenigstens nicht

wünschte,

wünschte, daß das Schwert aus seiner Verwandtschaft kommen, oder gar noch gegen seine eigenen Brüder gebraucht werden möchte. „Das will ich,“ sprach er daher, „wenn einer von uns davon kommt hier, da soll keiner den andern der Waffen berauben; und so ich stürbe, daß man mir meinen Tyrfing mit in den Hügel gebe; so soll auch Oddur sein Gewand behalten, und Hialmar seine Heerwaffen; und so machen wir es aus, daß diejenigen, die beym Leben bleiben, einen Hügel aufwerfen sollen über die Erschlagenen.“ Da sie nun alle mit dieser Bedingung zufrieden waren, so gingen jetzt Hialmar und Angantyr muthig auf einander los. Beyde waren so entbrannt von Siegbegierde, daß man keinen weder zum Ausfall noch zum Zurückschlagen anzuspornen brauchte. Ihre Hiebe fielen hart und schnell auf einander, und man glaubte die Flamme eines Scheiterhaufens zu sehen, wenn ihre Stahle sich begegneten. Mit jedem Streich wollte einer den andern

nie-

niederschlagen, und der Boden bebte von ihren Ausfällen, als ob er an einem Faden aufgehängt wäre. Endlich fing ihre Waffenkleidung zu zerreißen an, und sie versetzten einander viele und schwere Wunden. Demunerachtet dauerte der Kampf eben so hartnäckig fort, und der Ausgang blieb immer unentschieden. Es schien wahr zu werden, was Angantyr von dem Adler geträumt hatte, der ihm so gewachsen war, daß der Zweykampf nur mit beyderseitiger Ermattung ein Ende nehmen konnte.

Nachdem nun die elf Brüder und Oddur lange genug Zeugen dieses erstaunlichen Gefechtes waren, und noch auf keiner Seite einen Anschein zum Siege sahen; so verließen sie diesen Platz, um sich nun an einem andern selbst zu dem bestimmten Zweykampfe anzuschicken. „Ihr werdet," sprach Oddur zu den Berserkern, „nach der Sitte der Heermänner, und nicht nach Sklavenweise handeln wollen; und wird also immer nur Einer von euch,

euch, nicht aber mehrere auf einmal mit mir kämpfen, sofern es euch anders nicht an Muth gebricht." Die Brüder stimmten alle damit überein. Es trat also zuerst Hiörwart, der Urheber des Inselganges hervor, und Oddur stellte sich gegen ihn. Der Kampf fing an. Hiörwart haute gewaltig drein, und verfolgte seinen Gegner mit mächtigen Streichen. Allein das seidne Zaubergewand, mit welchem sich Oddur verwahrt hatte, war so bewährt fest und treflich, daß keine Waffe darauf haften mochte; auch hatte er ein gutes Schwert, welches die stählernen Panzer wie ein leinen Kleid zerschlitzte. Es währte nicht lange, so fiel Hiörwart unter seinen Streichen todt darnieder. Wie das die andern Brüder sahen, verzerrten sie ihre Gesichter zum Entsetzen, nagten wieder an den Rändern der Schilde, und ihre Rüssel trofen von Schaum. Jetzt stand Heerwart auf, und ging auf Oddur los; aber es geschah ihm wie seinem Bruder, er fiel in kurzem todt zur Erde. Nun heulten

ten die Berserker, reckten die Zungen heraus, knirschten die Zähne zusammen, und brüllten wie die Opferstiere, daß es in den Felsen wiederhallte. Darauf stürzte Seming, der vornehmste nach Angantyrn, auf Oddürn zu, und ging ihm so stark zu Leibe, daß Oddur alle Kräfte aufbieten mußte, seinen Angriff auszuhalten. Sie kämpften lange, ohne daß zu sehen war, auf welche Seite der Sieg sich lenken würde. Endlich fiel ihnen alle Bedeckung zerfetzt vom Leibe. Oddurn kam jetzt noch sein Zauberhemd zu statten, und erhielt ihn unverletzt. Seming hingegen hatte nichts mehr zum Schutze gegen Oddurs Waffen, und wurde nun hart verwundet; doch gab er sich nicht eher, bis ihm alles Fleisch von den Beinen abgehauen, und alles Blut aus den Adern geronnen war, so daß Oddur keinen unbesudelten Fleck mehr auf dem Boden sah; dann fiel er mit der größten Standhaftigkeit nieder, und war auf der Stelle todt. Darnach trat Brani, dann die übrigen sieben auf; aber

Oddur

Oddur kämpfte so tapfer und glücklich, daß er sie alle einen nach dem andern erlegte, und am Ende ganz athemlos, doch ohne Wunden, war.

Triumf, Prinzessin! der schreckliche Freyer Hiörwart ist gefallen, und die Wahl deines Herzens ist frey! Möchtest du nun auch deinen Hialmar wiedersehen!

Sobald Oddur Athem geschöpft, und sich etwas von der Arbeit des Kampfes erholt hatte, begab er sich von der blutigen Wahlstätte weg, und ging auf die Gegend zu, wo er seinen Kampfgenossen Hialmar im Gefechte mit dem ältesten Berserker verlassen hatte.

Hialmarn stärkte zwar Liebe und Ehre mit dem unternehmendsten Muthe. Er kämpfte wie ein Verzweiflender, und drang mit den keckten Streichen auf Angantyrn ein, so daß dieser, von seiner vorhergehenden Berserkerwuth ohnehin noch ermattet, endlich die letzten Lebenskräfte zusammenraffen mußte, um gegen seinen Widersacher den Platz zu behaupten.

ten. Demunerachtet erhielt Hialmar eine Wunde nach der andern, und zuletzt forderte das Zwergengeschmeide sein fürchterliches Recht, und der Berserker rannte den Tyrfing durch Hialmars Herz. Damit aber sank er auch selbst dahin und gab seinen Geist auf.

In dem nemlichen Augenblicke kam Oddur auf dem Kampfplatz an. Angantyr lag schon ausgestreckt auf dem Boden, den Tyrfing noch in der Rechten haltend, und die Augen waren geschlossen. Hialmar aber saß auf einem Erdhaufen, vor sich gebückt und todtenbleich. „Was ist dir, Hialmar? (sprach Oddur zu ihm) Warum die Farbe so verändert? Du wirst von vielen Wunden ermattet seyn. Zerhauen seh' ich deinen Helm und Panzer; ich schwörte, dein Leben wär' auch dahin gefahren." Hialmar richtete sich auf, sah Oddurn an, und sprach mit schwacher Stimme: „Sechszehn Wunden — zerschlitzt den Panzer — Ist mir schwarz vor den Augen —

seh

seh keinen Weg — Angantyrs Schwert ... die tödtliche Spitze ... in Gift gehärtet ... durchstach mir das Herz. Ach! mein Oddur — (fuhr er mit etwas auflebenderem Geiste fort) — Ich hatte fünf Länder zusammen im Reiche, und doch hab' ich mich niemals ihres Besitzes gefreut. Nun muß ich des Lebens bar, vom Schwerte zerhauen, auf Samsey liegen. Mit goldenen Ketten geschmückt zechen jetzt die Hausdiener meines Vaters Meth in der Halle, und viele von ihnen besiegt der sulzigte Trank; mich aber quälen auf einer fremden Insel die Spuren der Schneiden. Dort gen Mitternacht zu Agnafit, da schied ich von ihr, von der schönen Walkyre meines Herzens. Dann stieg ich ins Schiff, dann eilt' ich davon, ach! zum letztenmale von meinen theuren, treuen Freunden, und horchte an den Scheeren von Sot dem holden Gesange der Jungfraun, und hört' ihn so gern, und schied davon."

Jetzt hielt Hialmar etwas inne, und Oddur war in stummer Bewegung.

„Zeuch mir diesen rothen Ring vom Finger (fuhr endlich der sterbende Hialmar fort) und bring ihn der jungen Ingburg. Der Kummer, daß ich nicht wieder nach Upsal kam, der, mein Oddur, wird fest in ihrer Seele haften. Siehst du,“ fing er nun feuriger an, „jenen Raben dort von Morgen her über den hohen Wald fliegen? und den Adler, welchem er nacheilt? Beyden werd' ich das letzte Mahl von meinem eigenen Blute bereiten!“

Mit diesen Worten sank Hialmar von dem Erdhaufen herab, und gab seinen Geist auf.

Da der Abend schon hereingebrochen war, so blieb Oddur da, und übernachtete unter den Todten. Den folgenden Morgen aber rief er die Insulaner zusammen, ließ die Berserker auf einen Haufen tragen, und Anstalt zu einem Grabhügel machen. Sie reihten auf Oddurs Befehl große Baumstämme an einan-

einander, und bauten von Sand und Steinen die Seitenmauern darauf. Nach Vollendung dieser mühsamen Arbeit legte Oddur die eilf Berserker mit allen ihren Waffen in den erbauten Hügel, und gab auch Angantyrn seinen Tyrfing mit. Die Insulaner aber deckten den Hügel mit Erde zu.

Jezt nahm Oddur den Leichnam Hialmars, trug ihn hinaus ins Schiff, segelte damit nach Schweden, und hinterbrachte die Zeitung dem König und seiner Tochter.

Ende des zweyten Buchs.

2.

Kleine Geschichten und Erzählungen.

1.

Es wird inskünftige bey dieser Rubrik immer mehr darauf gesehen werden, solche Geschichten auszuwählen, welche zur Kenntniß der Religionsbegriffe der alten Norden und vorzüglich ihres Götterdienstes beytragen. Denn von dem letztern ist das deutsche Lesepublikum noch äußerst wenig, und das nur im Allgemeinen, unterrichtet. Gerne wollten wir dies auch bey jedem Bande in Rücksicht unserer eigentlichen Vorväter thun, allein die Anzahl der altdeutschen prosaischen Geschichten von der Art, die interessant genug wären, um aufgenommen zu werden, ist sehr gering.

Folgende Erzählung aus der jüngern Edda findet deswegen hier einen Platz, um die Leser selbst über die Benützung derselben in dem Sayersschen Gedichte urtheilen zu lassen.

a.

Balders Tod und Leichenbegängniß *).

Balder, der Gute, hatte seit einiger Zeit öfters schreckliche Träume von Lebensgefahren, die ihm bevorstünden. Er erzählte es endlich den Göttern. Diese hielten sogleich einen Rath, und beschlossen, für Balders Sicherheit die gemessenste Sorge zu tragen. Frigga mußte alle Geschöpfe vor sich fordern, und sie beeidigen, daß sie Baldern keinen Schaden zufügen wollten. Und diesen Eid erhielt sie auch vom Feuer und Wasser, vom Eisen und allem andern Metalle, auch von den Steinen und von der Erde, von den Bäumen, von den Krankheiten, von den vierfüßigen

*) S. die jüngere Edda. Fabel 43. 44. u. 45.

Thieren und von den Vögeln, vom Gift und von allem Gewürme.

Nachdem dies geschehen und bekannt gemacht war, hatten die Götter ihr Spiel damit. Balder mußte sich mitten in den Kreis stellen; dann griffen ihn die Asen an: einige schossen mit Pfeilen auf ihn, andere hieben ihn mit dem Schwert oder warfen ihn mit Steinen. Aber vergeblich! Balder blieb unverletzt, trug von allen den Dank davon, und seine Heiligkeit wurde hoch erhoben. Als dies Laufeya's Sohn, der böse Loke, sah, ärgerte es ihn sehr. Er verwandelte sich deswegen in eine Frau, und ging zu Frigga. Die Götterkönigin fragte ihn aus, und war unter andern begierig zu erfahren, ob dieses Weib auch wisse, mit was sich die Asen in ihrer Versammlung gegenwärtig beschäftigen? Loke antwortete: die Götter werfen und schießen auf deinen Balder, und doch bringt es ihm keinen Schaden. Ja, erwiederte Frigga, Baldern kann auch weder Holz noch Eisen verlez- zen: denn ich habe seinetwegen alle Dinge in Eid genommen; nur das einzige neugepflanzte Stäudchen Mistilteirn, das vor dem östlichen Thore Walhalla's steht, deuchte mir zu jung, als daß ich es beeidigen sollte. Das war für Loke genug. Er verschwand auf der Stelle, ging sogleich nach Walhalla, riß Mistilteirn aus der Erde, und begab sich damit in die Versammlung der Asen. Da der blinde Ho- der außer dem Kreise stand, wandte sich Loke an ihn, und sprach: „warum schiessest denn du allein nicht auf Baldern?“ „Weil ich nicht sehe, wo er ist,“ erwiederte Hoder, „und dann hab' ich auch keine Waffen.“ „Du mußt es doch den Andern gleich thun,“ sagte Loke darauf, „und Baldern auch diese Ehre erzeigen. Ich will dir's weisen, wo er steht, wirf mit dieser Ruthe nach ihm.“ Hoder nimmt den Mistilteirn, wirft damit wie ihm Loke den Arm führt; der Wurf trifft, und Balder fällt todt zur Erde nieder. Die größte

Unthat, die jemals unter Göttern und Menschen geschehen ist!

Mit Baldern erstarb den Asen aller Muth, und selbst die Sprache. Auch konnten sie ihn nicht rächen, weil der Ort zu heilig war. Sie bekümmerten sich alle; doch keiner so sehr als Odin, der es am besten einsah, was für einen großen Verlust der Himmel durch Balders Fall erlitten hatte.

Indessen nahmen die Götter Balders Leiche und führten sie an den Strand, wo sein Schiff, das vortreflichste unter allen, mit Namen Ringhorn, lag. Sie wollten es in die See stoßen, um Baldern darauf seinen Scheiterhaufen zu errichten. Allein das Schiff ließ sich auf keine Weise von der Stelle bewegen. Man sandte also nach Jötunheim zu der Zauberin Hirrokinn. Sie kam auf einem wilden Thiere geritten, und hatte Schlangen zum Zaume. Als sie abstieg, befahl Odin vier Berserkern das Roß zu halten. Es war ihnen aber nicht eher möglich, bis sie das unbänbändige Thier zu Boden geworfen hatten. Hirrokinn ging unterdessen zu dem Schiffe, stützte sich gegen das Vordertheil, und machte es mit Einem Drucke flott, so daß die Hebeln, die unter dem Kiele lagen, Feuer gaben, und das ganze Land erbebte. Darüber ergrimmte Thor, griff nach seinem Hammer, und würde auch bereit gewesen seyn, der Riesin den Kopf zu zerschmettern, hätten nicht alle Götter für sie um Gnade gebeten. Man trug nun Balders Leichnam zu Schiffe, und verbrannte ihn. Zugleich legte man auch seine Gemahlin Nanna, Neffs Tochter, die vor Leid gestorben war, mit ihm auf den Scheiterhaufen. Thor stand dabey, und weyhte das Feuer mit seinem Miölner *) ein. Da ihm der Zwerge Litur (Farbe) in die Füße lief, so schleuderte er ihn ins Feuer, in welchem er auch verbrannte. Bey dieser Feuerhandlung waren zugegen Odin mit seinen Raben, Frigga und die Walkyren.

*) Der Hammer des Donnergottes.

ren. Frey fuhr auf einem Wagen, vor welchen er seinen Eber Gullinbuste oder Slibrugtanne gespannt hatte. Heimdall ritt auf seinem Rosse Gulltoppur. Freya aber kam auf einem Wagen von ihren Katzen gezogen. Dabey versammelte sich auch eine große Menge von Rymthussen *) und Bergriesen. Odin legte auf den Scheiterhaufen seinen Goldring Drupner, der von dieser Zeit an die Natur bekam, daß in jeder neunten Nacht acht eben so schwere Ringe von ihm herabträufelten. Balders Roß wurde auch mit ihm ins Feuer geworfen.

b.

Von Hermode,

der zu Baldern in die Hölle reitet.

(44. Fabel.)

Als nun Balders Leichnam verbrannt war, fing Frigga an die Götter auszuforschen, welcher von ihnen wohl um den Preis ihrer innig-

*) Eisriesen.

nigsten Liebe die Höllenbahn betreten, Baldern aufsuchen, und für seine Zurückgabe der Göttin Hela ein Lösegeld anbieten wollte. Dazu machte sich nun Hermode, der Schnelle, ein Sohn Odins, anheischig. Sleipner, Odins Wunderpferd, wurde sogleich herbeygeführt, Hermode stieg auf und flog davon. Neun Nächte lang ritt er durch tiefe Thäler, die so finster waren, daß er nichts sah, bis er zu dem Höllenstrom Giall kam. Hier mußte er über die mit glänzendem Golde bedeckte Giallarbrücke. Eine Jungfrau, welche an dieser Brücke Wache hält, Namens Modgudur, fragte ihn nach seinem Geschlecht und Namen. „Gestern," sagte sie darauf, „ritten fünfmal fünftausend Todten herüber, und die Brücke erbebte von ihnen nicht mehr als von dir allein. Du hast auch gar nicht die Farbe der Verstorbenen? Warum betratest du die Höllenbahn?" „Ich forsche nach Baldern," antwortete Hermode, „hast du ihn nicht auf Hela's Wegen gesehn?" „Er ritt über

über die Glallarbrücke," erwiederte Modgudur, das sah ich, aber die Todtenstraße liegt weiter hinunter gen Norden." Hermode setzte also seine Reise fort, bis er an das Todtengitter kam. Da stieg er ab, gürtete sein Roß fest, dann saß er wieder auf, gab Sleipnern die Sporen, und mit Einem Sprunge war er über den Thoren der Hölle. Hier fand nun Hermode seinen Bruder Balder auf dem erhabenen Throne in der Halle, und blieb die Nacht über bey ihm. Den andern Morgen aber ging er zu Hela, erzählte ihr, wie die Asen alle so hochbetrübt über Balders Verlust seyen, und ersuchte sie, seinen Bruder wieder los zu geben, und heim mit ihm nach Asgard reiten zu lassen. „Wir wollen doch sehen," erwiederte Hela, „ob denn Balder so allgemein geliebt und bedauert wird, wie du vorgibst. Wenn alle Dinge auf der Welt, alle lebendigen und alle leblosen Geschöpfe ihn beweinen; so soll er wieder zu den Asen zurückkehren; wendet aber das Geringste unter ihnen

nen etwas dagegen ein, und weigert sich zu weinen; so muß Balder bey Hela bleiben." Mit diesem Bescheide ging Hermode weg. Balder geleitete ihn aus Hela's Palaste, zog den Ring Drupner vom Finger, und sandte ihn Odin zum Kennzeichen. Nanna aber schickte der Göttin Frigga ein Kleinod von Bernstein und mehrere Geschenke. Damit lenkte nun Hermode sein Roß zurück nach Asgard, und erzählte daselbst alles, was er gesehen und gehört hatte.

c.

Wie die Asen in alle Welt senden ꝛc.

(45. Fabel.)

Auf dies schickten die Asen Boten aus in alle Welt, und ersuchten jedermänniglich, Baldern aus der Hölle herauszuweinen. Alles war dazu bereit, Männer und Weiber, Erde, Bäume, Stein' und Metalle; und man sah alle Geschöpfe weinen, wie wann sie aus der Kälte in die Hitze kommen. Die Boten kehrten

ten also zurück; als sie aber schon ihr Geschäfte vollendet zu haben glaubten, trafen sie noch in einer abgelegenen Höhle eine Zauberin an, die sich Thock nannte. Auch diese baten sie, um Baldern eine Thräne zu weinen, aber ihre letzte Bitte war vergeblich. Denn:

Thock wird weinen
Mit trockenen Augen
Um Balders Leiche.
Hela behalte,
Was sie besitzt!

Das war die Antwort der Zauberin. Man glaubt, daß Loke, Laufeya's Sohn, der so viel Unheil unter den Göttern anstiftete, unter ihrer Gestalt verborgen gewesen sey. Er war die Ursache von Balders Tod, und nun auch daran, daß Balder nimmermehr aus dem Reiche der Hela errettet wurde!

2.

Frey's Bildsäule oder die schlaue Sonnenpriesterin *).

Gunnar Helminger, ein Norweger, verließ, weil man ihn eines Todschlags wegen fälschlich im Verdacht hatte, das undankbare Va-

*) Aus der Olaf Tryggwasons Saga, Vergl. Bartholin. Antiq. Dan. L. II. c. V. p. 335 — 337. Die Ausgabe dieser Sage kommt hinten in der Nordischen Literatur unter dem Jahre 1691 vor. — Außer den neuen Aufschlüssen, die wir hier über den Dienst des Sonnengottes unserer Nordischen Vorfahren erhalten, und aus welchen die Leser der Bragur ahnden werden, daß noch manches aus dem Norden hervorgeholt werden müsse, ehe wir uns der Kenntniß seiner Vorzeit rühmen dürfen; dünkt mich diese mitgetheilte Geschichte noch in zwiefacher Rücksicht sehr merkwürdig zu seyn. Einmal. Es läßt sich zwar aus der Aehnlichkeit des Dienstes Frey's mit dem Dienste

Vaterland. Er richtete seinen Weg ostwärts übers Gebirge, schlich sich heimlich durch das Hoch=

Dienste der Hertha nicht eine Verwechslung beyder Gottheiten von dem Römischen Geschichtschreiber, noch weniger eine Personen=Aehnlichkeit schließen; auch nicht vermuthen, daß man die Insel, auf welcher die letztere nach Tacitus Bericht verehrt wurde, in Schweden zu suchen habe, die doch nach den wahrscheinlichsten Gründen des H. v. Suhm Femern seyn möchte, so ungern man auch die Meinung des H. v. Holstein aufgibt, welcher die Karte der Alterthümer von Lethra nur zu sehr schmeichelt. Aber wohl kann man soviel daraus sehen, daß Tacitus's Beschreibung des Herthadienstes Glaubwürdigkeit verdiene, indem auch die Erzählungen einheimischer Scribenten von dem Dienste anderer Nordischen Götter in der Hauptsache mit jener übereinkommen. Zugleich mag man daraus urtheilen, ob diejenigen zu loben sind, die aus Vorurtheil (und das ist nur erst neuerlich geschehen) die Erläuterung der deutschen Gottheiten (deren vorzüglichste doch im Norden und nicht in dem eigentlichen Deutschlande verehrt wurde) aus der Nordischen Mythologie verwerfen wollen. Zum andern ist diese Geschichte ein neuer Beweis, wie das gutmüthige Volk unter allen Zonen hintergangen ward, wenn man einmal den Göttern Tempel erbaute, und die Religion

Hochland, und rastete nicht eher, bis er heraus nach Schweden kam. Hier war in jener Zeit großer Opferdienst. Vorzüglich aber betete man in Schweden den Gott Frey an, und seine Bildsäule hatte so große Macht, daß der Feind aus dem geschnitzten Gotte redete. Ihm war ein eigener Tempel erbaut, und zu seiner Priesterin erkohr man immer ein junges Mädchen von schöner Gestalt; denn die

ligion in die Hände der Priester kam; und dann, wie leicht man Wunder zu glauben geneigt ist, wann man den Betrug hinter dem Vorhange nicht gesehen hat; zumal wenn günstige Zufäle, wie hier das fruchtbare Wetter, der Täuschung noch zu Hülfe kommen. — Was übrigens die Erwähnung des bösen Feindes, des rechten Glaubens u. dergl. betrift, so muß man diese Deutung dem Mönche Oddur verzeihen, der die Olaf Tryggwasons-Saga verfaßt hat. In dem bösen Feinde, der das Bildniß des Gottes Frey redend machte, und an jungen Mädchen Gefallen fand, wird wahrscheinlich menschliches Blut geflossen haben, und auf was Art die Bildsäule zuweilen lebendig werden mochte, davon gibt die Geschichte selbst das eclatanteste Beyspiel.

die Landeseinwohner hatten den Glauben, daß Frey lebendig sey (wie es manchmal schien), und meinten, daß er auch zuweilen Lust habe, seiner jungen Dienerin beyzuwohnen. Sie war daher nächst Frey die oberste Befehlshaberin über die Tempelstäte, und über alles, was dazu gehörte.

In diesen Tempel kam endlich auch Gunnar Helminger, und flehte die schöne Priesterin um Beystand und die Erlaubniß an, bey ihr in dem Tempel *) bleiben zu dürfen. Die Jungfrau sah ihn an, und (da er ihr gefiel) unterhielt sie sich mit ihm, und forschte nach seiner Herkunft. Ich bin ein Reisender, antwortete er, von geringem Geschlechte und fremdem Lande. „Du scheinst, erwiederte sie, allerdings kein begüterter Mann zu seyn, denn Frey **) blickt nicht mit Freundes-

Augen

*) Vermuthlich als Tempeldiener.

**) Vielmehr wohl der mit ihr einverstandene Priester, dem ein solcher Nebenbuhler nicht behagen mochte.

Augen zu deinen Augen. Nun weile erst drey Nächte hier, dann laß uns sehen, wohin sich Frey's Meinung von dir wenden wird.“ Deine Hülfe, und deine Huld scheint mir auch weit wünschenswerther als Frey's Gnade zu seyn, antwortete ihr Gunnar halb leise, und ging an seinen Ort. Als er nun die drey Nächte in dem Tempel zugebracht hatte, begab sich Gunnar abermals zu der jungen Priesterin, um zu fragen, wie es mit seinem fernern Dableiben werden sollte. „Das weiß ich nicht genau zu sagen, (antwortete sie) du bist ein geldloser Mann, und doch vielleicht von gutem Geschlechte *). Es wäre mir deshalb sehr darum zu thun, dir einige Unterstützung zu leisten; aber Frey

*) Diese ganze Rede scheint der Nachklang von einer vorherigen Unterredung zwischen ihr und dem vertrauten Priester gewesen zu seyn, den sie, wie der Erfolg es zeigt, durch äußerliche Zurückhaltung und Strenge gegen Gunnar, listig genug zu hintergehen wußte, um den jungen Norweger noch bis zur bequemen Zeit im Tempel zu erhalten.

ist dir wenig gewogen, und fürchte ich, seine Gnade möchte auf dem Spiele stehn. Nu harre noch einen halben Monat hier, wollen dann sehen, wie's mit dir geht." Es geht ganz so, erwiederte Gunnar, wie ich es immer wünschen werde; Frey haßt mich, du aber hilfest mir; denn ich denke, er sey nicht der geringste unter den schlimmen Geistern.

Gunnar blieb also noch einen halben Monat in dem Tempel, und machte sich dem Volke von Tage zu Tage beliebter theils durch seine Munterkeit, theils durch andere Vorzüge. Nach Verlauf der bestimmten Zeit ward er wieder bey der Sonnenpriesterin zum Gespräche vorgelassen, und fragte nun dringender um sein ferneres Schicksal. „Das Volk, sagte die Jungfrau, ist dir sehr gewogen. Es wäre also mein Rath, daß du noch den Winter über hier bleibest, und dann mit Frey und mir zum Opfermahle fahrest, wenn er den Menschen Fruchtbarkeit des Jahres verleihen

wird

wird, ob er dich gleich von Herzen haßt." Deß sagte ihr Gunnar höchlichen Dank.

Als nun der Tag kam, so fuhren sie vom Tempel weg. Frey saß mit seiner Priesterin auf dem Wagen, und ihre Dienstmänner (die Tempeldiener) gingen vor demselben her; Gunnar aber war verordnet, den Wagen zu begleiten, und das Lastthier anzuführen. Die Reise ging eine gute Strecke über gebirgige Gegenden. Darauf entstand ein Sturm, und die Fahrt ward sehr erschwert; auch lief zuletzt alles Volk davon, und Gunnar, nebst Frey und seiner Priesterin auf dem Wagen, wurden allein gelassen. Da er nun das Pferd beständig führen mußte, und dadurch sehr ermüdet ward; so gab er endlich, nachdem er noch eine Weile die Fahrt auf solche Weise fortgesetzt hatte, das Vorangehen auf, stieg selbst auf den Wagen, und ließ das Pferd laufen, wohin es wollte. Die Priesterin schien zwar nicht unzufrieden über diese Gesellschaft zu seyn; allein sie traute ihrem

Gotte nicht. „Strenge deine Kräfte noch einmal an, sagte sie zu Gunnar, und leite das Pferd, sonst fürchte ich, möchte Frey auf dich losgehen.“ Gunnar gehorchte ihrer Ermahnung und stieg wieder von dem Wagen herab. Allein da er das Pferd noch eine Strecke fortführte, wurde er so sehr ermüdet, daß er in vollem Unwillen die Zügel fahren ließ, und sagte, er wolle es nun mit Frey aufnehmen, wenn er Lust habe, ihn anzugreifen. Auf diese Worte stieg Frey plötzlich von dem Wagen herab, und stürzte auf Gunnarn zu. Da der Norweger nicht Kraft genug hatte, seinen Angriff auszuhalten, und sich nun in Gefahr sah; so gelobte er stillschweigend, wenn er von diesem Feinde errettet, und so glücklich würde, nach Norwegen zurückkehren zu können; so wolle er sich wieder zum rechten Glauben wenden, und mit Olaf, wenn es ihm gefiele, versöhnen. Kaum hatte er dies Gelübde bey sich gedacht, so fing Frey schon an zu weichen, und endlich

fiel

fiel er ganz dahin *). Darauf verließ der Geist die Bildsäule, in welcher er vorher verborgen gewesen war, und es blieb nun nichts als ein bloßer hölzerner Block zurück, den Gunnar in Stücken zerschlug. Jetzt verlangte er von der schönen Priesterin, sie sollte entweder, wenn sie nun an einen bewohnten Ort kommen, ihn selbst für den Sonnengott ausgeben, oder er würde davon laufen, und sie allein lassen. Der Jungfrau gefiel seine Bedingung, und Gunnar nahm sogleich den Schmuck des Götzenbildes, und kleidete sich darein. Da sich der Sturm gelegt hatte, so kamen sie noch selbigen Abend bey dem ihnen bereiteten Opfermahle an, wo viele von denen schon zugegen waren, die den Wagen Frey's hätten begleiten sollen. Das Volk bezeigte

*) Ein starker junger Norweger konnte es wohl selbst mit dem vermummten Priester aufnehmen. Den Mönch Oddur, der den heidnischen Aberglauben scharf durchzusehen scheint, hat hier seine eigene Schwachheit überwunden.

große Verwunderung über Frey's Macht, daß er bey einem solchen Sturme, der alle seine Gefährten verschlagen habe, dennoch glücklich mit seiner Priesterin hieher gekommen sey; noch weit mehr aber darüber, daß dieser Gott nun wie andere Leute einhergehe, und sogar, den Menschen gleich, esse und trinke. Diesen Winter ging Frey mit seiner Priesterin oft zu Gaste, doch sprach er mit andern Leuten wenig. Dabey ließ er sich keine Thiere schlachten, wie es vorher gewöhnlich war, und nahm auch keine Opfer, keine Geschenke und Gaben an, außer Gold und Silber, reiche Kleider und andere Kleinodien. Nach einiger Zeit merkte das Volk, daß Frey's Priesterin schwanger war *). Jedermann wurde darüber ganz innig erfreut, und die Schwe-

*) Das Opfermahl konnte nicht so lange dauern; und es läßt sich daher vermuthen, daß die Sonnenjungfrau ihren wachsamen Priester doch betrogen, und Gunnars Schäferstunde schon längst, noch während des Tempeldienstes, geschlagen habe.

Schweden schienen nun ganz in diesen ihren Gott verliebt zu seyn; zumal da das Wetter so schön war, und alles ein so fruchtbares Jahr weissagte, dergleichen man bey Menschengedenken noch nicht erlebt hatte.

Bis hieher die Olaf Tryggwasons Saga. Wie viele Tage Gunnar und das verschmitzte Mädchen das leichtgläubige Volk noch täuschten, sagt die Geschichte nicht. Kurz, nachdem sie ihren Zweck erreicht und der soliden Opfer genug hatten, machten sie sich heimlich aus dem Staube, und flohen mit einander nach Norwegen.

3.

Die Freundschaftsprobe.

Aus dem Schwäbischen *).

Ein König hatte einen einzigen Sohn, den er sehr liebte. Dieser beurlaubte sich einst von seinem Vater, um die Welt zu beschauen, und sich Freunde zu machen. Dem König gefiel der Vorsatz wohl, nur fürchtete er, seine Bemühung möchte vergeblich seyn. Sein Sohn reisete nun Land aus Land ein. Nach sieben Jahren kam er wieder. „Nun, mein Sohn, sagte der König, wie viele Freunde hast du dir in den sieben Jahren erworben?“ „Nur drey!“ antwortete er. „Den ersten hab' ich lieber als mich selbst; den andern so lieb als mich; den dritten aber hab' ich nicht so lieb als mich selbst.“ Es ist gut, erwiederte

*) S. Fabeln aus den Zeiten der Minnesinger. Zürch. b. Orell u. Compagnie. 1757. 8. S. 247 — 249. nr. VI.

derte der Vater, daß man Freunde habe; aber es ist auch gut, daß man sie prüfe, ehe die Noth da ist. Ich rathe dir also. Tödte ein Schwein, und steck' es in einen Sack. Gehe damit in der Nacht zu deinen Freunden und sprich: „Mein Feind ist mir von Ungefähr auf der Straße begegnet; ich hab' ihn ermordet, und fürchte nun, der Leichnam möchte bey mir gefunden werden. Ey Lieber, wenn dir mein Leben lieb ist, so bitte ich dich, rette mich aus dieser Gefahr, und laß den Leichnam in deinem Hause begraben, damit man ihn bey mir nicht finde!“ Auf solche Art wirst du erfahren, ob du wahrhafte Freunde habest.“

Dieser Rath gefiel dem Sohne wohl. Er kehrte sogleich in die Stadt zurück, wo seine Freunde wohnten, tödtete in der Nacht ein Schwein, und machte alles so, wie ihn sein Vater geheissen hatte.

Der erste Freund, den er lieber hatte als sich selbst, gab ihm zur Antwort: „Du hast ihn selbst getödtet, so büß' auch selbst: denn würd' er bey mir entdeckt, so brächte mich das ums Leben. Aber weil wir gute Freunde und Gesellen sind; so will ich, wenn man dich greift und tödten will, zu dir ins Gefängniß gehen, und dich trösten; will dir auch vier Ellen Tuch kaufen, darein man dich begrabe, darum, daß du mich so lieb hast als dich selbst."

Da der Königssohn das hörte, schwieg er stille, und ging nun zu seinem zweyten Freunde, den er so lieb hatte als sich selbst. Er klopfte an die Thüre, und brachte die nemliche Bitte vor, wie bey dem ersten. Dieser antwortete: „Lieber, meinst du, ich sey ein so großer Thor, daß ich für dich sterben wollte? denn würde der Leichnam hie gefunden, so müßte ich sterben. Aber doch, wenn man dich hinrichtet; so will ich dich trösten, weil wir Freunde sind, und will das Beste thun, was ich kann, da wir doch alle sterben müssen."

Da er das hörte, schied er von dannen, und kam zu dem dritten Freunde, den er nicht so lieb hatte als sich selbst. Dieser kam seinen Worten zuvor, und fragte nach der Ursache, warum er herkomme? — „Ich darf dirs nicht wohl vertrauen, sprach der Königssohn, da ich dir in meinem Leben noch wenig gedient habe; jedoch du sollst es wissen. Ich habe von Ungefähr einen Menschen umgebracht; diesen trag' ich auf meinem Rücken; wird er bey mir gefunden, so muß ich sterben; darum ruf' ich dich um deinen Rath an." — „Gib mir den Todten her, sagte der Freund, und laß mich ihn selbst tragen. Ich will eher für dich sterben."

Da er aber den Sack aufthat, fand er darinnen das todte Schwein; und der Königssohn sagte ihm nun den Rath des, wie er seine Freunde probiren sollte, und daß ausser ihm keiner die Probe bestanden habe. Dann ging er wieder heim zu seinem Vater, und erzählte ihm alles, wie es ergangen war.

3.
Gedichte.

a.
Nordische.

Das Versprechen, den Nordischen Gedichten in dem zweyten Bande einen desto grösseren Raum zu geben, weil sie in dem ersten ganz weggelassen wurden, könnte jetzt leicht erfüllt werden. Allein da die Ursache, warum es geschah, nemlich die zu geringe Untermischung von deutschen Gegenständen in den vorhergehenden Bogen, abermals obwaltet; so scheint es nicht rathsam zu seyn. Es folgt daher diesmal nur eins, das des Sayersschen Gedichtes wegen hier eingerückt wird, nemlich das Lied vom Wanderer.

Unbekannt ist dies Gedicht längst nicht mehr. Bartholin hat es zuerst in seinen

Antiq.

Antiq. Dan. L. III. c. II. p. 632. seq. im Originale mit einer lateinischen Uebersetzung gegeben. Gray, ein englischer Dichter, der das Schauerliche zu erhöhn versteht, modernisirte es nach seiner Art. (S. Poems of Gray. p. 87.) Zugleich haben es auch schon zween deutsche Dichter, die Herren Denis und Herder, jener in Sineds Liedern, dieser in den Blättern von deutscher Art und Kunst in unsere Sprache übertragen. Daher nahm ich Anstand, die meinige in die Nordischen Blumen aufzunehmen, weil diese nur ganz unbekannte Gedichte (denn dem Geiste, der Treue und Vollständigkeit nach mußte man auch Regner Lodbroks Gesang dafür achten) enthalten sollten. Es war dabey kein Compliment, wenn ich zum Grunde angab, daß Herrn Herders Uebertragung zu meisterhaft sey, als daß man mit gutem Glücke noch eine andere wagen könnte. Denn eben dieser Gelehrte ist es, der uns zuerst so wie mit der Natur der Volkslieder, also auch mit

mit dem wahren Tone der alten Nordischen Gedichte bekannt gemacht, und durch seine Uebertragungen ein Muster von der lebhaftesten Simplicität, und eine Vorschrift für alle künftigen Arbeiten von der Art gegeben hat. Auch die folgende Uebersetzung maaßt sich gar nicht an, mit der in den Blättern von deutscher Art ꝛc. in der populären Darstellung wetteifern zu wollen; im Gegentheile thut sie auf jedes eigene Verdienst Verzicht. Dies ist nemlich die einzige neue Seite, die sich diesem Nordischen Gedichte nach der Herderschen Uebertragung noch abgewinnen läßt. Ich habe daher meine ehemalige Arbeit noch einmal genau mit dem Originale verglichen, und mich bemüht, die eigensinnigste Treue zu beobachten, Wort für Wort zu geben, und den Sinn eines jeden so exact als möglich aufzufassen, so daß selbst, wo der Artikel nicht hinderte, die meisten Verse ganz das nemliche Metrum haben; nur war die Nachahmung der bekannten Buchstabenharmonie mit dieser

Treue

Treue ganz incompatibel. Denjenigen, die den Verdeutschern Nordischer Gedichte die Verschönerungsbegierde Schuld geben, ist diese Behandlung gewiß willkommen. Ich wünschte jetzt nur, daß ein Kunstrichter die Mühe nicht scheuen möchte, beyde Uebertragungen mit einander zu vergleichen, und über ihren verschiedenen Eindruck so wie über den Vorzug dieser oder jener Behandlungsart sein aufrichtiges Urtheil zu sagen; denn dies müßte für mich inskünftige ungemein belehrend seyn.

Das Lied vom Wanderer *)
oder
Balders Träume.

(Aus der ältern Edda.)

1.

Versammelt waren
Die Asen **) alle,
Und im Gespräch
Die Göttinnen alle,
Und hielten Rath
Die reichen Mächte,
Woher sie kämen,

Die

*) Eigentlich das Lied von Wegtam (Wegfertig) oder skandinavisch: Wegtamsquida. Obige Aufschrift ist nur beybehalten, weil man das Lied schon unter diesem Namen kennt. Die ersten fünf Strophen sind in der Ausgabe der Sämundinischen Edda zum erstenmale im Druck erschienen, und konnten also auch vorher nicht übertragen werden.

**) Die Götter.

Die Schreckenträume,
Die Balder träumt.

2.

Dem Himmelsgenossen
Ward jeder Schlummer
Zur großen Last.
Im Schlafe schien,
Sey Glück und Heil
Für Baldern hin.
Die Riesen fragten
Profeten=Weisheit,
Ob dies ein Zeichen
Des Unglücks sey?

3.

Die Antwort sprach:
„Dem Tode nahe
Ist Ullers Seele, *)
Der Einzigliebliche!“
Das brachte Swafnern **)
Und Frigga Kummer

*) Von der Freundschaft zwischen Balder und Uller kommt in den andern Liedern der Edda nichts vor.

**) Ein Name Odins.

Und allen Mächten;
Da faßten sie einen
Ernsten Schluß.

4.

Aus soll man senden,
Alle Wesen
Um Frieden zu bitten
Für Balders Heil!
Und alles Geschlecht
Schwur einen Eid,
Ihm nicht zu schaden!
Frigga zog alle
Gelübd' und Schwüre ein.

5.

Walvater *) traute
Der Huldigung nicht.
Ist nicht verschwunden
Der Geister Zahl? **)
Er ruft die Götter:

Was

*) Der Vater der Erschlagenen, d. i. Odin. Man sehe Nord. Blum. die Abhandlung über Walhalla.

**) Er fürchtet, es möchten die Geister, namentlich die Schutzgeister (Hamingior), unter den Beeidigten nicht gewesen seyn.

Was Raths, ihr Asen?
In der Versammlung
Ward viel berathschlagt.

6.

Aufstand Odin,
Der Menschenhüter, *)
Und legte Sleipnern
Den Sattel auf;
Ritt dann hinunter
Zur Schattenwelt;
Und traff ein Hündlein,
Das aus der Hölle kam.

7.

Von Blute triefend
Vorn um die Brust,
Den Rachen oben
Den Kiefer unten
Mordgierig sperrend
Bellt' er entgegen,
Gähnt' stark ihn an

*) Wem diese Benennung des höchsten Gottes besonders scheinen möchte, der erinnere sich an die erste Strophe von Paul Gerhards Liede: „Wach auf mein Herz und singe“

Den Zaubervater,
Und heulte lang.

8.

Fort ritt Odin,
Die Erde bebte,
Er kam zu Hela's
Hohem Palast;
Dann ritt der Erhabne
Vors Morgenthor,
Wo er wußte
Der Wole *) Grab.

9.

Er sang der Seherin
Todtenerweckenden
Zaubergesang,
Schaute gen Norden,
Legt' auf die Runen,
Sprach die Beschwörung,
Und fordert' Antwort,
Bis sie gezwungen
Aufstand, und sang
Die Leichenworte:

10. Was

*) Wolen ist der Name der Nordischen Profetinnen und Wahrsagerweiber.

10.

„Was für ein Mann,
„Mir unbekannt,
„Hat meine Ruh'
„Im Grabe gestört?
„Ich war vom Schnee beschneyt,
„Vom Regen geschlagen,
„Vom Thau benetzt:
„Todt war ich lang!"

11.

Wegfertig heiß ich,
Schlagfertigs Sohn! *)
Gib Kunde von der Hölle mir,
Ich gebe dir von der Welt.

*) Im Originale Wegtamer und Waltamer. Ich verdeutsche diese Namen nicht in der Meinung, als ob dadurch der Witz des Dichters gewänne; denn bedeutend sind die eigenen Namen bey ihrer Entstehung immer, und die Wole findet die von Odin angenommenen gar nicht auffallend, ob sie gleich auf seine göttlichen Functionen und seine vielen Reisen anzuspielen scheinen; sondern blos darum, um auch den Eindruck, welchen diese Namen im Originale auf einen jetzigen Leser machen, in der Uebersetzung wieder gegeben zu haben.

Wem sind die Bänke
Bestreut mit Ringen?
Die glänzenden Polster
Mit Gold beströmt?

12.

„Hier steht für Baldern
„Der Meth bereitet,
„Ein klarer Trank! *)
„Der Schild liegt drüber,
„Und in Verzweiflung
„Die Asenverwandten! **)
„Gezwungen sagt' ichs,
„Nun werd' ich schweigen.

13.

Schweig nicht, o Wole!
Dich will ich fragen,
Bis ich alles weiß.
Will ich auch wissen,

Wer

*) Man sieht aus diesen Zurüstungen für die Ankunft des Gottes Balder in dem Palaste der Hela, daß die alten Norden ihre Erdenbedürfnisse und Rangsbegriffe eben sowohl auf ihre Hölle als ihren Himmel übertrugen.

**) d. i. die ganze Götterfamilie.

Wer wird an Baldern
Zum Mörder werden,
Und Odins Sohne
Das Leben rauben?

14.

„Hoder bringt den hohen
„Ehrensohn dorthin. *)
„Der wird an Baldern
„Zum Mörder werden,
„Und Odins Sohne
„Das Leben rauben!
„Gezwungen sagt' ichs,
„Nun werd' ich schweigen.

15.

Schweig nicht, o Wole!
Dich will ich fragen,
Bis ich alles weiß.
Will ich auch wissen,
Wer wird an Hoders Zorn
Die Rache vollziehn?
Oder Balders Mörder
Auf den Holzstoß werfen?

*) In Hela's Palast nemlich, in dessen Nähe das Grab der Profetin lag.

16.

„Rindur wird
„Einen Sohn gebären
„In den Abendwohnungen; *)
„Der wird Odins Sohn
„Einnächtig tödten;
„Die Hand nicht waschen,
„Das Haupt nicht kämmen,
„Bevor er Balders Feind
„Auf den Holzstoß bringt.
„Gezwungen sagt' ichs,
„Nun werd' ich schweigen.“

17.

*) Diese Eddische Lehre ist noch ziemlich dunkel. Rindur, die Erde, und Gemahlin Odins, sollte von diesem einen so göttlichen Sohn erhalten, der in einer Nacht so stark würde, um Hodern, den Mörder Balders, tödten zu können. Die jüngere Edda legt ihm in der 26. Fabel den Namen Ali oder Wali (Kraft, Stärke) bey. In den Abendwohnungen. Die Mythe scheint nemlich eine der ältesten zu seyn, und sich noch von denen Zeiten herzuschreiben, in welchen man Odin als das Symbol der Sonne anbetete; da nun diese in Westen untergeht, und hier die Erde zu berühren scheint; so glaubten die alten Norden, Odin, die Sonne, begatte sich im Westen mit Rindur, der Erde.

17.

Schweig nicht, o Wole!
Dich will ich fragen,
Bis ich alles weiß.
Will ich auch wissen,
Wer sind die Jungfraun,
Die nimmer weinen,
Und Himmelan werfen
Die Nacken = Schleyer? *)
Sag noch dies Eine,
Du schläfst nicht eh.

18. „Bist

*) Die Nordischen Weiber des Alterthums scheinen wie die Griechischen und Römischen in der Trauer mit bloßem Haupte und herabhangenden Haaren gegangen zu seyn; bey fröhlichen Festen aber umwanden sie den Kopf mit leinenen Schleyern. Es haben also die obigen Verse diesen Sinn: „wer sind die Jungfraun, die statt zu trauern über Balders Tod festlich geschmückt einhergehen?“ Damit zielt Odin auf die Zauberin Thock, die allein den Gesandten der Götter die erbetenen Thränen versagte. Himmelan werfen. Die Isländerinnen winden noch jetzt diese Tücher fast zweymal so hoch, als das Gesicht ist, über den Kopf hinaus, und binden sie am Wirbel des Kopfes mit einem seidenen Tuche fest.

18.

„Bist nicht Wegfertig
„Wie ich vor gewähnt,
„Sondern Odin bist du,
„Der Menschenhüter!“ *)

Und du keine Wole,
Keine weise Frau,
Sondern dreyer Riesen
Mutter **) bist du!

19.

„Reit heim, Odin!
„Und brüste dich!
„So komme mir Niemand
Mehr zum Besuch,

„Bis

*) Dies schließt sie daraus, weil Odin schon der nicht weinenden Jungfraun gedenkt, und durch dies Voraussehen seine Gottheit verräth.

**) Wahrscheinlich wird hier auf eine alte, nun verlorengegangene, Mythe von einer Riesin angespielt, welche Odin nun erkennt, und mit dem Vorwurfe, daß sie die Mutter von drey Riesen sey, nicht mehr sagen will als: „da du mir auf diese Frage nicht antworten kannst, so sehe ich wohl, daß du keine weise Frau, sondern ein gewöhnliches Riesenweib bist.“

„Bis Loke frey
„Geht aus den Banden *),
„Und die Nacht der Götter
„Zerstörend kommt!“

---

b.

Deutsche.

a.)

Minnesinger.

In diesem Bande machen die Schwäbischen Gedichte noch den Anfang unter den Deutschen; in dem nächsten werden aber auch Proben von Angelsächsischen, und wenn der Raum es erlaubt, von fränkischen gegeben werden. Die didaktischen fehlen diesmal. Es folgen also sogleich die Blumen der Liebe.

Wir

*) Man sehe den Epilog zu Aegers Gastmahl oder Loke's Lästerung der Götter in den Nord. Blum. S. 233.

Wir hatten Hoffnung, eins oder das andere dieser alten Liebeslieder für Bragur in Musik gesetzt zu erhalten; aber sie ist uns leider mit Schubart gestorben. Dieser Dichter, dessen Vorzüge man über seinen Ausbeugungen nicht selten verkannte, schien den wahren Sinn für das Einfachschöne und Populäre in der Tonkunst zu haben. Seine Lieder und Compositionen sind bey uns allgemein bekannt, gelernt, gesungen und gespielt worden, und werden noch lange einen Theil unserer gesellschaftlichen Freuden ausmachen. Diese Erfahrung konnte uns zu der Erwartung berechtigen, daß die Minnelieder unserer Vorfahren, von ihm componirt, auch noch jetzt auf den Clavieren ihr Glück machen, und dadurch bekannter werden dürften. Ein solches Opfer, das nur dem Andenken unserer Väter gebracht wird, könnte uns den Vorwurf einer ausschließenden und also übertriebenen Liebe zur Vorzeit keineswegs zuziehen; und darum bergen wir den Wunsch nicht, unsere Hoffnung nun durch die Freundschaft eines andern Tonkünstlers wieder aufleben zu sehen.

Blu-

Blumen der Liebe.

Noch ein paar Liedchen zur Einleitung

von

1. Ulrich von Lichtenstein.

a.

Was ist Selde? *)

Wem ein Weib
Seinen Leib
Minniglich umfaht;
Wenn der nicht
Selden! spricht,
Das ist große Missethat.
Ihm ist geschehn,
Will ers gestehn,
Was alle Traurigkeit besiegt;
Vollkommen Heil
Wird dem zu Theil,

Der

*) S. Minnesinger, II. B. S. 34.

Der in dem sanften weißen Arm
Der Liebe liegt!

B.

b.

Seldenhort *).

Seldenhort
Ist ein Wort,
Das im Kuß geschieht,
Wenn ihr Spiel
Die Minne will
Spielen, und Liebe bey Liebe sieht,
Wie die lichten Augen dann
Lieben, und sehen einander an;
Ja fürwahr!
Da wird gar
Liebefröhlich wohl gethan,
Was einer kann!

B.

*) Ebendaselbst.

---

2. Graf Otto von Bottenlaub. *)

Der scheidende Kreuzfahrer und seine Frau.

Er.

Wär' Christuslohn nicht allzusüße,
Ich ließe nicht die liebe Gattin mein,
Die ich wohl tausendmal in meinem Herzen grüße:
Mein Himmelreich das soll sie seyn!
Mein Himmel, wo sie wohnt all um den Rhein!
Herr Gott! so gib mir deiner Hülfe Schein,
Daß ich noch ihr und mir erkämpf' die Gnade dein!

Sie.

Er sagt, sein Himmel, das sey ich,
Und ich hab' ihn zum Gotte mir erkohren:

O

*) Eigentlich Graf Otto der vierte von Henneberg, der sich von dem Schlosse Bodenleube nannte. Da er mit seiner Gemahlin Beatrix keine Kinder zeugte, so stiftete sie 1244. das Kloster Frauenrode, er aber verkaufte das Schloß Bodenleube an Würzburg, ward Provisor der Nonnen in Frauenrode und starb 1254. Adelung. — Das obige Gedicht s. Minnes. T. I. S. 16.

O daß er nie aus seinem Reiche wich'!
Herr Gott! Vergib! und zürne nicht!
Er ist zur Freude mir geboren,
Mich tröstet seiner Augen Licht!
Mein Herzensspiel, mein Wunsch, mein Glück,
Mein ganzer Reichthum ist verloren,
Kommt er nicht einst zu mir vom heil'gen Land
zurück!

Gr.

3. Heinrich von Veldek. *)

Seufzer eines alten Ritters. **)

Da man der rechten Minne pflag,
Da pflag man auch der Ehren;

Nun

*) Ein Niederdeutscher Dichter. Er blühte 1180 und wohnte 1207 dem poetischen Wettstreite auf der Wartburg bey. Veldek war also einer der frühesten Minnesinger, deren Lieder wir haben, und doch klagt er schon in seinem Alter über den Verfall der rechten Minne. Allein wer würde so unbillig seyn, die Zeitgenossen des abgelebten Ritters darnach beurtheilen zu wollen? Haben doch immer die Alten über den Verfall der Sitten geklagt, und darüber werden sie klagen, so lange die Welt steht!

**) S. Minnes. B. I. S. 19.

Nun aber hört man Nacht und Tag
Die bösen Sitten lehren.
Wer diese sieht und jene sah,
Dem thut es weh, dem geht es nah,
Wie sie die Tugend nun verkehren!

Gr.

4. Reinmar der Alte. *)

Leupolds Gattin **) nach seinem Tode.

Die Leute sagen, der Sommer sey hie,
Die Wonne sey gekommen,
Und daß ich nun wieder glücklich wär' —
O rathet und sprecht doch, wie?
Der Tod hat mir genommen,

*) Er war aus einer adelichen Familie, welche ihr Stammschloß am Rheine hatte. Er lebte noch 1231. Adel.

**) Leupold, im Orig. Lůpold, jetzt Leopold, der damalige Herzog von Oesterreich. Der Verf. des schätzbaren Aufsatzes von dem Persönlichen der Schwäbischen Dichter im deutschen Museum. 1780. 8 St. hat vermuthlich die zweyte Strophe dieser Klage über Leopolds Tod übersehen, da er sie nicht seiner Gattin, sondern dem Dichter in eigener Person zuschreibt. Das Gedicht s. Minnes. B. I. S. 68.

Was ich vergesse nimmermehr!
Die Wonnetage freu'n mich nicht,
Da aller Freuden König,
Mein Leupold, in der Erde liegt!
Er, den ich niemals trauren sah,
An dem die Welt so viel verlor,
Daß ihr an keinem Mann zuvor
So klagenswerther Schaden geschah.

Mir armen Weibe war zu wohl,
Da ich gedacht' an ihn,
Und wie mein Theil an seinem Leibe lag!
Daß ich das nun entbehren soll,
Da geht mein Herz in Sorgen hin.
Und was ich auch nun noch leben mag,
Meiner Wonne Spiegel, der ist verlorn;
Den ich mir hätte zur Sommerlust erkorn,
Deß muß ich nun leider ledig seyn!
Da man mir sagte, er wäre todt;
Da kam mein ganzes Herz in Noth,
Weg war mein Muth, schwer fiel es auf die
Seele mein!

G.

---

5. Der

5. Der Burggraf von Lienz. *)

Der Nachtbesuch vor dem Scheiden.

1.

Der Wächter auf der Zinne stand,
Die Jungfrau ging zum Wächter hin:
„Ein hoher Muth steh dir zu Hand,
„Lieb Wächter! und ein guter Sinn.
„Siehst jemand heimlich zu dir gehn,
„Sprich sanft und leise: Wer geht da?
„Du wirst dich nicht in ihm versehn,
„Antwortet er dir bald mit Ja!
„Wink' ihm an jenes Fensterlein,
„Lohn meiner Frauen wartet dein!“

2.

Die Jungfrau war nicht lang davon,
Da kam der Hochgelobte her;

*) S. Minnesinger. B. I. S. 90. Herr Adelung setzt diesen Dichter in das zweyte Viertel des dreyzehnten Jahrhunderts. Er war wahrscheinlich (nicht von Linz in Oesterreich, sondern) von Lienz oder Luenz (im Orig. Liunz) in Tyrol, wo es alte Burggrafen gab, nach deren Absterben das Schloß Lienz an die Grafen von Görz kam,

Der Wächter, lüstern nach dem Lohn,
Sprach bald zu ihm: „Wer geht daher?
Ich bin es, der der Minne gehrt,
Den Hut, mein Wächter, hoch empor!
„Ihr mögt wohl seyn der Minne werth,
„Steht eine Weile noch darvor!“
Ein ihn zu lassen ward ihm kund,
Zu küssen den rosenrothen Mund.

3.

„Der Morgen nicht erscheinen will;
„Ich warn' euch aber, wie ich soll:
„Wer länger schläft, das ist zuviel!“
So sang der Wächter also wohl.
„Unschuldig will ich seyn daran,
„Soll zwey'n Geliebten was geschehn;
„Dem Tag doch Niemand wehren kann,
„Ich seh den Morgenstern aufgehn,
„Lichthell, wie er noch frühe thut —
„Nu wach' ein Ritter hochgemuth!“

4.

Die Seldenreiche sehr erschrack,
Als sie vernahm des Wächters Wort.
„Nu wohl auf, Ritter, es ist Tag!“
Die Minnigliche sprach sofort:

„Nun

„Nun laß mich dir empfohlen seyn,
Wie du mir bist ohn dein Begehr;
Dein Herz hab' ich für mich allein,
Das mein' ist dir gegönnet sehr:
Dem höchsten Gott befehl' ich dich,
Der Abschied, Ritter, schmerzet mich."

5.

Urlaub darauf der Ritter nahm
Von der geliebten Frauen sein,
Wie's Zärtlichen geziemt, da kam
Der Trennungsstunde Jammerschein.
Ein lieblich Wechsel ward darnach
Mit manchem Kusse, der erging;
Ihr Herz ihm durch das Seine brach,
Als er mit Armen sie umfing.
Leid bringt zuletzt, was man geliebt,
Von dannen schied der Held betrübt!

Gr — r.

6. König Conrad der Junge. *)

Minneliedchen.

1.

Ich freu' mich mancher Blumen roth,
Die uns der May nun bringen will.
Sie stunden erst in großer Noth,
Der Winter that ihn'n Leides viel.
Der May will uns ergötzen wohl
Mit manchem wonniglichem Tage,
Deß ist die Welt gar freudenvoll.

2.

Doch was hilft mir die Sommerzeit?
Und was die aufgeklärten Tage?
An einer Frau hängt meine Freud',
Nach der ich großen Kummer trage.
Will sie mir geben frohen Muth,
Sehr wohl und schön sie daran thut,
Und meine Freude würde gut.

3. Wenn

*) Entweder Conrad, Conradins Vater, welcher 1254 starb, oder auch der unglückliche Conradin selbst, welcher 1268 enthauptet ward. Adel.

3.

Wenn ich mich von der Lieben scheide,
Hat meine Freude gar ein End';
O weh! dann stürb' ich leicht vor Leide,
Daß ich mich je an sie gewendt.
Ich kenne nicht der Minne Sinn,
Mich läßt's die Liebe sehr entgelten,
Daß ich ein Kind an Jahren bin.

Böckh.

7. Jacob von der Warte. *)

Frühlingsklage.

1.

Hört ihr nicht das süße Singen
In den Auen überall?
Nicht die Wunderlieder klingen?
Nicht den Sang der Nachtigall?
Schaut den weiten Anger an,
Und die lichte lustge Heide,

*) Aus einem alten freyherrlichen Hause in dem Thurgau, und der Vater oder Großvater des unglücklichen Rudolph von der Wart, welcher 1308 den König Albrecht ermorden half. Das obige Lied steht Minnes. B. I. S. 25.

Die sich mit dem schönsten Kleide
Vor dem May hat angethan!

2.

Wie sich ihm entgegenfreuen
Aus dem Thau die Blümelein!
Alle Welt wird sich erneuen
In der Sonne goldnem Schein!
Und nur ich muß trostlos seyn,
Ich soll keine Lust empfinden,
Ich soll keine Gnade finden,
Vor der lieben Frauen mein!

3.

O du liebereiche Minne,
Wend' ach! wende meine Noth!
Tröste die verlaßnen Sinne,
Oder ich bin freudentodt.
Deine Hülfe hilft allein;
Muß ich scheiden von der Besten,
Wird mich nichts auf Erden trösten —
Laß mir Gnade angedeihn!

4.

Von Gewalt, die Weisen sagen,
Wird der Starke selbst besiegt.
Seht! ich muß um Gnade klagen,

Die

Die an einer Frauen liegt.
Himmel! ich verzage schier!
Krank nach ihren Minnefreuden
Läßt sie mich vergebens leiden,
Und mein End' ist vor der Thür.

5.

Minne! ach, sey gleichgesinnet,
Oder ich bin freudentodt!
Füg' es, daß mich lieblich minnet
Der Geliebten Mündlein roth.
Wie du wohnest, Minne, hie,
Wie du leitest meine Sinne,
Ach, so leite, werthe Minne,
Werthe Minne! leit' auch sie.

Gr—r.

8. Der Kohl von Neuß. *)

Das Abentheuer im Holze.

Nun Jahre lang
Steht hoch mein Muth!
Ich hört' einmal den süßen Sang

Von

*) Von diesem Dichter ist nichts bekannt. Herr Adelung setzt ihn in das dritte Viertel des dreyzehnten Jahrhunderts. Das Gedicht S. Minnes. B. II. S. 208.

Von einer Schwalbe, da sie flog,
Und ihre Stimme, die war gut!
Froh's Mädchen, hätt' ich im Holze dich,
Das wäre mir lieber als der Kranz,
Den du mir von Blüthen minniglich
Gewunden hast zum Tanz!
„Knappe, laß dein Waschen stehn,
„Die Rede bringt mir Zorn;
„Sollt' ich mit dir zu Holze gehn,
„Mich stäche leicht ein Dorn,
„Dann schlüge mich die Mutter mein,
„Und ich, ich wär' verlorn."

Er nahm sie bey der weißen Hand,
Er führte sie in den Wald,
Da sangen kleine Vögelein
Ihre Lieder mannigfalt,
Ueber einen schmalen Steg,
Unter eine grüne Linde breit,
Da kam das Mädchen hocherfreut,
Eine Jungfrau wunderschön.
Er legte sie in das grüne Gras,
Und that mit ihr, ich weiß nicht was,
Sie aber gerieth in Zorn,
Und ließ sich schwer versöhnen —
Das that der Liebe Dorn!

---

b.) Fab.)

Fabeln aus dem Renner.

Nach der gedruckten Ausgabe, mit einigen kleinen Abänderungen des Ausdrucks und der Rechtschreibung.

I.

Die beiden Hunde.

(Bl. VI.)

Ein feister Hund vom Hofe lief;
Ein magrer Hund ihn zu sich rief:
Gesell, wo kommst du her so satt?
Er sprach: ich war in einer Stadt,
Da aß ich manche feiste Stücken;
Ein Stock hat aber mir den Rücken
So gar durchbohrt und durchgebleut,
Daß ich die Fahrt hab' sehr bereut.
Süßer Schluck hat sauern Schlag; *)

Wohl

*) Vermuthlich ein Sprüchwort, das wohl eigentlich sagen will: zu viel genoßne Süßigkeit macht saures Aufstoßen.

Wohl dem, der sich ernehren mag
Ohne solches Umhertraben,
Da Leib und Seele Angst muß haben.
Wer so lang' ist bey Hof', und wart't,
Bis er gewinnet grauen Bart,
Und nicht dabey seine Seele bewahrt,
Hat Sorgen, Arbeit und Verstand
Ach leider! nicht wohl angewandt.
Denn Hoffart, Geiz, und was unkeusch,
Lernen Hofleut', und manch Getäusch.

2.

Der Löwe.

(Bl. X. 6.)

Da der Löw' über alle Thier'
Ein König ward, da hieß er schier
Vor sich kommen alle Gemeine,
Alle Thiere, groß' und kleine,
Und gebot, daß sie's nicht unterließen,
Ihm zu sagen, wie sie hießen.
Da nun dieß alles so geschah,
Kam der Maulesel; der König sprach:
Sage mir, wie bist du genannt?
Er sprach: Herr, ist euch nicht bekannt

Des

Des Ritters Roß, der in der Stadt
Gesessen ist zu Bacharat,
Und ist genannt Herr Tholdemir?
Ja wohl, sprach er, das glaube mir,
Dasselbe Roß ist mein Oheim,
Also ist mir gesagt daheim,
Dasselbe Roß und meine Mutter
Aßen mit einander Futter
Aus Einer Kripp', und sind gebor'n
Von Einer Mutter. Der König, voll Zorn,
Sprach: nun ist mir noch unbekannt,
Wie dein Vater sey genannt.
Er sprach: Herr, er ging übern Steig
Oft von der Stadt Braunschweig;
Seht, Herr, da steht ein junges Füllen, *)
Deß man pflegt überaus gar wohl,
Das gehört dem Herrn des Landes an,
Und ist mein Oheim', wie ich es han
Vernommen von der Mutter mein.
Er sprach: wie edel dein' Oheim' seyn,
Wie edel auch dein' Mutter ist,
Doch weiß ich's nicht an dieser Frist,
Du sagst mir denn, wer dein Vater sey.

Er

*) Vermuthlich stand im Original das Niedersächsische Fohl oder Fohlen.

Er schwieg. Da stand ein Fuchs dabey,
Der sprach: Herr, kennet Ihr den Esel,
Den der Becker hat zu Wesel
Dort aussen hingehn in dem Felde;
So wisset, daß ichs jetzt Euch melde,
Daß derselbe sein Vater ist.
Da sprach der König: Weil du bist
Von ungeleicher Art gebor'n,
So sag mir doch noch Eins ohn' Zorn
Und gütlich, wie du seyst genannt.
Er schwieg. Da sprach der Fuchs zuhand:
Er heißt ein Maul, und ist ein Thier,
Stärker und größer denn meiner vier;
Ich wollte doch ungern mein Leben
Um seinen geflickten Adel geben.
Sein Vater, den er nicht wollt' nennen,
Wollt Ihr die Wahrheit recht erkennen,
Ist besser, als sein Oheim sey,
Und Treu und Wahrheit wohnt ihm bey,
Und nährt sich mit schwerer Arbeit,
Und thut ungern Jemand ein Leid.
Herr, diese Red' ist ohne Far. *)
Da sprach der Löwe: ist das wahr?

Dieß

*) Ohne Farbe, ohne falsche Schminke.

Dieß Beyspiel soll man deuten
Den jungen hoffärtig n Leuten,
Die sich ihr'r armen Freunde schämen,
Und eines Adels sich annehmen. *)

3.

Der Rabe und der Pfau.

(Bl. XII. a.)

Ein Rab' ein's Pfauen Federn fand,
Die nahm er, und steckt' sie zuhand
In seinen Schwanz Da das geschah,
Ging er, da er die Pfauen sah,
Und mengt' sich unter ihre Schaar;
Seiner Genossen nahm er keine wahr.
Er ging stolzirend hin und her,
Als ob ein schöner Pfau er wär';
Er nahm sich manchen krummen Schwank,
Und that auch mancherley Umgang;
Mit den Federn er da ging
Ein Pfau zür übel das empfing,
Da er sein' große Dummheit sah,
Zu seinen Gesellen er da sprach:

Wie

*) Und sich einen Adel anmaßen.

Wie lange soll'n wir dieß vertragen,
Daß dieser um uns schwenkt den Kragen
Mit Federschmuck, der sein nie ward?
Wir woll'n ihn treiben eine Fahrt
Hinwieder, wo er her ist kommen.
Dadurch werd' ihm von uns benommen
Sein Hochmuth, den er vor uns hat
Getrieben hier an dieser Statt.
Da sammelten sie sich alle,
Und fielen auf ihn mit Schalle,
Und beraubten ihn so sehr,
Daß er lief, aller Federn leer,
In ein Reißig, wo er verdarb;
Ihm ward der Lohn, nach dem er warb.

4.

Von dem größten Thoren.

Eine Mähre.

(Bl. XVI. a.)

Ein weiser Mann in Krankheit lag;
Und jetzt war kommen ihm der Tag,
Daß er nicht länger sollte leben.
Hin und her hieß er da geben

Sein

Sein Gut durch Gott, wie manche Leute
Auf ihrem Todbett' thun noch heute.
Einen Sohn hatt' er, dem gab er do
Wol zehen Mark, und sprach also:
Mein lieber Sohn, erhalte mir
Deine Treu, und laß auch dieß bey dir
Liegen, bis daß dir wird bekannt
Der größte Thor, über alles Land;
Dem gib es, und gedenke mein.
Er sprach: Ja, Vater, das soll seyn.
Nach der Rede der Mann verschied.

Der Sohn sich manch Jahr wohl berieth,
Wem er das Silber möchte geben.
Man nannt ihm manches Dummen Leben,
Auch manchen Thoren hin und her;
Den nannt ihn dieser, diesen der;
Er kehrte wenig sich daran.
Zuletzt da kam ein fremder Mann
Von fremden Landen! den fragt er,
Wer Herr in seinem Lande wär.
Er sprach: wir haben alle Jahr,
Herr, einen König, das ist wahr,
Der thut alles, was er will,
Nach Herzenslust, bis an das Ziel,
Da sein Jahr ein Ende hat;

Dann tritt ein andrer an seine Statt,
Und ihm schlägt man dann ab sein Haupt.
Wenn ihr das jetzund mir nicht glaubt,
Herr, so fahret mit mir dar,
Und nehmt der Wahrheit selber wahr;
Wir kommen eben hin zur Zeit,
Wenn sein Tod dem König ist bereit,
So sehet ihr, wie es geziemt,
Wenn dann sein Reich ein andrer nimmt.

Der Jüngling fuhr mit ihm dahin;
Da ließ der Mann bald sehen ihn,
Wie es dem alten König ging,
Und daß ein andrer sein Reich empfing.
Zu dem nun ging er hin, und sprach,
Als er ihn dort gekrönet sah:
Nimm hin mein's Vaters Seelengeräthe; *)
Ich meinte nicht, daß die Welt hätte
So große Thoren je behalten!
Was Ehren willst du darnach walten,
Wenn dir das Haupt wird abgeschlagen?

Dieß

*) Vermächtniß; besonders das Geld, was zur Rettung der Seele aus dem Fegfeuer vermacht wurde. S. Frisch.

Dieß Beyspiel mag man denen sagen,
Die durch Ehre und durch Wollust
In den ewigen Verlust
Sich jämmerlich versenken,
Und wenig dran gedenken,
Daß Leib, Gut, Freud' und Gunst
Sind bloß ein Nebel und ein Dunst.

5.

Der Esel in der Löwenhaut.

(Bl. XL. a.)

Ein's Löwen Haut ein Esel fand,
Die that er an, und kam zuhand
Gar fröhlich in den Wald gerannt.
Ihm dünkt', er wär' gar unbekannt;
Jedoch die langen Ohren
Die meldeten den Thoren,
Die sah man oben heraus-ragen.
Die Thiere begannten ihn zu jagen
Auf und ab; nicht lang hernach
Sein Meister ihn dort laufen sah
In einer Haut; wie er ihn fand,
An ein Seil er ihn da band,
Und that ihm an viel große Pein.

Er sprach: du solltest daheim seyn,
Du möchst vielleicht wohl dumme Leute
Betriegen durch die fremden Häute;
Wer aber dich erkennet,
Ein'n Esel der dich nennet.

Wer sich dessen noch nimmt an,
Was er nicht wohl bewähren kann,
Ertappet den ein weiser Mann,
So gelingt es demselben Mann
Recht, wies dem Esel hier gelang,
Der in die Haut des Löwen sprang;
Denn ihm der Balg ward abgezogen,
In dem er manchen hatt' betrogen.

Eschenburg.

---

c.)

Volkslieder.

Unserm Versprechen gemäß folgt hier sogleich eine dänische Ballade. Das Original wird zur Ersparung des Raums in gegenwärtigem Falle nicht beygefügt, weil es schon in einem Buche abgedruckt ist, das nicht unter die seltenen gehört, nemlich in Oelrichs Daniae et Sueciae literatae opuscula hist. phil. Theol. Bremae. 1774. 8. wo es sich in Bartholini dissertat. de Holgero Dano C. IV. in II. T. p. 369. befindet. (In den dänischen Kjämpe-Viiser ist es das zwölfte Lied des ersten Bändchens.) Bey andern hingegen wird in der Folge der Abdruck des Originals freylich als nothwendig müssen angesehen werden, so wie bey den Schwedischen, Holländischen, Englischen, Schottischen ꝛc. die entweder noch nicht verdeutscht, oder, wenn unsere Bemühung nach ungedruckten nicht vergeblich seyn sollte, noch gar nicht bekannt sind.

I.

Dieterichs von Bern und Olger des Dänen Schlacht.

1.

Stark Dieterich lagerte sich in Bern
Mit den acht Brüdern sein,
Zwölf Söhn' ein jeder Bruder hat,
Ihre Mannheit war nicht klein.
Nun steht der Streit gen Norden unter Jütland!

2.

Auch hatt' er funfzehn Schwestern,
Und jede hat der Söhne zwölf;
Die jüngste, sie hatte dreyzehn,
Die sind verloren wie die zwölf!
Nun steht der Streit gen Norden unter Dännemark!

3.

Da ging die Berner zu bestehn
Hervor so manche Kämpfergestalt,
Die ragten, das sag' ich aus für wahr,
Wohl über den Buchenwald.

4. Nun

4.

Nun hatten wir gestritten in manchem Jahr
 Wie Kämpfer gut und Ritter stark,
Da hörten wir vom Dänen Olger *) so viel,
 Der wohnet in Dännemark.
Nun steht der Streit!

5.

Da haben wir vom Dänen Olger gehört,
 Er wohnet in Norjutland,
Er läßt sich krönen mit rothem Gold,
 Er will uns nicht gehen zu Hand.

6.

Und Schwerting hub nun in die Höh'
 Eine Stange von Stahl, und sprach also:
Wohl hundert von König Olgers Mann
 Acht' ich wie einen Floh!

7.

„Hör', achte sie mir nicht so gering,
„Schwerting, du schwarzer Gesell!
„Ich sage dir, König Olgers Leut',
„Die sind im Streite schnell!

N 5 8. „Sie

*) Aus des Herrn Rath Reichards Bibliothek der Romane kennt man ihn unter dem Namen Ogler.

8.

„Sie fürchten sich nicht vor Speer oder Schwert,
„Und achten des scharfen Pfeils nicht viel:
„Denn Streiten ist ihre meiste Kunst,
„Sie halten das für Kinderspiel."

9.

Drauf sprach der hohe Bermeriß,
Und merkte sich das Wort,
„Wir reiten aus nach Dännemark,
„Ob Olger sich find't an seinem Ort!"

10.

Sie zogen aus vom Bernerland,
Sie waren achttausend in Schaaren,
König Olgern zu besuchen nun
Wollen alle nach Dännemark fahren.

11.

König Dietrich Olgern 'n Boten sandt,
Und ließ ihm so betheuern:
„Was willt du lieber? streiten mit uns
„Oder aber Schatzung steuern?

12.

König Olger ward so bös im Nu,
Solch Spott mocht' er nicht leiden;

„Wir

„Wir laden ihn her auf die ebene Heid',
„Wir wollen da gegen ihn streiten!"

13.

„Von Steuer, da weiß der Däne nichts,
„Pflegt selbst darnach zu fragen;
„Aber wollt' ihr ja die Steuer han,
„Euch soll sie übel behagen.

14.

König Olger rief den Kämpfern sein,
Und sagte unverholen,
„Stark Dieterich hat uns Botschaft gesandt,
„Und Steuer will er holen;

15.

„Entweder will er die Steuer han,
„Oder aber mit uns streiten schwer;
„Er ist der erste König nicht,
„Der gern der Herr der Dänen wär!"

16.

Das sagten alles die Kämpfer gut,
Des König Dieterichs Boten schier;
„Kommen die Berner nach Dännemark,
„Sie kommen nicht alle hinweg von hier!"

17.

Wohl lustig war der Eisen-Wolf,
Die neue Zeitung empfangend;
Wohl lachte im Herzen der Held Hogen,
Und alle harrten verlangend.

18.

Auch ward da Widrich Werlandson *)
So frohen Muths im Nu;
Mein Kamerad! sprach Orm zu ihm,
Wir reiten mit einander den Bernern zu!

19.

Der erst' an der Spitze, der will ich seyn,
So sprach Herr Iserblau;
Der letzte Mann werd' ich nicht seyn,
Antwortet' Herr Kulden Grau.

20.

König Olger und der Dieterich stark
Begegnen sich auf der Heide,
Sie flogen mit Macht, und sonder Scherz,
Voll Zorn, so waren sie beyde.

21. Sie

*) In dem Heldenbuche heißt er Wittich Weylands Sohn.

21.

Sie streiten einen Tag, sie streiten wohl drey,
Und keiner von ihnen kann siegen;
Die Dänen kämpften so männiglich,
Ihr'en Herrn nicht zu betrügen.

22.

Das Blut rann stark als wie im Strom
Unter Bergen und tiefen Thalen;
Die Steuer, wie's vorher gelobet war,
Die mußten die Berner bezahlen.

23.

Der Rauch, der zog in Wolken so hoch,
Die Sonne wurde so roth,
Da wars so jammervoll anzuschaun,
Da waren so manche Helden todt.

24.

Da lag das Pferd, dort lag der Mann,
Da schieden die Freunde im blutigen Kreis,
Da mochten nicht alle zum Schmause kommen,
Da stand ein Bad so heiß.

25.

Nun begann der hohe Bermeris
Dem Ausgang nachzusinnen:

„Hier

„Hier leben nur hundert von unsern Heer,
„Wie sollen wir den Streit gewinnen?“

26.

Da machte sich Dieterich auf zur Flucht
Und sah nicht viel nach Dännemark hin,
Schwerting vergaß sein Gutenacht,
Ließ alles nach Bern zurücke ziehn.

27.

Und Dieterich wandte sich noch einmal,
Und schaute zum Himmel auf,
Hier haben wir weder Schutz noch Schirm,
Nach Bern, so richten wir nun den Lauf!

28.

Und da sprach Widrich Werlandson
Er hielt bey einem grünen Zaun:
Mit Schmerzen sollet ihr rühmen davon,
Vor Dännemarks Waffen, da wirds euch
graun!

29.

Zur Zeit sie zogen von Bernland aus,
Wohl achtzehn tausend sie waren,
Nun kehren sie heim, jetzt sind es fünf

Und

Und funfzig — welche Schaaren!
Nun steht der Streit gen Norden unter Jütland!

* * *

„Von diesem Dieterich, sagt Bartholin, haben die Dänen mehrere Lieder gemacht, von welchen einige im 1. Th. der Kjämpeviiser eingerückt sind. Auch in Deutschland wurden Lieder von ihm gesungen. Die meisten Dichter heissen ihn Dieterich von Bern d. i. von Verona nach der gemeinen Meinung. Goldast aber (praef. T. III. constit. Imper.) verdollmetscht es durch „von Ravena, weil er daselbst seine Residenz hatte *). Einige nannten ihn Wolfdieterich, aber das sind nur

*) Mich dünkt, die letztere Ableitung sey so wenig richtig als die erstere. In unsern Volksromanen, die auf den Jahrmärkten verkauft werden, und davon ich einen großen Theil besitze, heißt er durchaus Dieterich von Bayern, und das mag wohl der einzige wahre Name dieses fabelhaften Helden seyn. Wenigstens ist die Contraction von Bayern in Bern natürlicher als alle andere.

Gr.

nur die spätern und die unwissenden Schriftsteller."

Da die Geschichte des Dieterichs von Bern in der teutschen Vorzeit ohngefähr das ist, was in England die Fabel vom König Arthur; so wird es den Lesern nicht unangenehm seyn, wenn ich hier die Erzählung von Dieterichs Geschlecht aus dem Heldenbuche*) noch beyfüge.

„Hugdieterichs Vatter war ein König in Griechenland, geheissen Anzigus, ein guter Christ, gesessen zu Constantinopel auff einer Festen, Da er starb, da erbt jhn sein Sohn Hugdieterich achtzehn jar alt, sie führten ein rothen Leo im Schild, den haben auch geführt Wolffdieterich und sein Nachkommen. Hugdieterich der vorgenannte erwarbe seine Frauwen mit Seidennehen, die war König Walgund und Liebegart Tochter, auff der Burg Salneck, und hieß sie Hilteburg, Er erwarb sie auff eim Thurm, auff den hett sie jr Vatter verschlossen, also macht Hugdieterich drey Söhn mit derselben Frauwen, der erste hieß Wolffdieterich, der war des Berners Großvatter, und war Römischer Keyser, der ander hieß Waßmut, ein König, der dritt, Bogen, auch ein König.

Wolff-

*) S. die Vorrede des ersten Theils nach der Ausgabe von 1590. 4.

Wolffdieterich erste Frawe, hieß rauch Elß und warde darnach genennt Sygemin, die schönest ob allen Weibern. Darnach bekam Wolffdieterich ein Sohn und ein Tochter mit Keyser Otteits Weib, der Sohn war genannt Dietmar, der thete den ersten Streit mit den Heyden vor dem Closter Tuschkan, vnd ward Keyser und Ritter, da war Wolffdieterich ein Münch in demselben Closter, Dietmars Mutter die hieß Sydrat und seine Schwester hieß auch Sydrat. Also bekam derselb Keyser Dietmar vier Söhne, der erste hieß Dieterich und wurde genannt Dieterich von Bern, der andere König Ementriche, der dritte König Harlung, der vierdte Diether, der ward in seiner Jugend erschlagen.

Als deß Berners Mutter sein schwanger ward, Da machet ein böser Geist Machmet sein Gespennst, Eins nachts da Dietmar in der Rheiß war, da traumet jhr, wie sie bey ihrem Mann Dietmar leg, da sie erwacht, greiff sie neben sich, vnd greiff auff einen holen Geist. Da sprach der Geist: „Du sollt dir nicht förchten, ich bin ein gehewrer Geist. Ich sage dir, der Sohn den du tregst, wirt der sterkst Geist der je geboren ward, darumb, daß dir also getraumet ist, so wirt er Fewer aus seim Mund schießen, wenn er zornig wirdt, vnd wirt ein gar frommer Held.“ Also bauwet der Teufel in dreyen Nächten eine schöne starke Burg, das ist die Burg zu Bern.

Deß Berners erstes Weib war hieß Hertlin, war eins frommen Königs von Portugall Tochter, der ward von den Heyden erschlagen. Da kam König Goldemar, und stähle ihm die Tochter. Da starb die alte Königin vor Leyd. Da nahm sie der Berner dem Goldemar wieder mit großer Arbeit. Dann noch bliebe sie von Goldemar Maget*). Da sie nun gestarbe, da nam er Herrot, König Etzel Schwester Tochter."

Demnach wäre Dieterichs Stammbaum, der zum Verständniß mancher Anspielungen in den Minnesingern und in den alten epischen Stücken dienen kann, folgender:

Anzigus.
Sohn:
Hugdieterich Frau: Walgunds und Liebegarte's Tochter
Söhne:
1. Wolfdieterich. 2. Waßmuth. 3. Bogen.
Frau:
Sydrat
Tochter: Sohn:
Sydrat. Dietmar.
Söhne:
1. Dietrich von Bern 2. Effientrich 3. Harlung 4. Diether.
Weiber:
1) Hertlin.
2) Herrot. Mutter: Schwester des Königs Etzel.

*) Magd, eine Jungfrau.

Diete-

Dieterich von Bern wird von Bartholin der mächtigste König der Gothen genannt, und Jornandus De rebus Gothicis c. 58. schreibt, es sey in den Abendländern kein Volk gewesen, welches dem Dieterich nicht gedient hätte, entweder aus Freundschaft oder aus Furcht.

Damit für itzt von diesem Dieterich genug. Uebrigens erkenne ich mich noch dem gütigen Gelehrten in Dännemark, der meine Anfragen über ein paar schwerverständliche Stellen in der mitgetheilten Ballade so freundschaftlich beantwortet hat, zu dem verpflichtetsten Danke, ob ich gleich bis jetzt noch nicht so glücklich gewesen bin, seinen Namen erfahren zu dürfen.

Gr.

---

2. Gegenwärtige Volksmelodie des alten Volksliedes: Es hatt' ein Bauer ꝛc. *)

*) Man sehe den Feynen kleynen Almanach. Erster Jahrgang. S. 108. Der Text selbst hat sich in ein paar hundert Jahren wenig und das nicht zu sei-

nem

neas Vortheil verändert. Statt des Poßementirs in der 3ten Strophe nehmen auch einige einen Officier. Einiger Liebhaber wegen setze ich die bessern alten Lesearten unter den jetzigen Text.

2.

Der Bauer dacht' in seinem Sinn,
Die Reden die sind gut;
Ich will mich hinter die Hausthür stellen,
Will sehen, was meine Frau thut;
Will sagen, ich fahre ins Heu,
Will sagen, ich fahre ins H h- h- H- h- h-
Heuderley,
Juch Heuderley!
Will sagen, ich fahre ins Heu.

3.

Und als der Bauer den Rücken wand,
Da kam ein Poßementir,
Er nimmt das Weibchen wohl bey der Hand,
Und sprach: Schlaf heute bey mir!
Ist doch dein Mann ins Heu,
Ist doch dein Mann ins ꝛc.

4. Der

Alte Lesearten. V. 3. Da kam ein junger Reu-
terknecht
Zum jungen Weibchen 'rein;
Freundlich thät sie empfangen ihn,
Gab stracks ihren Willen drein.
Ist denn dein ꝛc.

4.

Der Bauer hinter der Thür erschrickt,
Und sprach: Du böses Weib!
Bist du denn hier auf dieser Welt,
Zu quälen meinen Leib?
Hast gedacht, ich wär' ins Heu etc.

5.

Ach Mann! ach Mann! ach lieber Mann!
Verzeih mir einmal dies,
Ich will dir machen, was du willt,
Ich will dir braten Fisch.
Hab gedacht, du wärst ins Heu,
Hab gedacht, du wärst ins etc.

Alte Lesearten. V. 4. Er faßt sie um den Gürtelband,
Und schwang sie hin und her,
Der Mann wohl hinter der Hausthür stand,
Fast zornig kam herfür;
Ich bin noch nicht ins Heu etc.

V. 5. Ach! trauter, herzallerliebster Mann,
Vergib mir diesen Fehl,
Will lieben dich, und herzen dich,
Will kochen Mus und Mehl,
Ich dacht, du wärst etc.

6.

Und wenn ich auch gefahren wär'
Ins Heu und Haberstroh,
So sollst du nun und nimmermehr
Ein andern lieben so.
Der Teufel, der fahre ins Heu,
Der Teufel, der fahre ins H — Heuderley,
Juch Heuderley!
Der Teufel, der fahr so ins Heu!

3.

Der Schorsteinfeger. *)

1.

Morgens, wenn ich früh aufsteh'
Und den Schorstein fegen geh,
Klopf' ich an vor einer Thür,
Kommt ein schwarzbraun Mädel für.

2.

„Wer ist draus? und wer klopft an,
„Der mich so leis' aufwecken kann?"

Der

*) Aus dem Munde des Volks an der Gränze von Schwaben und Franken. Alt und sehr verschieden von dem gegenwärtigen Texte steht es auch schon in dem Feynen kleynen Almanach 1. Jahrg. S. 157.

Der Junggesell sprach in der Still:
„Der, den Schorstein fegen will!“

3.

Jungfer, ich nun eins begehr,
Gebs mir Licht und Besen her,
Nicht zu groß und nicht zu klein,
Daß er geht in Schorstein 'nein.

4.

Jungfer, ich nun fertig bin,
Nehmt ihr Licht und Besen hin;
Geb sie mir mein Fegerlohn 'raus,
Denn ich hab' noch weit nach Haus.

5.

„Junggesell, ihr müsset borgen
„Von dem Abend bis an Morgen;
„Morgens früh oder Abends spat
„Kommt und holt euer Fegerlohn ab!“

6.

Jungfer, ich schon wieder da;
Ich mein Fegerlohn nun erwart':
Oder ist es nicht die rechte Zeit,
Wann der Wächter zwölf Uhr schreyt?

7.

Aus dem Büberl wurd' ein Mann,
Der den Schorstein fegen kann.
Schorstein fegen nur zur Freud',
Schorstein fegen weit und breit!

4.

Die getrennte Geliebte. *)

Aus ist das Liebchen!
Wär' ich bey mein'm Liebchen!
Wenn ich schon nicht bey ihm bin,
Steht doch mein Sinn hin.

Hab' oft manche Nacht
Bey meinem Schätzlein zubracht,
Aber jetzt ein' Weil' herein
Kanns nimmermehr seyn!

Wenns wiederum kann seyn,
Bey Mond und bey Schein,
Bey Tag und bey Nacht,
Herztausender Schatz!

5. Ein

*) Aus dem Munde des Landvolkes an der Gränze von Schwaben und Franken aufgenommen.

5.
Ein Lied an das Liebchen. *)

1.

Schönstes Kind, zu deinen Füßen
Lieg' ich hier, wein' bitterlich.
Wann ich dich verlassen müßte,
Wärs die größte Pein für mich.
Lieber wollt' ich den Schluß fassen,
Und mein jung frisch Leben lassen,
Als von dir entfernt zu seyn;
Wär für mich die größte Pein!

2.

Gold und Silber, Meerkorallen,
Reichthum, Schätz' und Edelstein,
Thut mir alles nichts gefallen,
Als du, Schönste, nur allein.
Die Leut' reden, was sie wollen,
Du allein bist auserkohren;

Fällt

*) Dieses zärtliche Volkslied ist von der schmachtendsten Melodie begleitet, und es dünkt mich, ich hätte noch kein ähnliches mit innigerer Rührung und tieferer Empfindung von Landmädchen singen hören als dies, welches ihre ganze Einbildungskraft zu erhitzen scheint. Die Melodie werde ich ein andermal mittheilen.

Fällt mir nichts ins Herz hinein,
Als du, Schönste, nur allein.

3.

Nachts, wenn ich die Ruh' erwähle,
Und ins Bette schlafen geh',
Thu' ich mir im Träum vorstellen
Dein liebreiches Contrefait,
Wie du redest, wie du lachest,
Eine süße Miene machest;
Ich stell' mir im Traume für,
Als wenn du hier schliefst bey mir.

4.

Alles, was ich red' und denke,
Alles, alles ist von dir;
Wo ich nur mein Aug hinlenke,
Stellt sich mir dein Bildniß für.
Ist kein Künstler auf der Erden,
Kann auch nicht gefunden werden,
Der dich schöner mahlet ab,
Als ich dich im Herzen hab.

5.

Schönster Schatz, willst daß ich lebe,
Sag zuvor du liebest mich!
Oder willst mir Abschied geben?
Dieses Wort entsetzet mich.

Lieben

Lieben mußt du, oder hassen,
Eins aus beyden mußt du lassen.
Schönster Schatz, ich stell dirs frey,
Haß mich oder bleib getreu.

6.

Im Wald bey der Amsel. *)

1.

Gestern Abends in der stillen Ruh
Hört' ich in dem Wald der Amsel zu;
Als ich nun da saß,
Meiner schier vergaß,
Sprach mein Schatz: „Nun hab' ich dich,
„Komm nur her und küsse mich!"

2.

Ey du Schmeichler! sprach sie unerschreckt,
Wer hat dir mein' Aufenthalt entdeckt?
„Ja im grünen Wald,
„Da ist mein Aufenthalt,
„Wo ich zuvor in meinem Sinn
„Ganz vergnügt gewesen bin."

3. Kommt

*) Aus dem Munde des Volks in dem Ries aufgenommen, und von einer schätzbaren Freundin gütigst mitgetheilt.

3.

Kommt daher und schmeichelt mir so schön!
„Sie läßt ihre Treuheit zärtlich sehn,
„Bald ich sie erblickt,
„Rückte sie an mich,
„Sprach bey ihrer Brüst allein
„Ewig mir getreu zu seyn.“

4.

Soviel Laub an Busch und Linden ist,
Soviel mal hat mich der Schmeichler küßt,
Ja, ich muß gestehn,
Daß sonst nichts geschehn,
Die Amsel in dem Wald allein
Könnte meine Zeugin seyn!

III.

Sprache.

Nachdem alle menschen gern von jhren eltern vnd vorfarn viel wissen wöllen, auch alles so bei jnen gewonlich vnd gebreuchlich, hochhalten, weil auch alle menschen gern etwas beides von den vralten, vnd von frembden spraachen wissen: so muß einer jhe gar ein stock, vnd so zu reden, kein rechter Teutscher sein, der nit auch gern etwas wissen wolt von der alten spraach seiner vorfarn vnd eltern.

Flacius Illyricus.

a.

Deutsche Originale.

Anmerkung. Um den von meinem verewigten Freunde für Bragur bearbeiteten Winsbeke, der schon im ersten Bande erscheinen sollte, nicht abbrechen zu dürfen, wird die Fortsetzung der Einleitung in den vaterländischen Sprachstamm so wie der Nordischen Originale für den dritten Band aufgehoben.

1.

Der Winsbeke.

Ein Lehrgedicht aus dem zwölften Jahrhundert.

Einleitung.

Die drey Lehrgedichte, Tyrols von Schotten an seinen Sohn Friedebrant, des Winsbeke an seinen Sohn und der Winsbekin an ihre Tochter gehören unstreitig unter die schätzbarsten Ueberbleibsel aus den fruchtbaren Zeiten der Minnesinger. Ihr Alter wird insgemein in die Zeiten Friedrich I. des Rothbärtigen, und zwar gegen das Ende des zwölften Jahrhunderts gesetzt, und das ist wohl ausser allem Zweifel. Desto ungewisser ist es hingegen, ob Tyro von Schotten, der Winsbeke und die Winsbekin wirkliche Personen und Verfasser dieser moralischen Gedichte waren, oder ob sie ihnen von andern Dichtern jener Zeiten, als von Eschilbach, nur angedichtet worden.

Goldast, der erste Herausgeber derselben in seinen Paraeneticis von 1604. hält zwar den Tyro für einen wirklich Schottischen Prinzen, dessen aber die Schottischen Geschichtschreiber deßwegen nicht gedacht hätten, weil er nicht an die Regierung gekommen sey. Vom Winsbeke erzählt Er, daß er ein Ritter an dem kaiserlichen Hofe Friedrichs Barbarossä und seines Sohns Heinrichs gewesen, sich durch rühmliche Thaten zu Kriegs- und Friedenszeiten ausgezeichnet und, nach Morhofs Bericht, dem Zug nach Syrien beigewohnet habe. Am Rande des Codex, von welchem Goldast die Winsbekischen Gedichte kopirte, stund, wiewohl von

von einer jüngern Hand bey dem Namen Winsbeke noch von Winsbach notirt, welchen Namen ein Städtchen bey Sargans in der Schweiz, nicht weit von Werdenberg und dem Siz der Freyherrn von Sax, itzt unter dem Gebiet des Kanton Glaris, führen soll. Adelung hingegen bemerkt, daß es zu Friedrich I. Zeiten eine angesehene adeliche Familie von Winsbek in Baiern gegeben habe. Winsbeks Gemahlin wird von Goldast als eine keusche und rechtschaffene Dame gerühmt, die wegen ihrer Klugheit und Tugend nicht nur zur Aufseherin über das Frauenzimmer bey Hof gesetzt worden sey, sondern auch das Amt einer Schiedsrichterin bey den Dichterkonzerten verwaltet und die Lorbeerkränze oder Preise den Siegern zuerkannt und ausgetheilet habe. Morhof meldet noch überdieß: Winsbeke habe zum Unterricht junger Kavaliers und die Winsbekin zur Bildung junger Fräuleins lehrreiche Lieder verfasset und abgelesen, worunter er ohne Zweifel eben die zwey Lehrgedichte versteht. Diß alles liese sich nun sehr wohl hören, wenn es nur auch hinlänglich erwiesen wäre. — Allein andere erfahrne Forscher jenes grauen Zeitalters sind ganz anderer Meinung. Bodmer hält den Winsbeke, die Winsbekin und den Tyro von Schotten nur für erdichtete Personen, schiebt sämtliche drey Lehrgedichte Eschilbachen zu, und muthmaset, daß dieser dem Winsbeke und der Winsbekin, wenn sie auch wirklich an dem Hofe Friedrichs mit dem rothen Barte gelebt haben sollten, nur die Ehre habe erweisen wollen, daß er ihnen diese Lehrgedichte in den Mund geleget; Tyro aber habe nur in Kyots Romanen gelebet. Eben dieser Meinung stimmt auch der Verfasser des Aufsazes über das Persönliche der Poeten des altschwäbischen Zeitalters im Teutschen Museum bey.

Dem sey nun wie ihm wolle: denn zu keiner zuverlässigen Gewißheit wird man aus Mangel hinlänglicher Nachrichten aus jenen entfernten Zeiten in Bestimmung der eigentlichen Verfasser dieser drey Gedichte doch nicht gelangen. Genug, daß es desto gewisser ist, daß sie aus den Zeiten der Minnesinger abstammen, deren Geist, Gedanken und Sprache vollkommen in denselben herrscht, und daß sie für die Geschichte jener Zeiten, sowohl was die Denkungsart in geistlich- und weltlichen Dingen, als auch die

die Sitten und Gebräuche, und insbesondere die Erziehung der vornehmen Jugend anlangt, wie nicht weniger unserer Muttersprache und der altdeutschen Dichtkunst wichtige Urkunden enthalten, wovon in einer besondern Abhandlung über den Geist und die Charakteristik der Minnesinger gehandelt werden soll. *)

Für itzt nur noch etwas über den Inhalt des Winsbekischen Lehrgedichts, das hier vorgelegt wird. Es enthält gerade die Belege zu dem Abriß, den Eschilbach in dem zweiten Theil seines Heldengedichtes, Wolf Dietrich genannt, von dem, was man die Fürstenkinder seiner Zeit lehrte, also gibt:

Die Fürstenkinder man do lerte
Gros er den Frowen geben
Und Gotes dienst ouch merte
Und eren Briesters leben:

*) Diese Abhandlung wollte mein verewigter Freund für den zweyten Band ausarbeiten; eine anhaltende Unpäßlichkeit verhinderte ihn aber von einer Zeit zur andern, und so überraschte ihn endlich der Tod, ohne daß er mehr als ein paar Zeilen davon niedergeschrieben hatte.

Gr.

. . . Der Kristenheit gelouben
Ouch sie geleret wart
Das schuof an alles tougen
Vater und muoter zart.

Man lert die jüngelinge
Gar manig ritterspiel
Schirmen und ouch springe
Und schüssen zuo dem Zil,
Fehten ouch mit witzen
Und schihten wol den schaft.
Uf setteln wol sizen
Des wurden si dick sighaft.

Und si worden ouch geleret
Ir schilte recht tragen,
Ir Manheit sich ouch meret
Als wie das hoeren sagen,
Wo man nit wolt erwinden
Das man zuo strit solt stan
Ir helme rehte binden
Lert man die jungen man.

Man lert ouch wie sie solten
Werfen einen stein
Des hand si nie entgolten
Ir kraft die war nit klein u. s. w.

Diese

Diese Stelle sollte fast einen Grund zur Bestätigung der Bodmerschen Meinung, daß das Winsbekische Lehrgedicht Eschilbachs Arbeit sey, beitragen: denn gerade nach diesem Plan ist dasselbe angelegt.

Winsbeke empfiehlt seinem Sohn vor allen Dingen Gottesliebe und Gottesfurcht. Strophe 1—5. Dann Verehrung der Geistlichkeit. Str. 6. 7. Gleich darauf Liebe und Verehrung des weiblichen Geschlechts und die Annehmlichkeiten einer keuschen Ehe. Str. 8—16. Nächst diesem preißt er ihm die Ritterlichen Uebungen und Tugenden an; Str. 17—21. lehrt er ihn die gesellschaftlichen und häuslichen Tugenden des Umgangs und der Sitten bey Hof, und warnt ihn vor den entgegengesezten Fehlern und Lastern, besonders denjenigen, wodurch er sich den geistlich- und weltlichen Bann zuziehen könnte. Str. 22—53. Der Sohn nimmt die Lehren des Vaters mit kindlicher Dankbarkeit und Gehorsam auf, und schlägt dem Vater unmaßgeblich vor, daß sie einen Spital errichten und darein ziehen wollten. Str. 24—58. Der Vater lobt den Vorschlag des Sohns, willigt ein und beschließt seine väterliche Ermahnung mit einer rührenden Anrede an Gott. Str. 59—75.

Leser mögen nun selbst empfinden und urtheilen, wie lehrreich und naiv dieser Plan in dem Gedichte, das hier folgt, ausgeführt worden ist, und es dem Geist jenes Zeitalters zuschreiben, wenn die lezte Scene nicht nach ihrem Wunsch oder ihrer Erwartung ausgefallen seyn sollte.

Böckh.

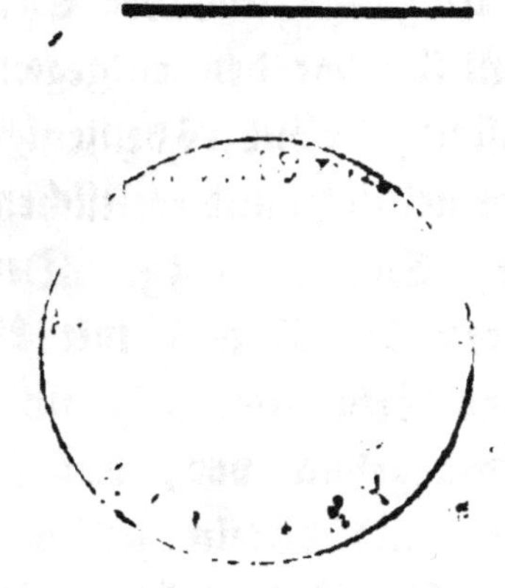

Der

Der Winsbeke.

(S. Minnesinger. Th. 2. S. 251. u. f.)

1.

Ein wiser 1) man hat einen sun
Der was 2) im 3) lieb, als manigem ist, 4)
Den wolt er leren rehte 5) tun,
Und sprach also: Min sun, du bist
Mir lieb an 6) allen välschen list;
Bin ich dir sam 7) du selbe dir, so volge mir ze 8) dirre 9) frist:
Die weile 10) du lebest, es ist dir guot,
Ob 11) dich ein froemder ziehen sol, du weist niht 12) wie er ist gemuot. 13)

1) weiser 2) war 3) ihm 4) als manchem der seinige ist. 5) recht — recht thun 6) ohne — ohne Falschheit, aufrichtig von ganzem Herzen. 7) eben so wie — bin ich dir lieb, wie du dir selbst; dein anderes Ich. 8) zu 9) dieser 10) so lange 11) wenn 12) nicht 13) gesinnt.

2.

Sun minne 1) minneklichen 2) Got,
So kann dir niemer missegan, 3)

1) lieb 2) den liebenswürdigen 3) übelgehen

Er hilfet dir us 4) aller not;
Nu sieh 5) der welte Goechel 6) an,
Wie sie ir 7) volger triegen kan,
Und was ir lon ze iungest 8) si, 9) das solt du sinneklichе 10) entstan 11)
Si git 12) ze 13) lone sünden lot, 14)
Der ir ir 15) willen volgen wil, der ist libes und der sele tot. 16)

4) aus 5) sich 6) Gaukeley 7) ihre 8) zuletzt 9) sey 10) weislich, bedächtlich 11) verstehn 12) gibt 13) zu 14) Loos, Sold 15) ihrem oder ihr in ihrem Willen 16) an Leib und Seele verdorben.

3.

Sun, merke wie das kerzen lieht, 1)
Die wile 2) es brinnet, swindet gar, 3)
Geloube 4) das dir sam 5) geschiht
Von tage ze tage, ich sage dir war,
Des nim in dinen sinnen war 6)
Und rihte 7) hie din 8) leben so, das dort din sele wolgevar, 9)
Swie 10) hoh 11) an guote wirt din name 12)
Dir volget sin 13) niht wan alse vil 14) ein linin 15) tuoch für dine schame. 16)

4. Sun,

1) Licht 2) indem 3) sich verzehret 4) glaube 5) eben so 6) das merk dir wohl, oder weislich 7) richte 8) dein 9) fahre 10) wie 11) doch 12) so berühmt auch dein Name hier wird 13) sein, der Ruhm 14) wenn's viel ist, das dir folgt, so ists — 15) leinen 16) für deine Blösse.

4.

Sun, gib im 1) der dir hat gegeben,
Und aller Gabe hat gewalt
Er git 2) dir noch ein iemer leben 3)
Und ander gabe manicvalt,
Me danne 4) loubes 5) habe 6) der walt.
Wiltu nu 7) koufen 8) disen hort, 9) in sinen 10) hulden dich hie halt
Und sende guote Botten 11) für,
Die dir dort wolbehaben 12) rum 13) e 14) als der wirt 15) verhabe 16) die tür.

1) ihm, dem 2) gibt 3) immerfortdaurendes, ewiges Leben. 4) mehr dann 5) Laubes 6) hat 7) nun 8) kaufen 9) Schaz 10) seinen 11) Botten, gute Werke 12) aufbehalte 13) Raum 14) ehe als 15) der Hauswirth 16) vorhebe, verschließe.

5.

Sun, elliu 1) wisheit 2) ist ein wiht 3)
Du 4) herze sin ertrahten 5) kan,
Hat er 6) ze Gote minne niht
Und siht in niht mit vorhten 7) an,
Es sprach hievor 8) ein wiser man,

Das

1) alle 2) Weisheit 3) so was, oder ein Tand 4) die für das 5) entrathen, entbehren 6) er — für es, das Herze 7) mit Fürchten — hat es keine Furcht vor Gott 8) vormals

Das dirre 9) welte wisheit si 10) vor Gotte ein
torheit sunder wan 11).
Davon so rihte 12) dinen sin,
Das du in sinen hulden lebest, und la 13) dich
aller dinge an in.

9) dieser 10) sey 11) fürwahr, oder der Mann hat recht 12) richte 13) laß, halt dich in allen Dingen an ihn.

6.

Sun, geistlich leben 1) in eren habe,
Das ist dir guot, und ist ein sin, 2)
Des willen 3) kum durh nieman abe, 4)
Bring in ze diner gruoben hin
Das wirt an selden 5) din gewin
En ruoche 6) wie die pfaffen leben du solt doch
dienen Gotte an in. 7)
Sint guot ir wort, ir werk si 8) krump,
So volge du den worten nach, ir werken niht,
ald 9) du bist tump. 10)

7. Sun,

1) die Geistlichkeit oder Klerisey 2) Weisheit 3) von diesem Vorsaz 4) laß dich durch niemand abwenden 5) Wolfahrt, an der Seele 6) bekümmere dich nicht darum, laß dichs nicht anfechten 7) in ihnen, ihres Amtes wegen, 8) schief, ihren Worten und ihrem Amte nicht gemäß. 9) sonst 10) tumm, einfältig, ein Tölpel.

7.

Sun, es was 1) in 2) der leien 3) sitte, 4)
Das sie den pfaffen truegen has,
Da sundent 5) si sich sere mitte,
Ich kan niht wissen umbe was, 6)
Ich wil dir raten verre bas 7)
Du solt in 8) holt mit truwen 9) sin 10) und sprich in wol, 11) und tuost du das
So mac 12) din ende werden guot
Und wirt ze lone dir beschert Gotte lichame 13) und sin reines 14) Bluot. *)

1) war 2) von je her 3) des gemeinen Volks im Gegensaz der Klerisey 4) Weise, Gewohnheit 5) damit versündigten 6) warum, aus was Ursachen 7) weit besser, vielmehr 8) ihnen 9) mit Treue 10) seyn 11) sprich wohl, gut von ihnen 12) mag 13) Leichnam 14) heilig

*) Also wurde damals noch das h. Abendmahl unter beiderley Gestalt ausgetheilt.

8.

Sun, ob 1) dir Got hie fuege 2) ein Wib
Nach sinem Lobe 3) ze rehter é, 4)
Die solt du haben als dinen lib 5)
Und fuege 6) das es also stê,

Das

1) Wenn 2) zufüge, mit dir verbinde 3) zu seinem Lobe, nach seiner Verordnung 4) zu rechtmäßiger Ehe 5) die sonst du ansehen, halten für deinen Leib, 6) Richt es so ein, leb so mit ihr

Das uwer 7) beider wille ge
Us einem herzen und drin 8) was wilt du danne 9) wunne 10) me, 11)
Ob 12) das geschiht in truwen pflege 13)
Seiet 14) aber du werre 15) ir samen dar, so muossen 16) scheiden sich die wege. 17)

7) euer 8) und darein, wenn es so mit deiner Ehe steht 9) dann 10) Wonne 11) mehr 12) Wenn 13) mit treuer Sorgfalt 14) Streuet, oder säet 15) die Zwietracht 16) müssen 17) so will das Eine da, das andere dort hinaus; so gehts nicht den geraden Weg.

9.

Sun, du solt sinneklichen 1) tragen,
Verholn 2) din nuwes 3) vingerlin, 4) *)
Din tougen 5) niht den tumben 6) sagen
Das

1) weislich, vorsichtig 2) geheim 3) neues 4) Fingerlein, Fingerring 5) Geheimniß 6) Einfältigen, die nicht selten auch boshaft dabey sind

*) Fingerlein bedeutet hier ohne Zweifel den Ring von einer Geliebten oder den Verlöbnißring, den man erst bekommen hat; und Winsbeke will seinem Sohn damit die Erinnerung geben, von seiner Verlöbniß mit einer Braut nicht viel Lermens um der Neider und Züngeler willen zu machen, worauf sich auch die übrigen Lehren in dieser Strophe beziehen.

Das zwein ist reht, dast zenge drin 7) *)
La 8) dich niht übergen 9) den win **)
Den solt niht ze hûse 10) laden, 11) das din viende 12) iht 13) spotten din, ***)
Ahte uf 14) die zungelere 15) niht †)
Die zwischen Friunden 16) werre 17) tragen, und das in 18) Judas wise 19) geschiht.

7) das ist zu enge drehn 8) Laß 9) übertölpeln 10) Hause 11) sollst ihn nicht bey dir beherbergen, dich nicht damit überladen 12) Feinde 13) etwan 14) auf 15) Züngler, Schwäzer, Plauderer 16) Freunden 17) Zwietracht 18) nach 19) Weise.

*) Was zwey, Braut und Bräutigam, unter einander zu wissen das Recht haben, das braucht der dritte nicht zu wissen; die Vertraulichkeit zwischen zwey Verlobten ist zu enge, als daß ein dritter zwischen dieselbe eintreten könnte.

**) Deine Geheimnisse auszuschwazen.

***) Leg dich nicht aufs Wein trinken, daß du deinen Feinden nicht zum Gespötte werdest.

†) Wenn zwey sich mit einander verloben oder verheirathen: so gibts allerley Geschwäz auf beiden Seiten; achte du nicht darauf. Laß die Züngler schwazen.

10.

Sun, swer bi 1) dir ein mere 2) sage,
Mit worten ims niht underbrich, 3)

Und

1) bey 2) Geschichte, Mährlein, sie sey wahr oder falsch; oder auch wenn man dir etwas ins Ohr raunen will. 3) laß ihn reden; oder fall ihm nicht in die Rede.

Und swer 4) dir sinen kumber 5) klage
In scham, 6) uber 7) den erbarme dich.
Der milte Got erbarmet sich
Uber alle die erbarmic 8) sint, dien wiben 9) allen schonen 10) sprich;
Ist unter in einu 11) selden! fri 12)
Da bi sint tusent, 13) alder me, 14) dien 15) tugend und ere 16) wonet bi.

4) wer 5) Kummer 6) bescheiden, demüthig, gebeugt. 7) über 8) barmherzig 9) von den Weibspersonen 10) mit aller Schonung 11) eine 12) von freier, ausgelassener Seele, leichtsinnig. 13) tausend 14) oder mehrere 15) denen 16) Ehre.

11.

Sun, wilt du zieren dinen lib, 1)
So das er si 2) ungefuege gram, 3)
So minne 4) und ere guotu wib, 5)
Ir tugend 6) uns ie 7) von sorgen nam, 8)
Si sint der wunne ein bernder stam, 9)
Davon

1) Leib 2) sey 3) dem Unfug, unordentlichen Wesen, was ihn verunzieren kann, abhold; — daß ihm der Unfug unleidlich sey. 4) liebe 5) ein gutes Weib, oder gute Weibspersonen 6) Sorgfältiges Wesen, ihre Pfleg und Wart 7) von je her 8) nahm uns einen Theil der Sorgen ab; sorgte für uns 9) Sie sind ein Stamm, der Wonne trägt; ein wonnetragbarer Stamm

Davon wir alle sin 10) geboren, er 11) hat niht
zuht noch rehter scham 12)
Der das erkennet niht an in,
Er muos der toren einer sin, 13) und het er
Salomones sin. 14)

10) sind 11) der 12) ist unverschämt 13) seyn
14) Weisheit, Verstand.

12.

Sun, si sint wunne ein berndes lieht 1)
An eren und an werdekeit, 2)
Der werlte 3) an eren zuoversiht, 4)
Nie 5) wiser man das widerstreit.
Ir name der eren krone treit 6)
Die ist gemessen und geworht mit tugenden vollig und breit. 7)
Genade 8) Got an uns begie 9)
Do 10) er im 11) engel dort geschuof, 12) das
er si gab für engel hie.

13. Sun,

1) wonnevolles, wonneträchtiges Licht 2) Würdigkeit 3) Welt 4) Sie sind der Welt zu Ehren da; die Welt setzt die Zuversicht ihrer Ehre auf sie 5) Kein 6) trägt 7) gemessen voll und breit gewirkt, d. i. ihre Ehrenkrone ist gemessen voll und breit gewirkt mit Tugenden; über und über voll davon. 8) Gnade 9) begieng, erwies 10) da 11) ihm 12) erschuf.

13.

Sun, du maht noch niht wissen wol
Was eren an den wiben lit, 1)
Ob es dir selde 2) suegen 3) sol
Das du gelebst 4) die liben zit 5)
Das dir ir guete 6) frŏide 7) git, 8)
So kan dir niemer bas 9) geschehen, ze dirre werlte 10) sunder strit 11)
Du solt in 12) holt mit truwen sin 13)
Und sprich in wol 14) tuost du des niht, so muos ich mich getroesten din 15)

1) liegt 2) Glück 3) zufügen, bescheren 4) erlebst 5) Zeit 6) Güte 7) Freude 8) gibt, schaft 9) besser 10) in dieser Welt 11) unstreitig 12) ihnen, den Weibspersonen 13) mit Treue seyn 14) sey höflich und artig, komplaisant gegen sie 15) so bedarf ich deinetwegen getröstet zu werden, weil ich mir wenig Hofnung von dir machen kann.

14.

Sun, wiltu arzenie 1) nemen;
Ich wil dir leren ein getrank,
Lat dirs din selde wol gezemen 2)
Du wirst selten tugenden kranc 3)

Din

1) Arzney 2) Laß sie deiner Seele wohl bekommen 3) es wird dir selten an Tugenden, an Herzensstärke und Würde fehlen; wirst selten darinn schwach werden.

Din leben ist 4) kurz oder lank,
Lege in din herz ein reines 5) wib mit steter liebe sunder wank 6)
Ist es an werdekeit verzaget 7)
Als der tnaggel eiter tuot, *) ir wiblich guete es verjaget. 8)

4) sey 5) keusches 6) ohne Wanken 7) Fehlts deinem Herzen an Würdigkeit oder Muth; bist du mismuthig 8) vertreibt.

*) Scherz in den Noten zu Schilters Ausgabe dieses Lehrgedichts im Thesaurus halt tnaggel für das verfälschte Wort Natter und erklärt es in der Verbindung mit Eiter für ein Gegengift; mithin wäre der Sinn dieser schweren Stelle: die weibliche Güte oder Artigkeit vertreibt dir deinen Unmuth, wie Gift vom Gegengift vertrieben wird. Allein es ist noch nicht gewiß, ob das: als der tnaggel eiter tuot zum vorhergehenden oder folgenden gehört und ob nicht knaggel soviel als Nagel heißt; dann würde ich's so interpretiren: Ist dein Herz so klein und mismuthig, wie einem ist, den ein Nagelgeschwär schmerzt; so zerstreut dir die weibliche Anmuth deinen Unmuth. — Iudicium sit penes lectorem!

15.

Sun, ich sage dirs sunder wan, 1)
Des mannes herze ist ungesunt 2)

1) fürwahr, aufrichtig und redlich 2) krank

Das sich niht in nan 3) reinen 4) kan
Mit wibes libe zaller 5) stund
Es was 6) ein tugentlicher funt, 7)
Do guoter wibe wart gedaht, 8) hat jeman 9) sorgen sweren bunt 10)
Den truric 11) muot bestrichen 12) hat
Der striche wiblich guete dar, alsam 13) ein tou 14) sin not zergat. 15)

3) an ihnen, den Weibern, der von innen 4) heilen, kuriren 5) zu aller 6) war 7) trefliche Erfindung 8) gedacht 9) jemand 10) Büschel, Last 11) trauriger 12) wie eine böse Luft gleichsam angewehet, angesteckt hat. 13) wie 14) Thau 15) zerfließt, vergeht.

16.

Sun, sit 1) du selde 2) lit 3) an in
Du nie mit lobe ir zil vol mas 4)
So diene in gerne hastu sin 4)
Du lebst in eren dester bas 6)
Got sin 7) an selden 8) nie vergas
Dem ir genade 9) wirt beschert, und er mit truwen 10) dienet das

Dem

1) Seitdem, oder weil nun 2) dein Glück, das Wohl deiner Seele 3) liegt 4) kannst du sie nie genug loben 5) wenn du klug bist 6) desto mehr 7) sein — dessen 8) an Glücke 9) ihre Gnade 10) in ihrem, der Frauenzimmer Dienst treu ist, oder sich dieser Gnade treu zu bedienen weiß, ihrer sich durch ritterliche Dienste würdigt

Dem stat 11) der schilt ze 12) halse wol
Im kumt ze lone ein blanker 13) arn, 14) da im der rieme 15) ligen sol.

11) steht 12) zu, am 13) glänzender 14) Gewinn 15) am Schild, oder Harnisch.

17.

Sun, du solt wissen das der schilt 1)
Hat werdekeit und eren vil
Den ritter tugende niht bevilt 2)
Der im ze rehte 3) volgen wil
Die warheit ich niht enhil, 4)
Er ist der werlte 5) sunder wan ein hohgemessen 6) froei 7) zil:
Nimt in ze halse ein tumber 8) Man
Der im sin reht 9) erkennet niht, da ist der schilt unschuldig an. 10)

1) Ritterliche Rüstung und Uebung, Ritterspiele 2) abschreckt 3) wie's recht ist 4) einhülle, verhehle 5) der Welt 6) erhabenes 7) frohes — ein Ziel, bey dem man Ehre und Wonne erreichen kann. 8) einfältiger, ungeschickter 9) der Schildesrechte, die ritterlichen Gesetze nicht versteht 10) da kann der Schild nichts dafür.

18.

Sun, lat 1) dich Got geleben 2) die zit 3)
Das er 4) mit rehte 5) wirt din dach 6)

1) läßt 2) erleben 3) Zeit 4) der Schild 5) wie sichs geziemt 6) bedecket, schirmet, d. h. wenn du zu ritterlichen Uebungen geschickt bist

Was er dir danne 7) froeiden 8) git 9)
Wiltu im baltlich 10) volgen nach
Weist du wie Gamuret *) beschah 11)
Der von 12) des schiltes werdekeit 13) der Moerin **) in ir herze brach 14)
Si gab im lib, 15) lant, und guot 16)
Er git dir ouch 17) noch eren vil, gibst du im lip, herze, und muot. 18)

19. Sun,

7) dann 8) Freuden 9) gibt 10) bald, oder auch tapfer 11) geschah 12) durch 13) weil er ein so braver, tapfrer Ritter ward 14) sich in ihr Herz einschlich, oder stahl 15) Leib 16) Gut 17) auch 18) widmest du dich dem Schild oder der ritterlichen Tapferkeit mit Leib, Herz und Muth.

*) Gamuret, ein Ritter an dem Hofe des Königs Arturs in Brittannien.

**) Mörin. Tanhuser, ein Dichter aus der Minnesingerzeit, der von Gamuret sang, gedenket einer Mörin, der ein gewisser Tristram, unter welchem eben der Gamuret zu verstehen seyn soll, also:

Tristran erwarb die Kuinigin von Marroch, als wir hören sagen: Er Mörin was die Heidenin.

Vielleicht bezieht sich dieser Gamuret und seine Mörin auf den Ritterroman Gamuret, den Albrecht von Halberstadt aus dem Französischen übersezte, oder auf die Mörin, Herrmanns von Sachsenheim.

19.

Sun, wiltu ganzlich 1) schiltes reht 2)
Erkennen, so bis 3) wol gezogen,
Getruwe, 4) milte, kusche 5) und sleht, 6)
So ist er niht an dir betrogen, 7)
Und kumt din lop 8) wol fur geflogen.
Wilt aber leben in frier wal, 9) dien tugenden allen vor verlogen 10)
Der rede min truwe 11) si din pfant
Wiltu in so ze halse nemen, er hienge bas 12) an einer Wand.

1) gänzlich, genau 2) die Tugenden, die das Schildrecht von einem Ritter fordert 3) sey 4) getreu 5) keusch 6) schlecht, gerade, redlich 7) so hat der Schild seinen Mann an dir 8) Lob — so wird dein Lob laut hervorschallen. 9) freier Wahl — nach eigenem freien Willen, ohne dich an die Geseze des Schildrechts zu binden. 10) vor allen den Tugenden verlogen, d. h. fälschlich gegen alle diese Tugenden, daß du keiner derselben entsprichst 11) bey meiner Treue 12) besser

20.

Sun, als 1) din helm genem 2) den strik 3)
Ze hant bis 4) muotic 5) und balt 6)

1) sogleich mit 2) nimm 3) womit die Helme oder Sturmhauben zusammengeschnürt waren und an denselben von beiden Seiten herabhiengen 4) sey 5) muthig 6) flink, kühn

Gedenke an reiner 7) wibe blik
Der 8) gruos man je mit dienste galt; 9)
Sitze eben, swende 10) so den walt 11)
Als 12) dir von arte 13) si 14) geslaht, 15) min hant hat manigen abegevalt 16)
Desselben 17) muost ich mich bewegen 18)
Guot ritterschaft ist topel spiel, 19) die selde 20) wil des siges pflegen. 21)

7) keuscher 8) deren 9) vergalt; — deren Gruß, oder Ehrendank man von je her zu verdienen suchte 10) wende 11) die Lanze, Spieß oder Speer 12) Wie 13) von Natur, oder nach deiner Weise 14) sey 15) geschlackt, eben, bequem zuschlägt 16) abgefällt, herabgeschmissen 17) Um dessentwillen 18) umthun 19) Tummelspiel, ein Spiel, dabey man sich brav herumtummeln, bewegen muß 20) das Glück 21) besorgen. — Uebrigens kommt der Sieg aufs Glück an.

21.

Sun, nim des gegen dir kommenden war,
Und senke schone 1) dinen 2) schaft, 3)
Als ob er si gemalet dar
Las an 4) din ors 5) mit meisterschaft 6)
Je bas und bas 7) ruere im die kraft 8)

Je

1) Schön 2) deinen 3) Lanze 4) laß anrücken 5) Roß 6) meisterhaft, so daß du seiner Meister bleibst 7) nach und nach, je mehr und mehr 8) gib ihm den Sporn, oder nach Reutersmanier treib es mit den Kniebeugen an.

Ze nagelen vieren uf den schilt 9) da sol din sper gewinnen hast 10)
Oder da 11) der heln 12) gestricket 13) ist
Du zwei 14) sint rechtu ritter mal, 15) und uf der brust der beste list. 16)

9) Gegen die vier Nägel oder Fugen des Schildes 10) soll sich dein Speer zu heften, zielen 11) da, wo 12) Helm 13) zusammengeschnürt 14) Gegenden 15) das rechte, ritterliche Augenmerk, 16) Vortheil.

22.

Sun, wiltu zieren dine jugent
Das sie ze hove 1) in eren ge
Snit 2) an dich zuht und reine tugent 3)
Ich weis niht was dir bas 4) an ste 5)
Wiltu si tragen in rehter é 6)
Si machet dich dien 7) werden 8) wert, und git 9) dir dan noch selden me 10)
Ich meine guoter wibe segen
Der 11) ist ein so genemer 12) hort, 13) in moehte ein lant niht wider wegen. 14)

1) zu Hofe 2) schmiege dich 3) an eine züchtige, keusche und tugendhafte Gattin nach Zeile 7. dieser Strophe. 4) besser 5) ansteh 6) wirst du mit ihr in rechter Ehe leben 7) den 8) Würdigen 9) gibt, beschert 10) Glückes mehr 11) der Segen 12) angenehmer, schäzbarer 13) Schaz 14) aufwägen, die Wage nicht halten.

23.

Sun, du solt bi 1) dien 2) werden 3) sin 4)
Und la 5) ze hove dringen 6) dich,
Der man ist nach den sinnen min 7)
Darnach als er geselle sich 8)
Ze rehte 9) swig, 10) ze statten 11) sprich:
Die boese mere 12) dir ze oren tragen, von in din stete 13) herze brich. 14)
Wiltu din ore, als maniger tuot,
Dien 15) velscheleren 16) bieten dar, so wirst du selten wolgemuot. 17)

1) bey 2) den 3) Würdgen 4) seyn, mit ihnen umgehen 5) laß 6) nöthigen 7) mein 8) Wer will kennen den Mann, der seh seinen Kameraden an. 9) zu rechter Zeit und am rechten Ort 10) schweig 11) wenn sich's schickt und frommt 12) Mährlein, Geschwäzwerk 13) standhaft, beständig 14) abzieh; laß sie keinen Eingang bey dir finden. 15) den 16) Fälschlern, Zünglern, Schwäzern 17) ruhig, fertig.

24.

Sun, du solt diner Zungen pflegen 1)
Das si niht us 2) den angen 3) var 4)
Si lat 5) dich anders 6) underwegen 7)

Der

1) wahrnehmen, sie im Zaum halten. 2) aus 3) Angeln 4) fahr 5) läßt 6) sonst 7) unterwegs, indem sie aus den Angeln fährt und schwadronirt

Der eren und der sinnen 8) bar 9)
Schus 10) rigel fur und nim ir war
Gezoeimet 11) rehte si din Zorn, si gebe umb
ere niht ein har 12)
Wirt sin 13) din meister, wissest das 14)
Si 15) setzet dich in Gotes Zorn, und dienet 16)
dir der welte has.

8) des Besinnens 9) blos 10) Schiese, oder schliese, lege ein Schloß an deinen Mund 11) Gezäumet 12) sie achtet der Ehre nicht 13) Scherz liebt für sin, si 14) wisse das 15) Sie, die Zunge 16) bringt, zieht dir zu

25.

Sun, besser ist gemessen 1) swir 2)
Danne gar verbowen 3) ane sin 4)
E das 5) du rede entrinne 6) dir
Zegehes 7) us 8) dem munde hin
Besnit 9) si wol 10) uf den gewin 11)
Das sie den wisen wol behage, 12) das wort
mac 13) niht hin wider in 14)
Und

1) abgemessen, überlegt 2) zwie, zweymal 3) verhauen, verstoßen, sich mit Worten vergehen 4) unbesonnen. 5) ehe als 6) entfahre 7) zu jählings, schnell 8) aus 9) forme, schränke sie ein 10) auf 11) so zum Vortheil 12) gefalle, anständig seyn. 13) mag 14) wieder hinein oder in den Mund zurück.

Und ist doch schiere 15) fur 16) den munt
Wilt des rates volgen niht, du lebest an eren ungesunt. 17)

15) schnell 16) vor 17) deine Ehre ist in Gefahr, leidet darunter.

26.

Sun, du gam 1) niht ungebetten
An frundes 2) noch an viendes 3) rat,
Es mac 4) den man in schande wetten 5)
Ob er da sitzet oder stat 6)
Da man sin bete gerne rat 7)
Sun, du solt so niht dringen zuo, furwar es ist ein missetat. 8)
Kumst aber du dar 9) von frundes bette 10)
So beslus die schame 11) fur den munt, das sich din zunge iht 12) ubertrette. 13)

1) geh 2) Freundes 3) Feindes 4) vermag 5) in Schande zu bringen 6) steht 7) entrathete 8) misliche Sache 9) dazu 10) Bitte 11) Bescheidenheit, Vorsicht 12) nicht etwa 13) verfehle, vergehe.

27.

Sun, hoh geburt 1) ist an dem man
Und an dem wibe gar verlorn 2)
Da wir niht tugenden kiesen an 3)

Als

1) Vornehme Geburt, Adel 2) vergebens, verschleudert 3) damit verbinden und erwählen.

Als 4) in den Rin 5) geworfen korn,
Swer 6) tugende hat, derst 7) wolgeborn,
Nu merke reht, was ich dir sage; ich han 8) ze
frunde mir erkorn
Den nidern bas 9) der eren ger 10)
Dan einen hohen 11) sunder 12) tugent der hu
re 13) ist boeser danne vert. 14)

4) Wie 5) Rhein 6) Wer 7) der ist 8) hab 9) mehr 10) begehrt, nach Ehre strebt 11) hochgebornen 12) ohne 13) heuer, dieß Jahr 14) vorm Jahr.

28.

Sun, wissest das du masse 1) git, 2)
Vil eren und werdekeit,
Die sole da 3) minnen 4) ellu wit 5)
So wirt din lob din wirde breit 6)
Ist das dien 7) wandelberen 8) leit
Was umbe das 9) der boesen has die biderben 10)
schelten 11) je 12) vermeit
Leb du in tugentlicher aht 13)
Und la 14) den kranken 15) also leben, als 16) im
von arte 17) ist geslaht. 18)

29 Sun,

1) Mäßigkeit 2) gibt 3) Scherz liest für da, du. 4) lieben 5) Scherz liest für wit, zit — alle Zeit 6) ausgebreitet 7) den 8) Fehlerhaften, Bösartigen 9) das, um was 10) die Gutartigen, Rechtschaffenen. 11) tadeln 12) immer 13) Achtung, daß du auf Tugend achtest, und man dich der Tugend wegen achte. 14) laß 15) den moralisch kranken 16) wie 17) ihm nach seiner Art 18) bequem ist, zuschlägt.

29.

Sun, du solt haben und minnen 1) guot, 2)
Doch so das es dir niht lige obe 3)
Benimt es dir herze und frien 4) muot
So stat 5) din leben in kranken 6) lobe. 7)
Guot das ist gitikeit 8) ein klobe 9)
Dem es ist lieber danne Got und weltlich ere,
ich wene 10) er tobe: 11)
Den es also gevasset hat 12)
Das er sich ante 13) ir beider 14) é, 15) danne
er das eine 16) gar verkur. 17)

1) lieben 2) Haab und Gut 3) obliege, nicht zu sehr am Herzen liege 4) freien 5) steht 6) schwachem 7) so stehts mit deinem Leben nicht gar gut 8) Geiz 9) Schlinge, Nez des Geizes 10) halte dafür 11) rase, sey nicht gescheid; 12) eingenommen hat 13) entschlage, entsage 14) Gott und der Ehre 15) eher 16) sein Gut 17) fahren liese.

30.

Sun, so der vogel é rehter zit 1)
Von sinem neste fliegen wil,
Sich selben 2) er vil lihte 3 git 4)
Den tumben 5) kinden 6) zeinen 7) spil. 8)

Din

1) Vor der Zeit, eh er flick ist 2) selbsten 3) sehr leicht 4) gibt 5) einfältigen 6) Kindern 7) zu einem 8) Spiel ihres Muthwillens, oder Gelächters.

Die rede ich dir gelichen 9) wil:
Nimst du dich an des du niht maht 10) volenden und dir ist zevil 11)
Da 12) muost du ligen an 13) eren lan 14)
So were fur ere besser dir und were es nie gevangen an.

9) diß Gleichniß will ich dir deuten. 10) vermagst 11) zu viel, zu schwer 12) das 13) ohne 14) lassen.

31.

Sun, habe 1) das du getragen mahe 2)
Das dir ze swere 3) si, 4) la 5) ligen;
Swer 6) gerne je 7) uber houbet 8 vaht 9)
Der mohte 10) deste 11) wirs 12) gesigen 13)
Dir ist der Wisen lop 14) verzigen 15)
Wiltu ze gehes muotes 16) sin 17) an 18) allen rat und ouch 19) verswigen 20)
So kumt dir gar das sprichwort wol
An muote al ze geher 21) man vil tregen 23) esel riten 24) sol.

32. Sun,

1) habe 2) vermagst 3) zu schwer 4) sey 5) laß 6) wer 7) nur so 8) überhaupt, obenhin 9) faht, faßt, unternimmt 10) möchte 11) desto 12) ärger, tiefer 13) sinken, unterliegen 14) Lob 15) versagt 16) zu übereilig 17) seyn 18) ohn 19) dabey 20) heimlich, ohne jemand dabey um Rath zu fragen. 21) hastiger 22) sehr trägen 23) reiten.

32.

Sun, du solt selten schaffen 1) iht 2)
An 3) diner wisen 4) frunde 5) rat
Ob 6) dir daran gelunge 7) niht
Da were niht ein missetat 8)
Swer wiser lute 9) lere 10) hat
Und in mit willen 11) volget nach, dem gat 12)
ze selten 13) uf 14) sin sat 15)
Du 16) mere 17) dike 18) zweient 19) sich
Davon solt du das beste wellen, 20) und volge
dem das eret 21) dich.

1) unternehmen, 2) was 3) ohne 4) weise 5) Freunde 6) wenn 7) gelänge 8) wäre kein großer Fehler, wenigstens könnte er dir nicht zugerechnet werden 9) Leute 10) Rath 11) willig 12) geht 13) selten 14) auf 15) dem fehlts selten an Aussaat, an glücklichem Fortgang seiner Unternehmungen. 16) die 17) Stimmen oder Meinungen der Rathgebenden 18) oft 19) entzweien, vertheilen sich 20) wählen 21) ehret dich.

33.

Sun, swer 1) sich selben 2) eren wil
Der nimmt getruwes 3) rates war
Man verlusset 4) guoter rete 5) vil
An einen herzen tugenden bar 6)
Swer dienet und ratet dar, 7)

Da

1) Wer 2) selber 3) getreuen 4) verliert 5) Räthe 6) blos, leer 7) da, wo

Da mans ze danke niht enpfat, der verluset 8) sine wile 9) gar
Swas frunt frunde 10) geraten 11) mac
Ern 12) welle selbe 13) sturen 14) sich, das ist in einem bach ein slag. 15) *)

8) verliert, verderbt 9) Weile, Zeit 10) ein Freund dem Freunde 11) rathen 12) wenn er 13) selbst 14) regieren 15) Schlag.

*) Ein Sprüchwort: der Rath, den man einem, der sich selbst regieren will, gibt, ist wie der Schlag in einem Bach, wo das Wasser schnell wieder zusammenfährt, und den, der darein schlug, öfters noch bespritzt, ohne sonderlich etwas ausgerichtet zu haben.

34.

Sun, si jehen 1) alle, es brenne fruo 2)
Das zeiner 3) nesselen 4) werden sol
Din junger muot das selbe tuo 5)
Das kumt dir in dem alter wol
Mit dir ich leides mich erhol 6)
Min trost ist an dich einen kon, 7) din lieb 8) min lieb, diu leide min dol. 9)
Got

1) sagen, — man sagt insgemein 2) früh, beizeiten 3) zu einer 4) Nessel 5) thu 6) entschädige 7) einzig und allein — hängt mein Trost an dir 8) was die Lieb ist 9) Schmerz

Got tuo 10) mich zweier sorgen bar 11)
Das du iht 12) werdest ungemuot, 13) und das
din sele iht missevar. 14)

10) mache 11) los 12) nicht 13) muthlos, ein Taugenichts 14) übel fahre.

35.

Sun, drissei 1) jar ein tore 2) gar
Der muos ein tore furbas 3) sin 4)
Die wisen 5) sprechent, 6) es si 7) war
Es ist vil dike 8) worden schin 9)
Und ist ouch 10) der geloube 11) min
Gewonheit ist da schuldig an, du git 12) dem
libe 13) solhen pin, 14)
Des er von kindheit ist gewon 15)
Es si im schade, es si im from, 16) da kumt er
ane 17) Got niht von. 18)

1) dreyßig 2) Thor 3) forthin 4) seyn 5) Weisen 6) sprechen 7) sey 8) sehr oft 9) offenbar 10) auch 11) Glaube 12) gibt 13) Leib — statt des ganzen Menschen. 14) Richtung 15) gewöhnt 16) nützlich 17) ohne 18) Gott muß ihn ändern.

36.

Sun, du solt hoveliche 1) sitte
In dinen sinnen 2) lassen pfaden; 3)

Be-

1) höfliche 2) in deinen Gesinnungen und deiner Conduite 3) fussen, Fuß fassen, Wurzel schlagen lassen.

Behuete 4) dich vor einem snitte, 5)
Der tuot 6) an eren grossen schaden,
Damitte 7) wart Judas uberladen 8)
Der in dem snitte noch funden wirt, der muos mit im ze 9) helle 10) baden, 11)
Ich meine untruwe 12), uns seit 13) du 14) schrift
Sl 15) si 16) der armen sele dort, und hie des libes 17) ein vergift. 18)

4) hüte dich 5) Betrug oder Verletzung, Brandmarkung des Gewissens, Gewissenswunde 6) thut 7) damit 8) beladen 9) zur 10) Hölle 11) wandern 12) Untreue 13) sagt 14) die 15) sie, die Untreue 16) sey 17) Leibes 18) Vergiftung.

37.

Sun, du solt kuscher 1) worte sin 2)
Und stetes 3) muotes, tuost du das,
So habe es uf 4) die truwe 5) min,
Du lebest in eren deste bas, 6)
Trage niemanne 7) nit 8) noch 9) langen has,
Bis 10) gegen den vienden 11) hohgemuot 12), bis frunden niht mit dienste las 13)
Dabi 14) in zuhten 15) wolgezogen 16)

1) keuscher 2) seyn 3) gesetzten Muthes oder Wesens 4) auf 5) so versichere ich dich bey meiner Treue 6) desto mehr. 7) niemand 8) nicht 9) nach 10) sey 11) Feinden 12) großmüthig 13) lässig, undienstfertig 14) dabey 15) in Sittsam- und Ehrbarkeit 16) artig, manierlich

Und gruosse 17) da du gruossen solt, so hat dich
selde 18) niht betrogen. 19)

17) grüsse 18) das Glück 19) so bist du unfehlbar glücklich.

38.

Sun, hohvart 1) und gitekeit, 2)
Die zwei sint boese nachgebur, 3)
An den der Tiefel 4) sich versneit 5)
Das im sin suesse 6) wart zesur 7)
Sin schoene 8) noch swerzer 9) danne ein sur 10)
In slehte 11) noch hute 12) und jemerme ze 13)
helle drumbe 14) ein bitter schur 15)
Der in dem snitte 16) funden wirt
Dem git 17) in sinem huse 18) rouch 19) der
selbe swarzer helle wirt. 20)

1) Hoffart 2) Geiz 3) Nachbarn 4) Teufel 5) verwundete 6) Süsse 7) zu sauer 8) Schöne 9) schwärzer 10) Mohr 11) schlägt, peinigt. 12) heute 13) in der Hölle 14) deßwegen 15) Schur, Qual. 16) Wunde, so gebrandmarkt. 17) gibt 18) Hause, d. i. in der Hölle 19) Rauch, d. i. dieselbe Höllenqual 20) Höllenwirth, der Teufel.

39.

Sun, ich han 1) lange har 2) vernomen
Swer uber sich mit hohvart wil

Das

1) hab 2) her, vorlängst, von je her.

Das im sin leben mac 3) darzuo 4) komen
Das sich vervellet 5) gar sin spil. 6)
Ein jeglich 7) man hat eren vil
Der rehte in einer masse 8) lebt, und übermisset 9) niht sin zil 10)
Swer sich so zuhet 11) und je zo 12)
Das in sin fuore 13) machet wert, der wirt an eren billich ho. 14)

3) mag 4) dazu 5) verfället, verderbt. 6) Spiel, daß ihm sein ganzes Spiel verdorben wird, und er seinen Endzweck nicht erreicht. 7) jeglicher 8) nicht zu hoch und nicht zu niedrig 9) übermißt, überschreitet 10) Ziel, seine Schranken 11) ziehet, gewöhnt, beträgt 12) von je her zog, betrug 13) Aufführung 14) hoch.

40.

Sun, wil dir lieben 1) guot gemach 2)
So muostu eren 3) dich bewegen 4)
Ein jungen man ich nie gesach 5)
Du zwei 6) in gelicher 7) wage wegen 8) *)
Was sol ein junger lip 9) verlegen. 10)

1) belieben 2) Gemächlichkeit 3) um Ehre 4) umthun, etwas zu schaffen machen. 5) sah 6) Gemächlichkeit und Streben nach Ehre 7) gleicher 8) wägen 9) Leib 10) verliegen oder ein junger verlegner Leib.

*) Das wäre mir ein seltner junger Mensch, dem Gemächlichkeit und Ehre gleich wichtig, oder gleichgeltend wäre.

Der ungemach 11) niht liden 12) kann, noch sinneklich 13) nach eren stegen 14)
Es ist mir ane zwifel 15) kunt 16)
Es louset 17) selten wisu 18) mus 19) slafender 20) vohen 21) in en munt. 22)

11) Ungemächlichkeit 12) leiden 13) weislich 14) steigen, aufstreben 15) Zweifel 16) bekannt 17) laufet 18) schlaue 19) Maus 20) träger 21) Katzen 22) in den

41.

Sun, wissest 1) das verlegenheit 2)
Ist gar dem jungen man ein slac,
Es ist dir offenlich 3) geseit 4)
Daz nieman 5) ere haben mac 6)
Nach herze liebe 7) sunder klak 8)
Gar ane 9) kumber 10) und not der louch 11) so 12) niht in den sak. *)

Swer

1) Wisse 2) Trägheit 3) offenherzig, freimüthig 4) gesagt 5) niemand 6) mug 7) nach Herzens Wunsch 8) ohne Klage, Beschwerde 9) ohne 10) Kummer 11) die Flamme, 12) Schertz list soll

*) Die Flamme soll nicht in den Sack. Vermuthlich ein Sprichwort jener Zeiten, das hier soviel andeuten soll: die jugendliche Flamme, das Feuer der Jugend, gehört nicht in den Sack, soll nicht durch Verlegenheit oder unthätiges Wesen erstickt werden. — Man könnte zwar auch das

Louch

Swer 13) sich vor schanden wil befriden 14)
Der mac gebergen 15) niht den lib, 16) er muos
enblanden 17) an den liden. 18)

13) Wer 14) befreien 15) verbergen vor der Mühe und den Gefahren — verzärteln. 16) Leib 17) abgehärtet werden 18) Gliedern.

Louch durch schauen, mit Anstrengung in die Ferne sehen, erklären und dann hätte die Stelle ohngefähr diesen Sinn: Wer sich nicht viel, oder gar keine Mühe gibt, der sieht so nicht in den Sack; der dringt nicht in das Innere der Sache ein. — Allein mich dünkt erstere Erklärung natürlicher und dem Inhalt dieser Strophe angemessener zu seyn.

42.

Sun, beidu 1) luoder 2) und spil 3)
Sint libes und der sele val, 4)
Der ane masse 5) in 6) volgen will
Si machent 7) breitu 8) eigen 9) smal 10)
Swer lebt an 11) ere in frier wal 12)
Der wirt dien 13) werden 14) schiere 15) unwert
und huset 16) in der affen tal, 17)

1) beide 2) Luderleben, Schwelgerey 3) Spiel 4) Fall 5) unmäßig 6) ihnen 7) machen 8) Breite 9) Eigenthumsgüter 10) schmal 11) ohne 12) uneingeschränkt 13) den 14) würdigen 15) fast 16) hauset, wohnet 17) Thal.

Swer sus 18) verluset 19) sine habe 20)
Mit disen valschen suoren 21) zwein, 22) der
lege das 23) in einem grabe.

18) so 19) verliert, verschwendet 20) Habe, Vermögen 21) mit so schlechter Aufführung 22) dem Luder und Spiel. 23) besser, — dem wäre besser, er läge im Grabe.

43.

Sun, swen 1) sin sin 2) verleitet so 3)
Das er unreht 4) im selben tuot
Ist der 5) bi 6) wisen luten 7) fro 8)
Da sol man kiesen 9) toren muot 10)
Du ruwe 11) ist nach der schulde 12) guot
Ob 13) si von herzen rehte vert 14) ein vol 15)
von einer wilden stuot 16)
Und us 17) gefangen wirt é 18) zam 19)
E das ein ungeraten 20) lib 21) gewinne ein
herze das sich scham. 22)

44. Sun,

1) Wenn 2) seine böse Gesinnung, sein böses Herz 3) so weit 4) Schaden 5) noch dazu 6) bey 7) weisen Leuten 8) froh — kann der noch dabey lustig seyn, macht er sich nichts daraus, pralt er wol gar damit, oder schämt er sich nicht. 9) erkennen, probieren, gibt sich zu erkennen 10) Muth — der zeigt, daß er ein Thor sey. 11) Reue 12) Verschuldung 13) wenn 14) fährt 15) eine Vole, junges Roß 16) Stutte, Pferdemutter 17) aufgefangen 18) eh 19) zahm 20) ungerathner 21) Mensch 22) schäme.

44.

Sun, twinc 1) des 2) dinen frien 3) sin
Das du ze huse 4) richtest dich 5)
Ein teil 6) ich ungerihtig 7) bin
Wan 8) tuot noch 9) lat 10) unvil 11) dur 12) mich;
Den armen gib snit 13), und brich
Mit willen 14) diner 15) reinen 16) habe, ob allen reten das rate ich.
Es 17) dir guot, und wirt ouch mir, 18)
Ich han 19) mit eren her 20) gelebt, ze hus 21) wirf ich den slegel dir. 22)

1) Zwing, schränke ein 2) dazu 3) freien, unbesorgten 4) zu Hause — zum Haushalten, Oekonomisiren 5) einrichtest, dich schickest 6) Eines Theils 7) nicht ganz zugerichtet, bin selbst eines Theils kein groser Oekonom 8) Wahn, Mangel an hinlänglicher Kenntniß 9) Scherz list ouch, statt noch 10) unterläßt 11) sehr viel, ungemein viel 12) durch mich. — Es wird aus Mangel an hinlänglicher Kenntniß in meinem Hauswesen durch mich so mancher Fehler im Unterlassen und Thun begangen. 13) schneide 14) willig 15) von deiner 16) gerechtem Vermögen 17) Scherz setzt hier ist zwischenein 18) kommt auch mir zu gute 19) hab 20) bisher 21) zum Haushalten 22) Ein sprüchwörtlicher Ausdruck, der andeutet: Nun übergeb' ich dir das Hauswesen, nun magst du haushalten.

45.

Sun, ob ich ungeruemet 1) wol,
Und ane 2) unfuoge 3) sprechen mac, 4)
Mit 5) liebe 6) ich dich bescheiden 7) sol,
Sit 8) ich von erste huses pflac
Da kum ich von niht einen tac 9)
Min unbesezten 10) wisten 11) wol, wie do 12) min wort in eren lac 13)
Ich hate ouch noch vil guoten muot
Und willig herze 14), wan 15) das mir das alter grossen schaden tuot. 16)

1) ohne Eigenruhm 2) ohne 3) unziemliche Prahlerey 4) mag 5) Aus 6) wenn ich dir 7) Bescheid geben, erzählen 8) seit dem Anfang meines Haushaltens 9) da brauchte ich einen Tag zu 10) Meine Umsassen, Beysassen, Angränzler, Nachbarn. 11) wußten oder wissens 12) da 13) lag, in was für einem Ansehn meine Befehle stunden 14) damals hatte ich auch noch Muth, Munter- und Willigkeit dazu 15) nun aber 16) thut — Nun aber macht mich das Alter untüchtig dazu.

46.

Sun, swer das hus wol haben wil 1)
Der muos dru 2) ding ze sture 3) han 4)
Guot, 5) milte, 6) zuht, 7) so lit 8) sin spil

Er

1) Wer wohl, gut haushalten will 2) drey 3) zum Steuerruder, Förderungsmittel 4) haben 5) Gut, Vermögen. 6) Gutherzigkeit 7) Zucht, Hauszucht 8) geht oder klingt.

Er ist dabi 9) ein frolih 10) man
Ders wol dien 11) luten 12) bieten 13) kan
So tuot sin brot dien nemenden 14) wol und
lachent 15) beide ein ander an. 16)
Sun, sin dir niht die tugende 16) bi,
So mac der gast wol riten 18) fur, swie 19)
gar er nas und müde si. 20)

9) dabey 10) fröhlicher 11) den 12) Leuten 13) reichen, darbieten, geben 14) Nehmenden 15) lachen 16) der Nehmende, daß er etwas bekommt, und der Gebende, daß er geben kann 17) hast du obige Tugenden nicht 18) vorbeyreiten, er kann und darf nicht bey dir einkehren 19) wie 20) wenn er auch noch so naß und müde ist.

47.

Sun, swer mit tugenden 1) huses pfliget, 2)
Der nimt an werdekeit 3) niht abe,
Und also mit der masse wiget 4)
Das im gevolgen 5) mac sin habe
Und kroche 6) der an einem stabe 7)
Gote und der Welte wer er wert, die rede ich
in din herze grabe 8)
Wil si da inne 9) wesen 10) niht,

Als

1) tugendlich, wie sichs geziemt. 2) haushält 3) Würdigkeit 4) sich nach der Decke streckt 5) folgen, zureichen 6) kröche 7) wäre er der geringste 8) diese Haushaltungsmaximen nimm wohl zu Herzen. 9) darinnen, in deinem Herzen 10) haften.

Als einen vogel, der é 11) zit von neste fluget, 12) dir geschiht. 13)

11) ehe es Zeit ist 12) fliegt 13) du fährst übel, wirst zu Schand' und Spott. S. Strophe 30.

48.

Sun, hus han 1) ist ein werdekeit, 2)
Du 3) bi 4) den hohsten 5) eren vert, 6)
Swer sie mit schonen sinnen 7) treit, 8)
Wie wol sich der in eren nert 9)
Das guot 10) reineklich 11) verzert.
Das 12) nit ein schade geheissen mac 13);
Und zwen from 14) sint dir 15) von beschert,
Gotes lon, der welte habe danc: 16)
Der du zwei wol behalten 17) kan, den 18) richet 19) wol sin aker ganc. 20)

1) Haushalten 2) ein würdiges Geschäft 3) die 4) bey 5) höchsten 6) fährt, zu den grösten Ehren gehört. 7) hübsch mit Bedacht 8) trägt 9) nährt 10) Gut, Vermögen 11) rein, auf eine ehrbare, unsündliche Weise 12) welches 13) genennt, oder dafür gehalten werden mag 14) ein zwiefacher Nutzen 15) davon 16) Dank 17) erhalten, aufbehalten 18) dem 19) reichet wohl zu 20) Ackerfeld und dessen Ergiebigkeit, Produkte.

49.

Sun, zwei wort eren wol den man
Der sich wil eren mit in 1) zwein,

So

1) denselben zweien Worten

So das er si behalten 2) kan,
Das eine ist ja, das ander nein.
Wie zieret golt das edelgestein
Als 3) tuont 4) geweru 5) wort den lip: 6) er 7)
ist 8) niht fleisch nuz 9) uf 10) das bein, *)
Den 11) also slipfic 12) ist der sin
Dar 13) er sin ja geneinet hat, das er sin nein
da schusset hin. 14)

2) bewähren, darauf halten 3) also 4) thun 5) wahre, bewährte 6) den Menschen oder den Mund 7) der 8) ist 9) bis 10) auf 11) Scherz ist dem 12) schlüpfrig 13) da, wann 14) schnell hinschiest oder hinfahren läßt.

*) Ist kein ausdauernder, gründlicher Biedermann.

50.

Sun, fluch 1) das dich iht 2) binde bant, 2) *)
Das ist gestriket 4) in der maht, 5)
Das du gebunden bist ze hant 9)
Vor

1) fleuch, hüte dich 2) nicht etwa 3) daß du nicht in den Bann kommest 4) gestricket, geschnürt, geknüpft 5) so vest, so gewaltig, mächtig 6) zugleich

*) Das Wort Bant ist hier in einem doppelten Sinn genommen: oben für den weltlichen Bann oder die Achtserklärung, und dann unten für den weltlichen und geistlichen Bann. — Sohn, hüte dich, daß du nicht in den gedehnten, doppelten Bann geräthst, nemlich in die Achtserklärung und in die kirchliche Excommunication.

Vor Gote in kresteklicher 7) aht 8)
Der wirt in sine 9) strike braht
So das in vinde da der tot, we im 10) das sin je wart gedaht
Das bant ist der gediente 11) ban
Der klemmet 12) in der helse 13) *) also das Judas nie die not gewan. 14)

7) gewaltiger 8) Verbannung, Excommunication 9) seine, des Bannes 10) wehe Ihm 11) der ausgedehnte, größere 12) ängstigt, peinigt, 13) Hülfe 14) erfuhr, litt.

*) Scherz erklärt das Helse durch Execution, welches es bey den Sachsen bedeute, mit einer Stelle aus den Statutis Solodurensibus: Wenn einer gegen den andern uf ergangene Urthel gerichtliche Execution oder Hilf erlangt. — Wenn der Bann exequirt oder vollstreckt wird, da ängstigt er so sehr, daß — Man könnte die Stelle aber auch so erklären: der macht, daß einer wegen der Hülfe so im Gedränge ist, daß Judas nicht in so einem Gedränge ist — dem Judas ist eher zu helfen, als einem, der in diesem Bann ist. Gern vertauschte ich helse mit der Lesart Helle, wenn sie erweislich wäre.

51.

Sun, dannoch 1) ander kraft 2) er 3) treit 4)
Den er gesasset an sin seil

Er

1) dann noch, überdiß noch 2) andre Kraft, Lasten, Strafen 3) der 4) trägt.

Er nimmet 5) al 6) der kristenheit
Gemeinde 7) und aller selden 8) teil 9)
Ein wundu 10) sele wirt niht heil
Kumt er mit rehte 11) niht dervon, 12) je 13) grösser wird der sunde meil, 14)
Gebet, almuosen 15) wirt verlorn 16)
Und swas 17) er guotes mac 18) getuon 19) die wile 20) in stichet 21) dirre 22) dorn. 23)

5) benimmt, beraubt 6) an aller, der ganzen 7) Gemeinschaft 8) Seligkeiten 9) Antheil, hat an der christlichen Gemeinde und ihren Seligkeiten keinen Antheil mehr. 10) verwundete 11) zu rechter Zeit oder nicht noch gerade recht 12) davon 13) desto 14) Mal, Flecken, Sündenschuld 15) Almosen 16) ist umsonst 17) was 18) mag 19) thun 20) dieweil, so lang 21) sticht 22) dieser 23) nemlich der Bann, so lang er im Bann ist.

52.

Sun, achte 1) ist ouch 2) ein bitter krut 3)
Strasse und ir stige 4) gerne mit 5)
Si mac 6) verleiten 7) dir die hut 8)
Swie 9) guot geleite 10) man dir git 11)
Gerih-

1) die Achtserklärung, Reichsbann 2) auch 3) Kraut 4) Steige 5) meide 6) mag, vermag 7) erschweren 8) es wird dir schwer werden, dich zu hüten; wirst dich nicht genug in Acht nehmen können. 9) Wie 10) Geleite, Salvum Conductum 11) gibt

Gerihtes uber dich ist zit 12)
Swa 13) man dich hoeret oder siht, die wile 14)
uf 15) dir ir beie 16) lit 17)
Da la 18) dich nie 19) niht versmiden 20)
Dehein 21) Zunge, und ist der richter guot, mac
vor den tode dich befriden. 22) *)

12) Ob dir schwebt des Gerichtes Zeit 13) wo 14) so lang 15) auf 16) Beige, Last 17) liegt 18) laß 19) Scherz list statt nie — inne 20) fesseln, einkerkern, d. i. Laß die Last nicht auf dir liegen. 21) irgend eine 22) beschützen.

*) Wenn das Dehein Zunge zu dieser letzten Zeile gehört, so möchte der Sinn dieser seyn: Etwa eine Zunge, eine Vertheidigung, oder ein Advokat, wenn der Richter gut ist, mag dich vor dem Tode schützen. Gehört es aber zu dem vorhergehenden, so weiß ich der Stelle keinen andern Sinn zu geben, als diesen: Laß dir da deine Zunge, dich zu vertheidigen, nicht binden.

53.

Sun, ich wil dir niht mere 1) sagen
Der masse 2) ein zil 3) gestossen 4) si
Du maht 5) sin alles niht getragen 6)
Nim 7) us dien raten 8) allen dri 9)

Lege

1) mehrers 2) dem Maaß 3) Ziel 4) sey — Es sey genug. 5) vermagst 6) ertragen 7) aus 8) Räthen 9) drey

Lege si dein 10) herzen nahe bi 11)
Ob es niht besser werden mac, 12) wirt 13) Got-
tes minne 14) niemer fri 15)
Bis 16) warhaft, zuhtic 17), sunder wanc 18)
Manic 19) tugent ir flus 20) nimet von drin 21),
behalt si wol 22), habe iemer danc. 23)

10) deinem 11) bey, d. i. nimm sie wol zu Herzen 12) dann mag es, dein Herz, nicht besser werden 13) wird es 14) Liebe 15) frey 16) Sey 17) züchtig 18) gesezt, nicht wankelmüthig 19) manche 20) ihren Fluß, Ursprung 21) daher — entspringt daher. 22) diese Tugenden, oder drey Räthe 23) Erkenn es immer mit Dank oder du wirst immer dafür zu danken Ursache haben. — Vielleicht auch blos die Schlußformel, Lebe wohl! weil nun der Sohn das Wort nimmt.

54.

Der Sun.

Vatter, du hast vaterlich 1) mir
Geraten, als ein wiser 2) man,
Ich wil vil 3) gerne volgen dir
Ob 4) mir Got siner helfe 5) gan 6)
Du 7) elliu 8) dinc 9) wol enden 10) kan

Sin

1) väterlich 2) weiser 3) sehr 4) Wenn 5) seine Hülfe 6) gebe, gönne 7) die 8) alle 9) Ding 10) vollbringen

Sin unvolmessen 11) hohu 12) tugent 13) bitte
ich ouch 14) iemer und wan
Das ich im hie ze dienste lebe
Also das er mir drumbe 16) dort sins 17) vater
himelriche 18) gebe.

11) unermeßlich 12) hohe, erhabene 13) Kraft 14) auch 15) zu 16) darum 17) seines 18) Himmelreich.

55.

Vatter, ich bin kint, 1) doch sihe 2) ich wol
Das disu 3) welt ein gouggel 4) ist
Ir froeide 5) erloeschet als ein kol 6)
Ir bestu 7) minne 8) wirt ein mist 9)
Ir trost ist gar ein ungenist 10)
Si lat 11) ir frunde 12) in swacher habe 13) des
du wol inen 14) worden bist.
Du hast je har 15) gedienet ir
Nu merke was ir trugeheit 16) ze 17) lone habe
gegeben dir.

56. Vat-

1) Kind — noch jung 2) sehn 3) diese 4) Gaukeley, Possenspiel 5) Freude 6) Kohle 7) beste 8) Liebe oder das Beste, das sie liebt 9) Mist, Koth; 10) Auskehricht, was man nicht genießen kann. 11) läßt 12) Freunde 13) schwacher Habe — gibt ihnen eine schwache, schlechte Stütze 14) innen worden bist 15) von je her 16) Trüglichkeit, ihr betrügliches Wesen 17) zu.

56.

Vatter, alter lib 1) und muede lit 2)
Du 3) zwei sint niht nah 4) voller habe 5)
Du wer 6) é 7) snel 8) nu 9) ist din trit 10)
Ze nahe leider bi 11) dem stabe
Da gruset 12) mir von schulden abe 13)
Ob 14) dine schulde manicvalt 15) dem libe volget hin ze grabe
Din rat ist kranc 16) ob 17) das geschiht
Des mannes wisheit 18) ist ein wint 19) ist er im selben 20) wise 21) niht.

1) Leib 2) Glieder 3) die 4) nach, bey 5) voller Habhaftigkeit, Kraft 6) warst 7) ehmals 8) schnell 9) nun 10) Tritt 11) bey 12) grauset 13) wegen 14) Wenn 15) deine mannigfaltigen Verschuldungen, Sünden 16) schwach — es ist dir schwer zu rathen 17) wenn 18) Weisheit 19) Wind — es sieht windig um seine Weisheit aus 20) ihm selber 21) weise.

57.

Vatter, wisen 1) manne schone 2) zimt 3)
Das er wol tuo 4) mit steten sitten 5)
Dabi 6) ein tumber 7) bilde 8) nimt

1) einem weisen Manne 2) schöne 3) geziemt — steht ihm wohl an 4) thu 5) mit Anständigkeit, Anstand 6) davon 7) Kummer, thörichter Geck. 8) Bild, Beispiel

Das wirt vil lihte 9) sus 10) vermitten 11)
Ein gar alt man 12) mit tumben sitten 13)
Der niht erkennet was er ist, und was Got hat
dur in 14) erlitten 15)
Der ist in toren acht 16) gemuot 17)
Es ist ein lob vor allen lobe der an den ende
rehte tuot 18).

9) gar leicht 10) so 11) vermieden 12) ein Greis 13) läppischen 14) seinetwegen 15) gelitten 16) nach Thoren Art 17) gesinnt 18) thut.

58.

Vatter, mit urlube 1) wil ich dir
Min herze entschliessen 2) überal 3)
Es mac 4) sich niht verheln bi mir 5)
Du solt fur diner sunden val 6)
Legen 7) uf din eigen 8) ein spital
Und solt dich selbe 9) ziehen drin 10), ich var 11)
mit dir in frier wahl 12)
Alle unser habe 13) suln wir dar seln 14)
Und fur der welte trugeheit 15) das suesse 16)
himelreiche weln. 17)

59.

1) Urlaub, Erlaubniß 2) aufschließen, eröfnen 3) ganz 4) mag 5) ich kann es nicht verhelen, kann's nicht bey mir behalten 6) Fall, Schuld 6) anlegen, stiften 8) auf dein Eigen, für dich eigen 9) selbst 10) darein ziehen. 11) fahre, ziehe 12) aus freier Wahl, freywillig 13) Vermögen 14) dahin geben, oder darzählen 15) Trugheit 16) angenehme, holde 17) wählen.

59.

Der Vatter.

Sun, die rede us 1) den herze din
Gesprochen hat ein reiner 2) geist
Ich froewe 3) mich in den herzen min
Das du so vil von Gote weist.
Dins rates 4) wil ich sin 5) volleist 6)
Wan 7) da stuont je min wille zur 8), doch lies 9)
ich dur dich 10) aller meist
Ich han 11) gelebt 12) nu 13) lieben tag
Das du ze 14) Gote wilt dich begeben *) und ich
mit dir gebuessen mac. 15)

1) aus 2) guter 3) freue 4) deinen Rath 5) seyn 6) volleisten, vollführen, vollbringen 7) indem 8) von je her mein Wille dahin stund, ich das Willens war 9) unterließ ichs 10) deinetwegen 11) hab 12) erlebt 13) nun den 14) zu 15) büssen, Busse thun.

*) d. h. in einen Spital dich begeben — das Klosterleben erwählen.

60.

Sun, was ich froeiden 1) je 2) gewan 3)
Die sint bi 4) diesen froeiden blint 5)
Sit 6) ich von dir vernomen han 7)

1) Freuden 2) jemals 3) gewonnen, genossen habe 4) gegen 5) blind — werden von diesen Freuden verdunkelt 6) seit 7) hab

Das dir die froeide unmere 8) sint
Ich sage dir herzeliebes kint
Wir kousen 9) in der sache niht an dinem muo-
te 10) niht erwint 11)
Ob 12) wir hie unsers zwivel leben 13)
Umb 14) eines das uns jemer 15) wert mit froei-
den willeklichen 16) geben.

8) unlieb, unwerth 9) tauschen, verändern, wanken 10) Muth, Standhaftigkeit 11) lasse es nicht fehlen 12) Wenn 13) zwiefach 14) um 15) immer 16) williglich.

61.

Us 1) ougen 2) muost er wangen 3) baden 4)
Von herzeliebe 5) das geschach 6)
Der Sun sprach: Vatter ir tuont 7) u 8) schaden
Ir volgent 9) wibes sitten nach
Die man je gerne weinen sach 10)
Da höret niht wan 11) froeide zuo, 12) und 13)
hie des libes ungemach 14)
Ja ist es niht ein kindenspil 15)
Der mit des libes 16) arebeit 17) ze rehte 18)
sunde buessen 19) wil.

62.

1) Aus 2) Augen 3) die Wangen 4) benetzen, lavare ora lacrymis Virgil 5) aus herzlicher Liebe 6) geschah 7) thut 8) euch 9) folget 10) sah 11) man nicht 12) der Freude zu, 13) wenn 14) des Leibes Ungemach vorhanden ist, oder den Leib abhärmt mit Weinen 15) Kinderspiel 16) Leibes 17) Arbeit 18) wie's recht ist 19) büssen.

62.

Der Vatter.

Got herre dinu trinitat 1)
Und ouch 2) din 3) starku 4) goteheit 5)
Erbarmen sol min missetat
Des man 6) ich din erbarmekeit 7)
Du rehtem ruwen 8) ist bereit 9)
Das du mir stete ruwe 10) gebest, so das mir si von schulden 11) leit 12)
Das hie der lip 13) gesundet 14) habe
Das des iht 15) si 16) du 17) sele ein pfant 18) dur dine tugent 19) des 20) hilf mir abe. 21)

1) deine Trinitat, Dreyeinigkeit 2) auch 3) deine 4) starke, mächtige 5) Gottheit 6) erinnere 7) Barmherzigkeit 8) rechter Reue 9) bereit, geneigt 10) ernstliche Reue 11) wegen meiner Sündenschulden 12) leid 13) Leib 14) gesündigt hat 15) darum, deswegen nicht 16) sey 17) die 18) verpfändet sey — büssen müsse. 19) durch deine Kraft oder Gnade 20) davon. 21) ab.

63.

Got herre du weist wol das ich bin
In sunden ein vertiefet 1) man
Und das min selden frier sinn 2)
Noch stete ruwe nie gewan

1) vertiefter 2) mein unseliger Sinn

Sit 3) ich mich sunden erst versan 4)
Nu 5) bin ich in min alter kommen und ruese 6) dine marter 7) an
Von 8) miner schulde manicvalt
Das als 9) den schaher 10) mir geschehe der spe-ter ruwe 11) niht entgalt. 12)

3) Seit den 4) versah, meine Sünden erkannte 5) nun 6) rufe 7) dein Leiden 8) von wegen 9) wie 10) Schächer 11) später Reue 12) der doch, seiner späten Reue ungeachtet, Vergebung erhielt.

64.

Ich bin in den Wingarten 1) braht 2)
Dur 3) buwen, 4) houwen, 5) und jeten
Und han 6) mich leider erst bedaht 7)
Do ich vil fruo 8) was 9) dar 10) gebetten 11)
Das ich den rat 12) han ubertretten,
Nu hat das alter mit gewalt in sinen strick mich so gewetten 13)
Das ich verslaven 14) han du zit 15)
Davon muos ich ze danke 16) nemen ein lon 17) den mir der meister 18) git 19)

65.

1) Weingarten 2) gebracht, gesetzt 3) zu 4) bauen 5) hauen 6) hab 7) bedacht, lange besonnen 8) viel früher 9) war 10) dazu 11) aufgefordert, berufen 12) Ruf 13) gestraft 14) verschlafen 15) die Zeit 16) zu 17) einen Lohn 18) der Herr des Weingartens 19) gibt.

65.

Doch tuot 1) mir der gedinge 2) wol
Den weis ich 3) endelichen 4) war
Buwe 5) ich mit truwen 6) als 7) ich sol
An lone ich deste bas 8) gevar 9)
In 10) wart gelich 11) gelonet gar
Die fruo 12) ze tage weke zit 13) und spate kamen werken 14) dar
Ich bin niht guotes lones 15) wert
Ein teil ich mich verslaven han 16), min ruwe 17) é doch 18) genaden 19) gert 20)

1) thut 2) der Dinglohn 3) den ich weis — eine Anspielung auf das biblische Gleichniß von den Arbeitern im Weinberg, Matth. 20, 1. ff. 4) Lezten 5) Baue, arbeite 6) treulich 7) wie 8) desto, besser 9) fahr 10) Ihnen, den Lezten 11) gleich 12) früh 13) am Tage 14) zu arbeiten 15) guten Lohnes 16) verschlafen habe 17) meine Reue 18) jedoch 19) Gnade, den Gnadenlohn 20) begehrt.

66.

Du bist genedig 1) und guot, 2)
Milte und erbarmig 3) herre Got
Den sunder 4) ob 5) er sinen muot 6)
Von sunden nimt dur 7) din gebot

1) gnädig 2) gütig 3) barmherzig 4) gegen den Sünder 5) wenn 6) Sinn 7) auf.

So starch 8) ist miner sunden not
Es undervar 9) din gotlich tugent 10) du rehter ruwe je 11) helfe 12) bot
Min sele muos 13) in buossen tagen 14)
Das minen lip 15) min muoter 16) je 17) ze 18) disen noeten hat getragen. 19)

8) stark, schwer 9) widerfahr oder unterstütze 10) deine göttliche Kraft, Gnade 11) von je her 12) Hülfe 13) in Büssen, busen 14) ihre Tage zubringen, altern 15) Leib 16) meine Mutter 17) ehmals 18) zu 19) daß ich zu solchen Nöthen geboren bin.

67.

Got herre sit 1) du kleinen kint 2)
Von ir geburte tages alt 5)
Niht gar von sunden reine sint
Wie wirt es umbe 4) mich gestalt 5)
Des hat din barmekeit 6) gewalt
Min pfand stat 7) leider uf den schaden 8) *) des ich noch nie ein teil vergalt 9)

Hilf

1) seitdem 2) die kleinen Kinder 3) von ihrer Geburt an 4) um 5) aussehen 6) das steht bey deiner Barmherzigkeit 7) steht 8) in der Gefahr es zu verlieren 9) bezahlte

*) Er sieht sich für einen Verpfändeten seiner Sünden wegen, seine Seele als das Pfand, s. Strophe 62. an, und weil er noch nichts abbezahlt habe: so stehe seine Seele, oder das Pfand in Schaden, oder Gefahr.

Hilf herre ich mac 10) vergelten 11) niht
Din milte 12) soll mir sture geben 13), der pfander 14) grosser buosse giht. 15) *)

10) vermag 11) zu bezahlen 12) Güte 13) Beisteuer, Unterstützung 14) Pfänder, Pfandherr 15) von großer Buße spricht, auferlegt.

*) Der Pfandherr, entweder die Strafgerechtigkeit Gottes, oder die Klerisey lege ihm große Buße, Strafe auf.

68.

Got dir sint ellu 1) herzen kunt
Ein winkel nie so enge wart
Von oben abe 2) unz 3) in den grunt
Der diner wisheit 4) si verspart 5)
Din tugende sind so reiner art 6)
Das du den sunder niht vertuost 7) geruwet 8) in der sündenvart 9)
Und hat zebuosse vesten sin 10)
Du sihst an minem herzen wol, das ich in steten ruwen 11) bin.

1) alle 2) herab 3) bis auf 4) Allwissenheit 5) sey versperrt 6) du bist so gnädig, so heilig 7) verwirfst, vernachläßigst 8) reuet 9) Sündenwandel 10) Entschluß 11) ernstlicher Reue.

45.

Die gabe 1) hast du mir gegeben
Gib mir noch diner helfe me 2)

La

1) die Gabe reumüthigen Sinnes 2) Hülfe mehr

La 3) mich hie alse 4) lange leben
Das mir geschehe in buosse we 5)
Ze wol ist mir geschehen é 6)
Ich lie 7) dur dine vorhte niht, noch dur din liebe alsam owe 8) *)
Sol ich das hie gebuessen niht,
Diewil ich 9) an der welte lebe, wie we 10) mir danne dort geschiht.

3) Laß 4) so 5) weh, daß ich recht empfindlich büsse 6) ehmals 7) lag 8) weder deiner Furcht noch deiner Liebe gleich ob 9) in 10) weh.

*) Wenn lie von leyen, oder lihen, geben, herkäme: so wäre der Sinn dieser: ich lebte weder nach deiner Furcht noch nach deiner Liebe zugleich: o weh mir! — oder im andern Fall, ich gab weder auf deine Furcht u. s. f.

70.

Maria Magdalena was 1)
Mit houbet sunden 2) uberladen
Von starken ruwen si genas 3)
Man sach 4) si dine fuesse baden 5)
Mit rehen 6) fur der sunden schaden
Den miste 7) hob ze teile wart, in ruwen 8) assen 9) in 10) die maden 11)
Susan-

1) war 2) Hauptsünden 3) ernstliche Reue half ihr 4) sah 5) waschen 6) reumüthig, mit Thränen 7) dem Miste, Aschenhaufen. Hiob 2, 8. 8) im Elend, in seinen kläglichen Umständen 9) zehrten 10) an ihm 11) Würmer

Susannen wart mit luge 12) ubergeben 13)
Die funden alle helfe 14) an 15) dir du gebe 16)
in 17) dort din jemer 18) leben.

12) durch falsches Zeugniß 13) dem Gericht zum Tode 14) Hülfe 15) bey 16) gib du, oder du gibst 17) ihnen 18) ewiges.

71.

Din ungemessen 1) kraft jonam 2)
Das muos man vor ein wunder wegen 3)
Us (4 eines visches wambe 5) nam
Da inne 6) er was 7) drje 8) tage gelegen
Drin kinden 9) half din gotlich 10) segen
Das in 11) die flamme niht entet 12), ich bin
in sunden gar verlegen 13)
Das ruwet 14) mich, und ist mir leit
Du maht 15) ouch 16) wunder an mir tuon 17),
so krestic 18) ist din barmekeit. 19)

1) unermeßliche 2) den Jonas 3) halten 4) aus 5) Bauch 6) darinn 7) war 8) drey 9) den drey Jünglingen im Feuerofen 10) göttlich 11) ihnen 12) nichts anthat 13) verdorben 14) reuet 15) du vermagst, kannst 16) auch 17) thun 18) kräftig 19) Barmherzigkeit.

72.

Din 1) kraft ist 2) allen kreften vor
Du hoehest 3) niderst 4) swen 5) du wilt

Was

1) deine 2) vor 3) erhöhest 4) erniedrigest 5) wen

Was half 6) das Nabuchodonosor 7)
Gewaltes hat und richeit 8) vil
Von hohvart 9) sich verviel sin spil 10)
Das es *) ze 11) walde wildes 12) gie 13) der tage ein lanc 14) gemessen zil 15)
An 16) allen vieren leider bar 17)
Vor dinen 18) zorne den ich han 19) verdienet herre mich bewar.

6) half's 7) Nebucadnezar 8) Reichthum 9) Hoffahrt, Stolz 10) seine Scene oder, nach Fulda, seine Gestalt verfiel 11) zu, im 12) mit dem Wilde 13) gieng 14) lang 15) eine lang abgemessene Zeit 16) auf 17) blos, nackt 18) deinem 19) hab

*) Scherz list statt es, er.

73.

Ich tuon 1) hie mine bichte 2) dir
Als ein sunder sol und muos
Erzeige dine helfe 3) mir
So das mir werde sunden buos 4)
Die wile 5) ich hant 6) mac 7) oder fuos 8)

Gerus

1) thu 2) meine Beichte, Sündenbekenntniß 3) Hülfe 4) daß ich meine Sünden recht büße, wahre Buße thu; oder wie Scherz will: Sündenlinderung, Vergebung. 5) So lang 6) Hand 7) mag 8) Fuß

Geruexen 9), des will ich dich bitten maget 10)
und muoter 11) dur 12) den Gruos
Den dir von Gotte der engel sprach
Ze dinen kinde 13) sprich min Wort 14) din helfe 15)
je 16) starken kumber 17) brach. 18)

9) regen, bewegen 10) Jungfrau 11) Mutter 12) durch 13) Sohne 14) meine Fürsprache, vertritt mich bey deinem Sohne 15) Hülfe 16) von je her 17) Kummer 18) linderte.

74.

Ich han 1) der Welte mich begeben 2)
Und sol nu 3) als ein sundic 4) man
In ruwen 5) und in buosse 6) leben
We 7) das ich je 8) den muot gewan 9)
Der wider dich iht 10) hat getan
Das ruwet 11) mich und ist mir leit nu 12) la 13)
mich dine hulde han 14)
Nah besserunge herre Got
Genedekliche 15) uber mich erge 16) din wille
und din Gebot.

1) hab 2) entzogen, entschlagen 3) nun 4) sündiger, sündhafter 5) Reue 6) Buße 7) Weh 8) jemals 9) den Muth faßte 10) etwas 11) reuet 12) nur 13) laß 14) haben 15) gnädiglich 16) ergehe.

75.

Von herzen in 1) vergeben si 2)
Die mir je har 3) getaten leit 4)

Min

1) denen 2) sey 3) von je her, jemals 4) Leid thaten.

Min eigen lute 5)' lasse ich fri 6),
Min huobe gelt, 7) smal und brei 8)
Das man mir bute 9) und sneit 10)
Fur eigen 11), des enzien 12) ich mich, ich hans 13)
uf 14) ein spital geleit 15)
Es fueget 16) der armen sin 17)
Ich und min eingeborner 18) sun zuo in 19) uns
wellen 20) ziehen drin. 22)

5)' meine leibeignen Leute 6) frey 7) den Ertrag von meiner Hube, Hofgütern 8) schmal und breit 9) bauet, keltert 10) schneidet 11) als mein Eigenthum 12) entziehe ich mich, thue Verzicht darauf. 13) hab es 14) auf 15) gelegt, geliehen, gewandt 16) es kommt zu, zu gut 17) den Armen in dem Spital 18) einziger 19) zu ihnen, den Armen 20) wollen 21) darin, in den Spital.

Des Vaters lere ein ende hat
Der Muoter lere darnach gat.

---

2. Ei-

2.

Einige Noten zum Heldenbuche. *)

(Nach der Ausgabe von 1590. 4.)

Fortsetzung.

Bl. 15.

Der Marner begund jehen,
Der auff dem Mastbaum trat.

Jehen, jähen, sagen, sprechen.

Bl. 15. S. b.

Die stolzen Jungelinge
Sind alle wol bewahrt
In jr liechte Ringe.

Liechte Ringe. Hellpolirte eiserne oder stählerne Ringe oder Schienen an der Rüstung.

Mit

*) Diese Noten sollen kein Commentar über das Heldenbuch seyn, sondern man hat das letztere nur als Vehikel, und jene als eine Sammlung von alten Wörtern anzusehen, deren Verständniß den Liebhabern die Lectüre alter Gedichte sehr erleichtern kann. Ein Auszug des Heldenbuchs aber, so wie die versprochene Literatur desselben, wird in der vierten Abtheilung, vielleicht im nächsten Bande, von einem andern Gelehrten gegeben werden. D. H.

Mit solcher Abentheure
So machestu mich gra.

Gra, grau, vor Bekümmerniß.

Bl. 16.

Verbrennen sie uns die Kiele
Das ist uns nicht sehr gut
Da auff deß Meeres Quiele
Wir müssen in die Flut.

Quiele, Wellen, Wogen.

Bl. 16. S. b.

Da sprach der Lampartere
Die Rede ist geschlicht.

Lampartere, Lombarder.

Geschlicht, auf Schrauben gestellt: der wahre Sinn ist nicht klar: der Mann der so spricht ist unzugänglich: man kann ihm nicht beykommen. Melzer in der Schneeberg. Chron. spricht von Schluchten an Bergen, in welchen das Wasser abrieselt, und die daher schlüpfrig sind.

Bl. 17.

Das wil ich euch gebieten
Bey Halß und bey der Wid.

Wid, das Band, woran man Diebe henkt. Bey Eccard. T. II. Script. med. ævi

ævi in Poem. Germ. col. 1532. heißt es auch: „Bey der Wied verbieten.“

Bl. 18.

Auff deins Gottes begere
Darauff acht ich gar nicht
Er ist mir gar unmere
Vnd ist auch gar ein wicht.

Unmere, unmerlich, unlieb, verdrüßlich, verhaßt.

Wicht, ein armer Tropf, auch überhaupt eine unbedeutende Sache.

Sag an was kanstu klaffen

Klaffen, schwatzen, auch laut, lermend, unbedeutende Dinge vorbringen.

Bl. 20. S. b.

Da hub sich ein Gebrächte
Vnd auch ein großer Haß.

Gebrächte, Geprächte, ein Lermen, Getöse, Pictor. Pracht, ein groß Geschrey, prächten, laut schreyen. Prachtshans, clamator.

Bl. 30. S. b.

Mit einem wilden Gstreusse
Kam Eligas gerannt
Da sprang der kühne Reusse
Wol nider auff das Landt

Er sah die Schwerdtes glaste
Die warn von Blut so naß
Oehern nun wehr dich saste
Also sprach Eligas.

Gstreusse, Gesträuß, Streitgetümmel, von Strauß, Schlacht, Gefecht.

Glaste, der Glanz, das Blinken der polirten Schwerter. Glast, splendor. Pictor. glasten, relucere, candescere, glänzen oder glesten. Kaisersb. Postill. Wiederglestung, Wiederschein.

Bl. 31. S. b.

Da hub er sich mit schalle
An die Heydnischen Diet
Sie musten sterben alle,
Vnd die er da verschriet
Die kundt niemandt gefristen
Sie sturben mit gewalt

Diet, das Geschlecht. Ist nun veraltet. Man findet es noch in einigen Namen, als: Dietrich, Dietherr, Dietmann.

Verschriet, verschrie, beschrie, bezauberte, behexte. *)

Gefri=

*) Aber man vergl. die Anmerkung am Ende zu dem Worte schrieten unter Bl. 56. S. b.

Gefristen, gefriesen, auch gefrischen, erfahren. Jeroschin hat erfrischen. H. Mich dünkt, diese Etymologie sey hier nicht anwendbar, sondern gefristen bedeute vielmehr das Leben fristen, erhalten, und müsse von Frist, Zeit, hergeleitet werden. G.

Bl. 33. S. b.

Nun rühret er alleine
Die Seiten allesampt
In einem süssen Done
Daß es gar laut erdoß

Erdoß, ertosete, d. i. erklang, erschallte, ertönte, daher tosen, Getöse.

Bl. 34.

Der Jäger eilte sehre
Wol für der Kemnot Thür

Kemnot. Dieses Wort findet man auf gar vielerley Art geschrieben: Kemnat, Kamnat, Keminat, Kämnat, Kämmat, Kempnat, Kempnade, Kemlat. Es bedeutet insgemein ein Landschloß; ursprünglich aber einen Streitthurm, eine Hochwarte.

Bl. 35.

Gar harte Bottschaftliche
Er nach den sömnern rheit

Bottschaftliche, sehr schnell wie ein Botschafter, heut zu Tage „couriermäßig.“

Sömnern. Som, Saum, eine Bürde soviel ein Roß trägt. Holl. Som, eine Paklast. Säumer, Somer, Saumner, Somner, Semner, ein Trag-Roß.

Bl. 36.

Drey Bulgen nit zu kleine
Man da herfüre trug

Wie Bulle, campula, bald mit, bald ohne g geschrieben wurde; so schrieb man auch Bulle, taurus, verschieden, und schob öfters ein g ein. Hier findet die letztere Bedeutung statt.

Auff einem Pfeller here
Schütt man manch Ringelein.

Pfeller hieß sonst ein kostbarer Mantel. Von dem Altschwedischen Pell, tegumentum, und dieses aus Fell, der ersten Kleidung des Menschen.

Bl. 37.

Er was hübsch an dem Leibe
Sein Antlitz Rosenfahr

Rosenfahr, rosenfarbig. Die alten Sachsen haben das b in Farb abgeschnitten.

Bl.

Bl. 41. b.

Vnd kund h ö f f l i c h e n nehen
Gar mancherley Vögelein.

Höfflichen, hofmäßig, künstlich, niedlich, wie man es bey Hofe zu machen und zu führen gewohnt ist.

Auff Tischthuch m i n n i g l i c h e
Vmb Z w e h e l n schmahl vnd breit

Minniglich heißt nicht nur liebevoll und verliebt, sondern auch lieblich, welches die dermalige Bedeutung davon ist.

Zwehelen, Handtücher um die Hände daran zu reinigen. Belg. Dwail. Kero: Dwahilo. Schwabenspieg. Zwihelu. Engl. towel. Altensteig: Tischzwehelen, mappa, mappula. H. In Schwaben, wenigstens an der nördlichen Gränze, heißt man noch jetzt die langschmahlen Handtücher Hand-Zwellen, und der Begriff dieser Benennung ist dieser besondern Art von Handtüchern so eigen, daß man das hochdeutsche, aber allgemeinere Wort Handtuch nicht dafür gebrauchen kann, ohne misverstanden zu werden: denn Handtücher heißt man hier zu Lande nur die gleichseitigen viereckigen Handtücher, die von den Servietten allein dem Gebrauch nach verschieden sind. G.

Bl. 55. b.

Nun hub sich auch der doppel
Wol zu derselben zeit

Doppel heißt Spiel überhaupt, vorzüglich aber solche, worzu man Würfel gebraucht, weil diejenigen Würfe, wo zween Würfel die nemlichen Augen haben, nur gelten, oder vortheilhafter sind.

Bl. 56.

Sie hieben vnd stachen
Hin durch die Sarewot

Sarewat, Sarewot, der Kriegsleute Livrey. Poem. Germ. T. II. Eccard. col. 1529. „er wapent den gefangenen Chunyk in eim Lydens Sarewot.“ Wehner. observ. pract. *pannus sericalis.*

Wenn sie begundten lupffen
Die Getäufften vberall
Vnd auß den Sätteln schupffen
Da geschah gar mancher fall.

Lupfen, lüpfen, d. i. lichten, heben. Wurstis. Basler-Chron. „aus dem Sattel lüpfen mit dem Spieß.“

Schupfen. Vet. vocabul. de 1482. schupfen oder abtringen, rejicere, recludere. H. Besser erklärt es ein anderes altes

Wör-

Wörterbuch, an dem das Titelblatt fehlt, durch: librando jacere. G.

Bl. 56. S. b.

Die stolzen Jüngelinge
Schrieten die Helme gantz
Die liechten stahels ringe
Gewunnen manchen Schranz.

Schrieten, sie ritten über die auf den Boden gestreckten Krieger. H. Schwerlich! Das über wäre sehr hart ausgelassen, wenn schrieten „sie schritten" bedeutete. Wahrscheinlicher heißt es: sie zerhieben (spalteten) die Helme" so wie es in der vorhergehenden Strofe in dem nemlichen Sinne vorkommt: „sie schrieten Stahel und Eisen." Ohne Zweifel das Imperfect von dem alten Worte schroten, welches das erstgedachte Wörterbuch durch scindere, curtare, truncare erklärt. G.

Schranz, ein Riß, Sprung, Bruchloch.

(Der Beschluß folgt.)

Häßlein.

3.

Noch ein Schwank von Hanns Sachs.

(S. II. B. 4. Th. Bl. 51.)

Der Teufel namb ein altes Weib zu der Ehe.

Eins Tags der Teuffel kam auff Erden,
Und wolt je auch ein Ehmann werden,
Und namb zu der Eh ein alt Weib,
War reich, doch vngschaffen 1) von Leib,
Als bald vnd er kam in die Eh,
Da erhub sich groß angst und weh,
Das alt Weib stets im hader lag,
Mit gron 2) vnd zanken uber 3) tag,
Zu Nacht ihn denn peinigen thet
Flöh, Leuß vnd Wanzen in dem Beth,
Er dacht, allhie kan ich nicht bleiben,
Ich will fort eh mein Zeit vertreiben
In der Einöd vnd wildem Wald,
Da ich mehr rhu hab, vnd fuhr bald
In Wald vnd auf ein Baumen saß
Und sah daher gehn auff der straß
Ein Arzt, der ein Reytwerscher 4) trug,

Noch

1) übel beschaffen, unförmlich. 2) gronen, winseln, keiffen 3) den ganzen Tag über 4) Reutstasche, Watsak. In Keysersb. Postill. fol. 31. Wätscher, Mantelsack. Matthes. Wätschger oder Beutel von Sammt. Grobian. fol. 48. b. „Trag einen großen Wätschger an der Seiten, darinn du trägst dein Proviant.

Nach Arzeney im Land vmbzug,
Zu dem thet sich der Teuffel gsellen
Und sprach zu ihm: Wir beyde wöllen
Mit arzney die Leut machen heyl
Doch alls auf ein geleichen theyl
Der Arzet fraget, wer er wer?
Der Teufel sagt ihm wieder her:
Er wer der Teuffel, vnd wie er meh 5)
So viel erlidtn het in der Eh,
Von einem alten bösen Weib
Die ihm het peinigt seinen leib
Mit herber unleidlicher Pein.
Drumb möcht er nicht mehr bey ihr sein.
So nimm mich auf zu einem Knecht
Ich will dir dienen wol vnd recht,
Zeiget darmit dem Arzet an,
Womit er ihm wohl Hülff köndt than.
Kurzum der sach sie eines waren.
Der Teuffel sprach: ich will gehn fahren 6)
In einen Burger in jener Stadt
Der sehr viel gelts erwuchert hat,
Den wil ich peinigen so hart,
So komm du hernach auf der fahrt,
Vnd thu zu dem Burger einkehrn
Thu mich mit einem Segen beschwörn,
Alsdenn ich willigklich außfahr,
So zahlt man dir dann also bar
Gern ein zwanzig Gulden zu lohn,

Die

5) mehr. Pict. Mee, magis, amplius. 6) Die Fahrt antreten.

Denn gib mir den halben theil davon.
Die sach war schlecht 7), der Teufel spat
Fuhr in den Burger in der Statt,
Den peinigt er die ganze Nacht.
Frü sich der Arzt int 8) Statt auch macht,
Vnd namb sich dieses Burgers an,
Vnd alß ein Künstenreicher Mann
Den Teufel gewaltigklich beschwur,
Der alsobald von ihm außfuhr,
Und wart auf den Arzt in dem walt,
Den Arzet man zu Dank bezalt,
Vnd gab ihm dreisig Taler bar,
Der kam im walt zum Teufel dar,
Gab zehen Taler ihm darvon,
Die zwanzig behielt er für sein lohn,
Sagt, man hett ihm nur zwanzig geben.
Der Teufel merkt die schalkheyt eben
Das ihn der Arzt vmb fünff thet effen, 9)
Schwig doch, dacht ich wil dich wol treffen,
Vnd thet eben gar nichts dergleichen
Vnd sprach zum Arzt: ich weiß ein reichen
Thumbherren auff dem Stifft dort auß,
Der hält mit einer Köchin hauß,
Dem wil ich fahren in den bauch,
Und will ihn weydlich reissen auch,
Zu dem so thu morgen einkehren
Thu denn mit Segen ihn beschwören
So vberkommen wir aber 10) gelt,

Die

7) schlecht, d. i. leicht 8) in die 9) äffen, betrügen 10) abermals, wieder.

Die Kunst ist gewiß vnd nicht mer fehlt,
Die sach war schlecht, der Teufel fuhr
In Thumbherrn, den hart quelen wur. 11)
Der Arzet kamb für den Thumbhof,
Die Köchin ihm entgegen loff,
Fragt ob er könn den Teufel beschwörn,
Mit zwenizig Gulden wolt man verehrn.
Der Arz sagt ja, vnd hinauff ging
Und sein beschwerung da anfieng,
Wie er vor hett gebraucht dergleichen,
Der Teufel aber wolt nicht weichen,
Wie vor, vnd im Thumbherrn blieb,
Vnd sagt der Arzet ist ein Dieb,
Hat mir fünff Taler abgestoln,
Darumb so sag ich unverholn
Kein Dieb der kan mich treiben auß
Keim Dieb weich ich auß diesem hauß.
Der Arzt in grosen Aengsten was 12)
Vest gar nicht zu verneinen das,
Loff vor angst auß dem Saal außhin.
Indem erdacht er ihm im Sinn.
Vnd wider in den Saal nauff loff,
Sprach: Teufel unten in dem Hof
So ist dein altes Weib herkommen
Hat ein Brif vom Chorgricht 13) gnommen.
Spricht dich wider an vm die Eh
Darumb saumb dich nicht lang vnd geh,

Ver=

11) wur, that. 12) war. 13) Chorgericht, consistorium matrimoniale.

Verantwort dich vor dem Chor Gericht.
Der Teufel guzt 14) hervor vnd spricht:
Wie ist denn nun mein alter Höll Tiegel
Kommen, vnd hat bracht Brieff vnd siegel,
Daß ich zu ihr soll wiederumb?
Mir nicht: zu ihr ich nimmer kumb.
Ich will eh hinfaren gen Höll,
Alda hab ich mein lieben Gsell
Mehr rhu denn in der Alten hauß,
Damit fuhr er zum fürst 15) hinauß
Und ließ hinter ihm ein gstank.

Der Beschluß.

Hie versteht man bey diesem schwank
Wo Weib vnd Mann zu diser frist
Mit der Eh zsamm verbunden ist,
Doch teglich in dem Hader leyt, 16)
Da keines dem andern nachgeyt 17)
Sondern eins das ander trazt,
Schilt, schmecht, veracht, verspott und fazt, 18)
Einander reyßen, rauffen vnd schlagen,
Einander verschwazen und verklagen
Da nimmer ist frid, frewd noch son 19)
Die Eh mag man wohl nennen thon
Ein teuffelisch vnd höllisch leben
Vor der uns Gott woll bhüten eben

Und

14) gutzt, sieht, schaut. 15) fürst, das Oberste des Dachs. 16) liegt. 17) nachgibt 18) fazt, für einen Narren hält. 19) son, Sonne, Heiterkeit.

Und im Ehstand uns dieser Zeit
Geben fried, sühn 20) vnd einigkeit
Dardurch zunemb, sich mehr und wachs
Ehliche trew, das wünscht Hanns Sachs.

Anno Salutis 1557. am 13. tag Jul.

20) sühn, Aussöhnung.

Häßlein.

4.

Ein andrer Schwank

von einem Ungenannten. *)

Der Mann, den sein Weib bey der Magd ertappt.

Es war einmal ein junges Weib
Von munterm Geist, und schön von Leib,
Die lebt mit ihrem Mann gar gut,
Und hatte immer frohen Muth.
Sie liebten sich schon sieben Jahr:
Auf einmal war der Jubel gar,
Und statt in Wonn und Freud zu schweben,
Begannen sie in Zwist zu leben.
Sie dingte 1) eine stolze 2) Mayd, 3)
Die

1) nahm in Dienste 2) eine schöne, wohlgewachsene 3) Magd.

*) Woraus es aber genommen ist, möchte man doch wissen.

D. H.

Die war ein rundes 4), steiffes 5) Leuth 6).
Der Mann sah dieser Mayd zu tief
Ins Aug und Mieder: ihr nachlief.
Die Frau, die merkt Unrath behend,
Steht an den Thüren, an der Wänd,
Lost 7), ob sie nichts erkratschen 8) kunnt;
So schlich sie nach wohl manche Stund.
Einst merkte sie zu ihrem Jammer,
Sie sey allein im Bett, und Kammer.
Sie stund vom Bett gar heimlich auf,
Geht leise auf dem Boden 9) nauf,
Wo ihrer Dirne Bettlein stund,
Zündts Licht an, daß sie sehen kunnt,
Weilt aussen vor der Kammerthür
Und wischt 10) auf einmal flugs herfür.
Sieht ihren Mann, wie er da hett
Die Magd in Armen in dem Bett.

Darob entsazte sie sich sehr,
Gebraucht die Waffen und die Wehr
Die ihr verliehen die Natur,
— Nicht Büchsen — Zung und Nägel nur.
Das sind der Weiber einig Waffen,
Um ihrem Unlust Lust zu schaffen.

Du

4) fleischigtes, derbes. 5) starkes. 6) Leuth, in einfacher Zahl und als Neutrum bedeutet es eine Person. 7) lauschte. 8) erkratschen, hinter etwas mit Mühe kommen. 9) Boden, der Theil des Hauses unter dem Dach. 10) brach schnell hervor, stürzte in die Kammer.

Du Hurenschlingel, hub sie an,
Ehbrecherischer, loser 11) Mann!
Daß dich der Ritt! 12) was treibst du hier
Mit dieser Meze? Bin ich dir
Nicht Weibs genug? Ins Teuffels Namen
Steh auf, sonst ruff ich d' Leuth zusammen,
Damit sie den 13) Spectakel sehn.

O Weib, das müsse nit geschehn!
— Rief er, der bey der Dirne lag, —
Was führst du denn so grose Klag!
Was du vor Augen hier gesehn,
Ist nur aus Lieb für dich geschehn,
Ich wolt nicht immer bey dir wohnen,
Um deinen schönen Leib zu schonen.
Bliz, Sapperment! — fiel sie ihm ein —
Ich will ja nicht geschonet seyn.

Tugend-Lehre.

Daraus lern eine jede Frau,
Daß sie dem Mann zuviel nicht trau.

Die

11) loser, böser. Der gemeine Mann verband ehehin den Begriff von bös mit los, der sich in der Folge abänderte, und nun muthwillig ausdruckt. 12) daß dich der Ritt! Ein abgekommener Fluch: daß dich das Fieber befalle! Ritt, das Fieber, vom Rütteln des Frosts. 13) der gemeine Mann sagt, der Spectakel.

Die Lieb vor sie kann sich bald enden,
Und sich zu einer andern wenden.
Drum bringt nicht schöne Mägd ins Hauß:
Es wächst oft Wiederdrieß 14) daraus.

Der Mann aus der Parabel fein
Lern züchtig und begnügsam seyn,
Der klärste Faden kömmt an d' Sunnen,
Und wär er noch so fein gesponnen.
Die Weiber keinen Scherz verstahn
Wenn man sie brach will liegen lahn:
Drum warn ich treulich dich dafür,
Die Weiber wollen ihr Gebühr.

14) Wiederdrieß, Verdruß.

Häßlein.

Samm-

b.

Sammlung

einzelngedruckter alter Stücke und Lieder.

(Dies ist die Fortsetzung der Sammlung alter Lieder im I. Bde S. 355. und wird hier nur bestimmter angegeben. Die einzelngedruckten Stücke und Lieder auf Bögen und halben Bögen haben sich meistens am seltensten gemacht.)

I.

Heyratsbrieff Jhesu Christi. *)

Eyn Notel des Heyratbrieffs Jesu Christi, gegen seiner geliebten Spons 1), der Christlichen Kirchen. In welchem sich eyn gutherziger Christ (der gnedigen zusagung seins Erbs, des ewigen lebens, mit bestentiger Hoffnung) hat zu erinnern.

Ich Jesus Cristus warer Gottessun, bekenn für mich vnd alle meine erben, vnd thue kunt öffent-

*) Ein halber Bogen in 8. ohne Jahrzahl, mit einem Holzschnitte auf dem Titelblatte, der Gott den

1) sponsa, Verlobte, Braut.

öffentlich mit dem Inhalt dises Hayratbrieffs, wo der für kumbt, oder solchs müntlich durch meine gesanten angezeigt wirt. Das ich mich mitt wolbedachtem gemüt, vnd nach meins himlischen vatern radt, vmb rechter Ehlicher lieb vnd drew 2) willen verpflicht, vnd gekerth hab zu der verlassen tochter des Adams, mitt namen die Heylig Christlich kirch Die mir zu rechtem Heyrat gut zubracht hat, Jamer vnd Not sterben vnd verderben. Dargegen hab ich jr vermacht all mein Guth, vnd das ewig leben. Also vnd in der beschaidenheit, wo ich mit todt abgieng, so soll als dann all mein

hab

den Vater im Priesterrocke vorstellt, wie er seinen Sohn mit der christlichen Kirche, jenen mit der Dornenkrone, diese aber mit einer andern, beyde aber hochzeitlich angethan, zusammengibt. Um auch Ein Beyspiel wenigstens zu geben, wohin der christliche Witz unserer Vorfahren im sechszehnten Jahrhundert abbeugte, findet dieser Heyrathsbrief hier einen Platz. Er ist aus einer Sammlung meistens sehr seltener Druckstücke genommen, die gegenwärtig verkäuflich sind, und deswegen hinten den Liebhabern zu Gefallen sollen angezeigt werden.

Gr.

2) Treue

hab vnd gut dar zu das ewig leben, jhr vnd jhren kindern, vnsers leybs erben bleyben vnd frey ledig besteen, on menigslichs 3) verhinttern vnd widersprechen, Dar auff gelobe jch fur mich vnd all mein erben, bey meinen waren drewen, solch heyratgut drewlich zu schirmen vnd freyen 4) vor aller clag vnd anspruch, Auch gegen meniglich mit dem Rechten zu verdretten, bey dem aller krefftigsten schaden pundt 5), drewlich vnd ongeuerlich. 6)

Des zu warer vrkunt, gibe ich jr dises brieffs inhalt, mit des vatters, mein selbs, vnd heyligen geystes eygen anhangenden Insigel, welches die tauff ist, verfertiget.

Vnd zu mehrer sicherheyt, hab jch ein Testament auffgericht, vnd mich bey einem aydschwur des verpunden. Vnnd noch zu gewisser verpüntnus, will ich jr vnnd jhren kindern, vnsern leibs erben, ein gewiß pfant einsetzen, meinen heiligen Geyst, der bey ihnen ewiglich bleyben soll. Darunder verbinden wir vnß bey vnsren drewen vnd eydschur (eydschwur), Stet vnd vest halent (haltent)

 alles

3) Jemands 4) frey zu machen 5) Bund
6) ohngefährlich — ohne Gefährde.

alles so dan diser brief aus weist, wie beschlossen ist anfang der welt.

Ausgangen meiner geburt jm veir und dreissigsten. vnsers befelchs Gehet hin in alle welt, vnnd prediget das Evangelium, Allen Creaturen ꝛc.

Durch vnsren lieben gebrewen Paulen
von Carscho, Apostolischen Docktoren vnnd
Notarien, fürnemlich Auscultirt
vnd Vidimirt. zun Ephe. am
5. Das Sacrament iß
Groß Ich aber sags
in Cristo vnd
in der kirch-
en.
Gebruckt zu Nürenberg durch
Hanns Wandereisen.

5.

Eine derbe Verwahrung vor der Kritik. *)

Mome fahr mich an, friß mich nicht,
Zoile wend ab dein Gesicht;

Thut

*) Aus einem alten Buche, ungefähr am Ende des sechszehnten Jahrhunderts gedruckt. Ich habe den Titel desselben vergessen; vielleicht kommt es mir

Thut nicht in dieses Buch nein gaffen,
Ihr habt beyde hier nichts zu schaffen.
Spotten ist euer alter Brauch
Hönisch außlachen könnt jhr auch.
An eurer Stimm kennt man bereit,
Daß jhr die rechten Esel seyt,
Die all das jenige verlachen,
Was nicht in jhrem Hirn gebachen.
Machts besser, oder schweigt ganz still,
Ihr habt doch sonst zu schaffen viel,
Hebt euch von hinn in schneller eyl,
Vnd lasst eim jeden sein kurzweil.

3.

Hennecke = Knecht.

Ein historisch = satyrischer Volksgesang in Niederdeutscher Mundart.

Ich besitze dieses merkwürdige Stück der ältern deutschen Volksdichtung auf einem halben Bogen unter folgender Aufschrift: Een old Leed vam Henneke Knecht Gedrückt im Iahr 1645. 8. Schon vorher war mir dieses Volkslied bekannt aus Dan Eberh. Baringii

mir ein andermal in derjenigen Bibliothek, in welcher ichs fand und abschrieb, wieder zu Gesichte.

gii descriptio Salae principatus Calenbergici u. s. w. Lemg. 744. 2. Th. 4 woselbst es II. S. 153 — 57. im deutschen Originale und in einer gereimten (!!) lateinischen Uebersetzung abgedruckt stehet. Da Baring nicht angiebt, woher er dieses Lied genommen habe, so gebe ich es hier nach meinem oben genannten ältern Abdruck, und zeige die Abweichungen des letztern von dem Baringischen unter dem Originale an.

E. J. Koch.

1.

Henneke Knecht wat wultu don
Wultu verdeinen dat ohle Lohn
Over Sommer by meck bliven
Ick geve deck een par nier Scho
Den Plog kanst du wol driven.

2.

Hennke sprack sick ein trozig Wort
Ick wil kenen Buren deinen vort
Solck Arbeit wil eck haten
Ick wil meck geven vp de See
Des heb ick groetter baten.

3. Dat

Barings Varianten. V. 1. Z. 1. Och Henneke rc. Z. 4. geeve — Paar — nyer. V. 2. Z. 1. Hennecke — sick fehlt — een — trötzig. Z. 2. für kenen — *neinen*. Z. 3. Arweit — ick Z. 4. dey. Z. 5. Desz — hebb — groeter.

3.

Dat Wyff sprack ock een hastig Wort
Wo bistu Kerl so bedort
Wultu een Schippmann werden
Hacken vnd roen is din art
Vnn plögen in der Erden

4.

Hennecke wort by seck sülven tho Rath
He koffte vor sine Haversath
Een Armsbost goet van Prise
Kort Kleer leth hey seck schnien an
Recht na der Krieger Wise.

5.

Hey nam den Armbost vp den Nack
Den Koeker hey an den Goerdel stack
Dat Schwerd an sine Syden
Daŗme ginck he den wrick den wrack
Na Bremen leth he glyen.

6.

As Hennecke tho Bremen binnen quam
Ginck he vor eenen Schipper stahn
Sprack Schipper leve Here

U 5 Will

Barings Varianten. V. 3. Z. 1. Wieff. Z. 2. bist du — Kerll — jou. f. so. Z. 3. Wile du — Schipmann. Z. 4. Arth. Z. 5. plöugen — dey. V. 4. Z. 1. word — sick — thou — Raht. Z. 2. hey — voer — syne — saed. Z. 3. gut — pryse. Z. 5. Wiese. V. 5. Z. 12. fehlt hey. Z. 4. hey. Z. 5. hey. V. 6. Z. 1. binquam. Z. 3. leive.

Will jy meck vor een Schippknecht han
Vor eenen Roderere.

7.

Ick woll deck gerne nehmen an
Kanstu vor enen Schipknecht bestahn
Wol recht an Schepes Borde
Ick hör an dinen Wörden wal
Du bist en Buer van Arde

8.

Henneke schwor enen düren Eedt
Nenen kaskern Kerel eck nich weth
Tho allem Donde vn Sake
Eck bin in minem Mode so fry
Recht as en wilde Drake

9.

Do Henneke Knecht quam up de See
Stunn he as een vorjaget Ree
En Word konn he nich spreken
He dachte hen, he dachte her
Syn Harte woll öm thobreken

10.

He lende syn Hövt an Schepes Bort
En Armes lang sprack he en Wort

Wol

Barings Varianten. V. 7. Z. 4. hört. Z. 5. Ardte. V. 8. Z. 2. Kerll. Z. 3. vnde saken. V. 9. Z. 3. Neen. Z. 5. thou brecken. V. 10. Z. 1. Höret.

Wol tho der sülven Stunde
Wat meck min Wyff vorher gesegt
Dat hebb eck nun befunden.

11.

De Wind de weyd, de Hane kreyt
Dat Weder dat was gar vnstede,
Dat Meer ganz vngehüre
Hed eck den Plog in miner Hand
Dem woll eck wal balde stüren

12.

Js hyr denn nu nemand bekand,
De meck bringt in dat Sassen Land,
Wol twisken Dyster vnn Leyne
Wol tho des edlen Försten Huß
Dat Huß thom Lawensteine.

13.

Och is hier nu nemandt bekand
De meck bringt int Bronswiker Land
Eck wilt öhm wal belonen
Eck wil öm geven min Haversalt
Dartho en Schepel mit Bonen

14.

Barings Varianten. V. 10. Z. 4. vorherre sacht. Z. 5. Desz kom ick nu thou funde. V. 11. Z. 1. de Han de kreyd. Z. 3. gar. Z. 4. Plaug. Z. 5. balle. V. 12. Z. 4. Försten syn Husz. V. 13. Z. 4. Haversatt.

14.

De öst düt Leedken erst hefft erdacht
Heft Henneken van der See bracht.
Dat ön de Lüse nich freten
Sünnern he warnt alle goe Gesellen
Dat sel nich syn vermeten. — —

* * *

Den Text meines alten Drucks habe ich hier mit möglichster Treue selbst bis auf die größeste orthographische Kleinigkeit geliefert. Die Interpunctions-Zeichen habe ich weggelassen, so wie sie auch dort fehlten. Die einzige Abweichung habe ich mir bey meiner Abschrift erlaubt, daß ich die Gesangbuchsmäßig in einander laufenden Zeilen nach dem Reim aus einander rückte und so ordnete, wie schon Baring vor mir gethan hatte.

Das Historische dieses für die Sprache allein schon merkwürdigen Gedichtes verdient eine eigene Untersuchung, und ich behalte mir diese fürs künftige vor. Sollte im nächstfolgenden Bande der Bragur für das von mir bear-

Barings Varianten. V. 14. Z. 1. leyd — hafft — bedacht. Z. 3. ähre. Z. 4. gude. Z. 5. vormeten.

bearbeitete und mit dem gelieferten aufs Genaueste zusammenhangende Volkslied Von der Ersteigung der Stadt Lüneburg zu Herzogs *Magni Torquati* Zeiten (s. Leibnitii scriptor. rer. Brunsvic. III. p. 185. 186.) ein gehöriger Raum übrig bleiben, so würde ich alsdann dieses Versprechen so erfüllen, daß die Braunschweigische Geschichte dadurch manchen, vielleicht ganz neuen, Aufschluß erhalten könnte. Für jetzt bleibe ich bey der Sprache meines Originals stehen, und liefere solche Erklärungen, welche dem Nichtkenner der mittlern Niederdeutschen Mundart eine hochdeutsche Uebersetzung entbehrlich machen können. Auf Barings Varianten nehme ich nur da Rücksicht, wo sie bedeutend sind.

Str. 1. Z. 1. Barings och ist nach meinem Gefühle im Munde des Hausherrn, der seinem übermüthigen Knechte Vorwürfe macht, sehr passend, und druckt unser ey aus, so wie es Str. 13. Z. 1. die Empfindung des innigsten Unmuths bezeichnet.

Henneke, Henke ist unser Heinrich — so contrahirt der Niederdeutsche Conrad, Joachim, Ludewig, Matthäus und Margarethe in Curd, Chim, Lutz, Matz, Grete und Metze.

dohn, thun. Engl. do.

Z. 2. verdeinen, verdienen. Ohle, alt.

Z. 3.

Z. 3. meck, mich. Vergl. Str. 2. Z. 4. Str. 6. Z. 3. 4. Mösog. mik, Anglſ. mec, Isl. mig. Bliven, bleiben.

Z. 4. deck, dich. S. Str. 7. Z. 1. Mösog. thuk, Anglſ. thec. Isl. thig.

Str. 2. Das *sick* in Barings Texte gibt der ganzen Strophe die Form des Monologs, und diese hat hier eine grössere psychologische Wahrscheinlichkeit als die apostrophische Redeform.

Z. 2. *neinen*. Barings Variante ist unleugbar mehr Niederdeutsch als die meinige; noch mehr wäre dieses *neenen*, d. i. *nich eenen*. Noch jetzt sagt man in der Pommerschen und Rügenschen Mundart neen beten, nicht ein Bischen. S. Dähnerts Plattd. Wörterb. Stralſ. 781. 4. Nach derselben Analogie bildete der Angelsachse sein *näther*, *nawther*, *nathor* f. no other etc. das Oberdeutsche kein ist im Grunde eine Aphäresis für *nich ein*, daher man in den Urkunden des Mittelalters oft *chein* und auch *hein* findet.

Z. 3. haten, hassen, fliehen.

Z. 5. baten, Nutzen, Vortheil. M. bat, baß, gut.

Str. 3. Z. 1. Wieff. Der ungenannte lateinische Reimer, von dem übrigens unser Baringius so wenig wie vom Originale literärische Notiz gibt, übersetzt dieses Wort durch hera ganz der vierten Zeile der zehnten Strophe entgegen.

gegen. Ohnedies gebraucht der Niederdeutsche im letztern Sinne stets fruw, frouw, fru; als Gegensatz von here, heer, den Ausdruck wieff dagegen als Gegensatz von Mann. Er würde sich daher die Benennung Bettelfrau so wenig als die Titulatur Bettelherr erlauben.

Hastig. Etwa das ἔπεα πτερόεντα des Homer? Der Ausdruck Wort wenigstens wird hier ganz homerisch wie das Gr. ἔπος für eine ganze Ideenreihe gebraucht. Allein hier scheint das Prädicat doch mehr den Seelenzustand, in welchem das folgende gesagt wird, zu bestimmen, und die Idee von jähzornig, hitzig zu involviren. So kommt Hastmude für Jachzorn vor beym Leibnitz script. rer. Br. III. 527. So sagt der Pommer und Rügener noch jetzt *hastiger Kopp* für Hitzkopf. Uebrigens scheint das Wort mit dem Altsächsischen hat, heiß, Schwed. heta, Engl. heat zusammenzuhangen, und sich von seinem Primitiv so gebildet zu haben, wie laste, laeste, leste von late, späte, lateste, letzte.

Wo, wa, wie. Angls. swa, Engl. how.

Z. 2. Kerll, dieser Ausdruck scheint hier in der verächtlichen Bedeutung zu stehen, in welcher der Engländer jetzt sein churl und carl gebraucht. Ursprünglich war das Wort sehr ehrenvoll. Angl. ceorl war die Benennung jedes freyen Mannes. Tyge Rothe Nord. Staatsverfassung. Th. I. S. 172. In verächtlicher Bedeutung hab' ich es zuerst gefunden in Seb. Brands Narrenschiff. f. 28. Ed. 494.

roen,

roen, råen, das contr. raden und roden, reuten, ausreuten.

Arth, Gewohnheit, gewohntes Geschäft, Sitte, z. B. up sine Ard.

Str. 4. Z. 1. sülveh, selbst. Anglſ. hylsum. Isl. sialsum. worth tho Rath, er wurde zu Rath, ging zu Rath.

Z. 2. Diese Z. vergl. Str. 13. Z. 4. u. 5. u. Str. 1. Z. 2 — 5. kann über den Begriff Knecht, wie er gleich im Anfange des Gedichtes vorkam, ein entscheidendes Licht verbreiten.

Z. 4. Kleer, contr. Kleeder. Schnien, schneiden, messen.

Str. 5. Z. 2. Koeker, ursprünglich jedes Behältniß, daher Lichtkoeker in Pommern und Rügen. (S. Dähnert.) und Barbier-Koker bey den Holländern. s. Chytr. Nomenclat. Sax. col. 351. Hier offenbar Pfeilköcher. Gocrdel, Gürtel.

Z. 4. den wrick den wrack, das erste Wort scheint sich auf das vorhergegangene Zeitwort zu beziehen, und den drehenden oder wackelnden Gang des in einen Soldaten metamorphosirten Bauer zu bezeichnen. Das Verb. wricken, hin und her rücken. Ulph. wraiko. Anglſ. writhan. Engl. wriggle. Hamb. wrickeln. Richey. Das zweyte Wort heißt ursprünglich jedes gestrandete oder beschädigte Schiff, und dann einen kleinen Kahn. Anglſ. wreck. Engl. wrak. Isl. reki. Schwed. wrak. Zwischen

diesen

diesen beyden Accusativen muß folglich interpungirt werden.

Z. 5. glyen, glien, contr. gliden. Anglſ. glidan, Engl. glide, gleiten. Bezeichnet hier die langsame Fortbewegung des schlechten gebrechlichen Fahrzeugs.

Str. 6. Z. 1. As, Engl. als. Binnen, bünnen contr. bi innen innerhalb, welches der Oberdeutsche daher für die Bestimmung der Zeit entlehnt hat.

Str. 7. Z. 5. Arde, aarde, aerde, eerde. Ulph. airtha. Anglſ. eorth. Engl. earth. Dän. jord. Hier in der speziellern Bedeutung plattes Land im Gegensatz von Stadt.

Str. 8. Z. 2. kaskern comp. von kasch, kask, gesund, stark, frisch. In Hamburg sagt man noch: he is noch kasch. s. Richey Idiotikon. Vergl. Brem. Wörterb. v. kask. In Preussen sagt man karsch in demselben Sinne. S. Hennings Idiotikon.

Z. 4. Mode, mood, Muth, Gemüth, hier mehr Hitze der Leidenschaft, Rüstigkeit zu helfen. Daher die Redensart: hastu dinen mood kölet? und ungemood, Feindschaft, Haß.

Str. 9. Z. 3. nach Barings Lesart entstehn zwey Negationen. S. Str. 2. Z. 2.

Z. 5. thobreken, zerbrechen.

Str. 10. Z. 1. hövt, höved, Belg. hoofd. Anglſ. heafod. Engl. head. th. heave. (heofn, Anglſ. heaven Engl.) Haupt.

Str. 11. Z. 1. Hane der Wetterhahn auf dem Schiffe.

Z. 2. unstede, unstätt, unruhig, (unsteedsch). Vielleicht bezeichnete dieses Wort auch die Begriffe unglücklich, ungünstig. Wenigstens nennt der gemeine Mann in Pommern und Rügen noch jetzt solche Oerter Vnstaede, an welchen den Wanderer körperliche Unglücksfälle treffen.

Z. 3. vngehüre ungeheuer, wild, das simpl. gehüre zahm, sanft. s. Ottokar von Horarch Oestr. Chron. Cap. 406. in Pezii script. T. II. Eccard corp. T. II. Theuerdank Abschn. X. S. 4. wo der böse Geist zum Helden des Gedichtes sagt: Ihr muest allzeit unverdrossen sein Und euch understeen der abenthewr Nicht scheuen sy sein *wild* oder *ghewr*. Frisch leitet das Wort von gehirmon, ruhig, gehorsam (Schilt. Gloss.) und ungehirm unruhig, frech (Jeroschyn) her und hält es für synonym mit gehörig und ungehörig. Richtiger derivirt es Hr. Häßlein in der Bragur I. 325. 26. Nur glaube ich, daß das Angels. hire oder richtiger heri (wovon Caedwon herigeon heilig preisen hat Hickes Gram. Anglos. p. 187.) mit dem Oberdeutschen here, welches S. 332. der Bragur erklärt wird, und wovon hersam majestätisch Fragm. de bello Caroli M. contra Sarac. ol. 1238. Schilteri thes. II. herizit festliche Zeit Schilteri Gloss. hehrmisse Leibn. script. III. p. 359. ganz genau zusammenhange. Vergl. Chr. Ulr. Heupen Observatt. rer. et antiqq. Germ. obs. 35. (Halle, 763, 4.)

Z. 5. stüren lenken, steuern Goth. stiuran Angl. S. steoran, steyran Dan. styren Engl. steer Belg. stieren. Das Stammwort scheint stehen und die erste Bedeutung stehen machen zu seyn.

Str. 14. Z. 1. ösk uns Anglos. und Engl. us, Isl. oss.

Z. 2. leedken Liedlein Bar. leyd Belg leden Franco-theot. lioth Anonymi: Ἐπινίκιον bey Schilter. thes. II. obs. 92. Unter den Ableitungen von λιτη, Glied (litha, leden) und laut ist unleugbar die letzte noch die erträglichste.

Z. 4. Sünnern besonders, vorzüglich — Gesellen — Vasallen im eigentlichen und uneigentlichen Sinn. Der historische Untersucher dieses Gedichtes muß diesen Ausdruck vorzüglich urgiren.

C.

Handschriften.

O utinam jam extaret augusta Caroli M. bibliotheca! O quam lubens, quam jucundus ad extremos Caroli imperii fines proficiscerer, ad legenda antiqua illa, aut barbara carmina!

Hickes.

I.

Proben von einem neuentdeckten Dichter aus dem dreyzehnten Jahrhundert, genannt

Bron von Schonebeke.

In der bekannten Rhedigerischen Bibliothek zu Breslau, aus welcher einst Vater Opitz das Gedicht von dem heiligen Anno der gelehrten Welt zuerst mittheilte, fand vor kurzem auch der Herr Professor Fülleborn einen andern Codex alter Minnelieder, der wohl eines weiteren Studiums werth zu seyn scheint. Wie gewöhnlich hat diese Sammlung weder Titel, noch Inhaltezeige. Das Jahr aber, in welchem er geschrieben wurde, lernt man aus folgenden Reimen:

Do

Do dys Buch vollenkommen was
Ich sach uf dy Schryft und laz
Thusunt und zwey hundert yar
Sechze und siebenczig daz ist war
Sus lange hat von Gotis geburt
Dy werlyt gestanden han ich gehort
Swy lange sy abyr stan sol
Daz weys got alleyne wol.

Mithin ist der Codex vollendet im J. 1276. Der Verfasser desselben hat sich auf der sechsten Seite des Codex selbst bekannt gemacht:

Meyn Hertze abyr gar bewegen
Ir guten werfet nuwen segen
Myr syn obyr meyne Heke
Syttet daz ich bron von schonebeke
Der getichtet hat dis Buch.

Wer nun aber dieser Bron von Schonebeke seyn möchte, darüber wünscht der Herr Professor die Meynungen der Gelehrten zu hören. Um nur etwas zu der künftigen Untersuchung über diesen bis jetzt noch ganz unbekannt gewesenen Dichter beyzutragen, bemerke ich, daß in der Vorrede des Jenaischen Codex unter der Rubrik die zwölf alten Meistere auch ein Heinrich von Brunn vorkommt. Ob dieser mit unserm Bron eine

Person ist, könnte sich vielleicht durch eine Vergleichung der nachfolgenden Proben des letztern mit den in dem Jenaischen Codex etwa befindlichen Gedichten des erstern ergeben. Der Name Schonebeke oder Schönbek aber würde alsdann nur den Geburts- oder Wohnort des Dichters anzeigen. Ein Städtchen an der Elbe führt diesen Namen, und daß Bron von Schonebeke ein nördlicher Deutscher war, beweiset der Dialect seiner Sprache.

Gr.

a.

Die Liebe.

Von der lybe Schrybe ich in diesem brybe
Was sy der schonen lyebe sy
Eyn Muter sage ich uch do by
Alzo ichs allez vore bryebe
Waz yr schoner da dy lybe
Waz mag sich der lybe glichen
Weme muzen alle ding entwichen
Was betwinget allez daz do izt
Dez beginnes nymber zu bryst
Der lybe daz daz sey alsus
Daz schreybet der heylige sinte paulus
Karitas nunquam excidit
Waz durchsucher des hertzens grunt
Den hemel der helle vollemunt

Waz styget obyr alle hoe gar
Waz betwank den gotes bar
Daz her von dem hemele nyder qwam
Und des menschen sak an sich nam
Und loste uns von sunden
Mit seynen teuren vunf wunden
Sehet daz nicht dy lybe sprich
Drumb meyn daz sage dyr ich
Daz ich dor an nicht luge
Mit der schryft ichs wol bezuge
Sic deus dilexit mundum, ut filium
Suum unigenitum daret das spricht
Ab uz der lybe vorstorzet keyt
Unser syn. wer seyn vor orteylt so man seyt
Ouch vun der lybe saget man sus
De karitate radicati sumus
Lybe ist guter Dinge eyn orsprung
Dy lybe schonet alle Dyng
Wye leytlichen sy yst geschaffen
Dy volge zy ich an dy pfaffen.

b.

Amor.

Sehet yr hyrren alle gater
Dys ist amor der mynne vater *)
Der alle dy werlet betwinget
Alze man lisset und singet.

*) Befindet sich bey diesem Gedichte in dem Codex kein Gemählde? D. H.

Dy goldin kron uf dem houbt
Bezichent yr herren geleubet
Syne konigliche gewalt
Do mete her twinget iung und alt
Wen her myt syner strale wundet.
Seyner buchsen salbe eyn sunder
Daz ym dy ougen vorsperret seynt
Bezeichent daz yene synt vorblindt
Dy do volgen seyner sla
Sy sint ingunt var oder gra
Och bezichent uns seyn gevidere
Gedanken dy ho und nedir
Vlygen alzo eyn burndez stro
Och bezichent uns alzo
Daz alle hern Amors kynt
Syn unstete sam der wynt
Daz her alz eyn erdenklos
Stet gemalet naket und blos
Bezichent syner soldener samen
Dy do leben sunder schamen
Daz velt blut var und rot
Bezichent dy pyn und not
Dy den yenen wyrt zu lone
Dy do volgen seymen done
Yr guten dy da dynen gote
Und dy do gerne yrvullen seyn gebote
Hutet euch vor seynem blicke
Daz her euch nicht vahe myt syme stricke.

sundet, gesund macht. burndez, brennendes yrvullen, erfüllen.

F.

2.

Proben aus Colmar

von dem daselbst entdeckten Coder.

Durch die gütige Bemühung des Herrn Professor Seybolds in Buchsweiler, dem das Publikum auch die erste Nachricht von dem auf der Schusterzunft zu Colmar entdeckten Minne- und Meistersinger-Coder in der Goth. gel. Zeit. verdankt, erhalten wir eben noch ein paar neue Proben, und die wiederhohlte Versicherung, daß der Herr Hofrath Pfeffel gewiß bey der nächsten Muße für die Herausgabe jener alten Lieder Sorge tragen werde. Gewiß wird den Lesern der Bragur diese Versicherung sehr angenehm, und ein paar Proben zum Voraus willkommen seyn. Die Abschrift hat Herr Billing in Colmar genommen. Möchten wir doch nur bald auch eine nähere Beschreibung von dem Inhalte und Umfange jenes poetischen Lagerbuches erhalten!

D. H.

a.

Lob der Minne von Kanzler.

Jr acht nit uff der Pfaffen Ruff.
Sie sprechen Mynn sy Sünde
Da Got Adam und Evam schuff
Da schuff er Mynnen Fünde.
Sich Mynn du bist ein alter Fund!
Wem du das wollest schenken.
Ich lob die Mynn zu aller Stund
Adam der tet uns Mynne kunt.
Verfluchet sy der schnöde Munt
Der Mynne so will krenken.

Her Salomon der Mynne pflag,
Der hett vil wysen Synne,
Wer Zucht und Er der Mynne slag
So wer nie herdacht Mynne.
Ich wil der Mynne bygestan.
Von Mynn wirt Welt gemeret.
Jr er sie Frauwen unde Man
Die wyl uch Got das Leben.
Wer Mynne krenkt mit argem Won
Des Munt sich selb uneret.
Die Mynn die tut uns Freyd bekant,
Zorne muß ir entrynnen,
Got der beschuff mit syner Hant
Den Nagel zu der Krynnen.
Ach Mynn du bist ein süße Sat
Daruff so will (ich) tichten,

Ich lob dye Minn frů unde spat,
Mynn die ist Gottes Hant getatt.
Die Mynn nach aller Heilgen Rat
Darnach sol wir uns richten.

Kein Heilig wart so heilig nie,
Kein Prophet nie so wyse,
Er sy doch von der Mynne hie,
Darumb ich Mynne pryse.
Ach Mynn du bist ein sůßer Nam!
Herquikst die Welt geliche.
Wer Mynn ist kint dem ist Got gram.
Von Mynn mang alter Vatter kam.
O Mynn du bist ein blůnder Stam!
Du merest Got sin Riche.

b.

Von Frauenlob.

Algast der wolte rytten
Von syner Burge dan,
Uff Stehlen by den Zytten;
Da vant er einen alten Man
Un mynnesan
By einem jungen Wybe.
Fůrbas begund er ylen
Wolt schaffen sine ding
Da vand er by der Wyle
Ein alt Wyb sunder Freud Ursprůng
Ein Jůngeling
Lag by der reygen tybe.

Da müt den Helt, deß bin ich wer
Er stack den Alten hin und bracht den Jungen her.
Also volging der Wechsel nach sines Herzens Ger.
Da brachte er den jungen Man die jungen,
Die alten zwey die Mynn verdroß,
Da wurden die zwey jungen
Aller Sorgen bloß.
Mit Wyssen Armen eins das ander umbesloß.
So hat myn Jung den Wechsel clug besungen.

3.

Noch einige Priameln

aus dem funfzehnten Jahrhundert.

In dem fünften Lessingischen Beytrage zur Geschichte und Literatur, aus den Schätzen der herzoglichen Bibliothek zu Wolfenbüttel, machte ich unter der Aufschrift: **Altdeutscher Witz und Verstand**, aus einer in gedachter Bibliothek befindlichen Handschrift, zwey und vierzig kleine Spruchgedichte bekannt, aus einer größern Menge ähnlicher, welche insgesamt Priameln überschrieben sind. Schon damals äußerte ich die Vermuthung, daß

daß dieß Wort so viel als Preambel oder Vorspiele bedeute. Und diese Erklärung wurde im deutschen Merkur, v. August, 1782, S. 169, von dem Verfasser des dort angefangnen Literarischen Briefwechsels, für welchen man gar bald Herrn Herder erkennt, nicht nur gebilligt, sondern durch eine Stelle aus einem Briefe Lessing's, und durch die hinzugefügte Erläuterung jenes Worts bestätigt, daß in dieser Art von Gedichten erst lange präambulirt werde, und dann der kurze Schluß oder Aufschluß folge. „Priamel, heisst es weiter, ist also ein kurzes Gedicht mit Erwartung und Aufschluß; gerade die wesentlichen Stücke, in die Lessing das Sinngedicht setzt. Nur freylich ist beym deutschen Sinngedichte die Erwartung etwas lang, und, wenn ich hinzusetzen darf, nach deutscher Art und Kunst, etwas lehrhaft."

Daß diese Ableitung und Erklärung des Worts Priamel die richtige sey, darin bestärkt mich jetzt auch das von Hrn. Oberlin herausgegebene Scherzische Glossarium. Dieß hat, so viel ich weiß, zuerst, das Wort *Priamel*, erklärt es durch praeambulum, und führt dabey folgendes Beyspiel an: „*Ordn.*

des

des gerichts, *a*. 1482. des ersten macht ein Harfer ein *Priamel* oder Vorlauf daz er die luit im uff ze merken beweg. *FR*. — Dieß FR. bedeutet Frisch, in dessen Wörterbuch ich aber diese Stelle weder unter Preambel, noch unter Harfer, noch unter Vorlauf, angeführt finde.

So ermunternd mir übrigens Hrn. Herder's Auffoderung ist, mehrere dieser Priameln bekannt zu machen, so habe ich ihrer doch nur, ausser den ehedem mitgetheilten, folgende kleine Nachlese aus der nämlichen Handschrift des Drucks würdig finden können.

Eschenburg.

a.

Wie der Mensch strebt nach Gut, Hoffart und Ehre.

Wem Glück und Seld' 1) hie ist bescheert,
Der ist daheime, wo er fährt. 2)
Will aber Glück nicht zu dem Mann,
So hilfet ihm nichts, was er kann.
Und doch Niemand geleben mag
Dreyßig Jahr und einen Tag,

Und

1) Segen, Heil. 2) Der ist überall zu Hause.

Und ihm gebrechts Leib oder Güts,
Und auch dazu Weisheit und Muths.
Wir streben auf Erden nach Nichts so sehr,
Als nach Gut, Hoffart und Ehr;
Und so wir das denn alles erwerben,
So legen wir uns denn nieder und sterben.

b.

Der Mann hat ein gut Hausgeräth.

Welch Mann ein'n Leib hat nicht zu schwer,
Und eine Tasch', die nimmer wird leer,
Und ein Haus, das vol Nahrung staht,
Und darinnen fromme Ehehalten 1) hat,
Und melke Küh' und feiste Schwein',
Und fromme Knecht', die gern gehorsam seyn,
Und ein'n Hund, der des Nachts wohl hüt't,
Und ein Weib, die allzeit gut,
Und auch in ihren Ehren ist stet,
Der Mann hat ein gut Hausgeräth.

c.

Wie ein Priester nicht ein guter Beichtiger ist.

Welcher Priester ist zu krank und zu alt,
Der nicht hat Pabsts oder Bischofs Gewalt,
Der selten in den Büchern liest,
Und allweg' gerne trunken ist,

Und

1) Dienstboten.

Und in der Schrift ist übel gelehrt,
Und an sein'n Sinnen ganz verkehrt,
Und nie kein' Predigt hat gethan,
Und dazu wär' in des Pabstes Bann,
Und an der Beichte säß und schlief,
So man ihm beicht' von Sünden tief,
Und nicht wüßt', was ein' Todsünde wär'
Der wär' nicht ein guter Beichtiger.

d.

Von einem wunderlichen Herzen.

Mein Herz das ist so wunderlich,
Daß es will haben tägelich,
Und bey der Nacht ist es nach Sehnen
Nach schönen Frauen dieser und jenen.
Was die Augen den Tag han gesehen,
Und keine kein Wort nie gejehen,
Die will es haben zwey oder drey.
Lugt 1), ob das nicht wunderlich Herz sey?

e.

Welcher Mann wohl gleicht einem Märtyrer.

Welch Mann hat einen Lehrknecht,
Der ihm kein' Arbeit machet recht,

Der

1) Seht.

Und sonst ein'n Knecht, der viel ausmeirt, 1)
Der gern frißt und gern feirt,
Und ein' Magd, die all' Nacht aussen leit,
Und ein' Säugamm, die ein Kind treit,
Und einen Sohn, der all's verspielt,
Und ein Weib, die ihm abstieblt,
Und hat sein Schwieger auch im Haus,
Und andre ihr' Freund', die tragen aus,
Und darf das mit ein'm Wort nicht wehrn,
Bey 2) Schlagen und Raufen und Maulpern, 3)
Der ist zum Märtrer als wohl genost, 4)
Als Sankt Lorenz auf dem Rost.

f.

Welcher gern unnütze Arbeit thut.

Wer einen Raben will baden weiß,
Und darauf legt sein'n ganzen Fleiß,
Und an der Sonne Schnee will dörr'n,
Und allen Wind in ein'n Truchen 5) sperr'n,
Und Ungelück will tragen feil,
Und Narr'n will binden an ein Seil,
Und einen Kahlen will bescher'n,
Der thut auch unnütz' Arbeit gern.

g. Wie

1) der oft aus dem Hause geht. 2) durch 3) Maulgeberden, scheele und zornige Mienen. 4) genesen, gediehen. 5) in einen Schrank oder Kasten.

g.

Wie einer nichts liebers hat auf Erden.

Niemand liebers auf Erden, denn dich,
Daß weiß Niemand, denn Gott und ich.
Ich hatt' mich Gut's zu ihr versehen
Doch ist mir Leid viel drum geschehen.
Noch hoff' ich Gott und ihr allein,
Will ich ewig ihr beyder seyn.
Darum will ich ihr'r nicht vergessen;
Zu Dienst hab' ich mich ihr vermessen.
Drum seh ich gern ihr' Gestalt;
Denn sie erfreut mich mannichfalt.

IV.

Literatur- und Bücherkunde.

Unsterblichkeit! wie strahlt dein Schild,
Mit all den großen deutschen Namen
Ganz überfüllt!

Kretschmann.

Literatur- und Bücherkunde.

Die Anordnung und die Absicht dieser vierten Abtheilung habe ich bereits in der Vorrede zu dem ersten Bande dargelegt. Beyde sollen sich nach dem Hauptzwecke des Magazins, die alte vaterländische Literatur mehr in Umlauf zu bringen, nach dem Bedürfniß des lesenden Publicums, nach dem Zustande unserer alten Literatur und nach dem verschiedenen Werthe ihrer Producte richten. Alle diese Hinsichten aber vereinigen sich in der Verschiedenheit der Werke selbst. Diejenigen, die ihrer Natur nach keinen oder nicht den gewünschten Gebrauch für die zwote und dritte Abtheilung zulassen, gehören ganz und eigentlich hieher. Von dieser Art sind vornemlich alle Geschichtbücher, Romanen, große epische Gedichte (denn höchstens können von diesen nur eins und das andere der schönsten ganz gegeben werden) u. s. w. wie z. B. die Nordischen Sagen, die Heldenbücher, die großen Gedichte der Müllerschen Sammlung ꝛc. Nach ihrem mehr oder mindern Werth sollen nun diese weitläuftiger mit Aushebung schöner und merkwürdiger Stellen, oder kürzer, blos dem Ideengange nach, dem Leser dargelegt, und wo möglich ihre Literatur erst dem Auszuge nachgesetzt werden, indem es wohl einzusehen ist, daß der Leser kein Verlangen nach der Kenntniß der Ausgaben alter Werke tragen kann, bevor er sich von ihrem Werthe und Gegenstande unterrichtet weiß. Im Gegentheile bedürfen die Leser von denen Werken, die entweder Interesse genug haben, um in den Unterhaltungen modernisirt, übertragen, nachgebildet, bearbeitet, oder in dem Sprachfache im Originale gegeben und erläutert zu werden, keiner Darlegung des Inhalts mehr. Gleichwohl müssen sie doch auch hier vorkommen, damit der Leser erfahre, was die Gelehrten vor sie gethan haben? welche Ausgaben davon vorhanden, welche die besten und empfehlungswerth sind? was für ein Schicksal die Handschriften des Werkes hatten? und wo noch einige unbenützt liegen? u. s. w. Ausser diesen Notizen aber hegen die Leser sicher

noch

noch einen andern Wunsch, den man um so weniger zu übermerken geneigt seyn wird, da seine Erfüllung jeden Liebhaber der alten Literatur freuen, und zu mancher neuen und schätzbaren Untersuchung veranlassen muß. Nachrichten von den Verfassern der alten Ueberreste von der Sprache der Vorzeit können nicht anders als angenehm und wünschenswerth seyn, vorzüglich dann, wenn ihre Lebens- und Zeitumstände auf ihre literarische Arbeiten Einfluß hatten, und also zur Bestimmung ihres relativen Werthes die Gründe für und wider an die Hand geben.

Demnach theilt sich unsere vierte Rubrik in zween Hauptttheile, nemlich in die Bücherkunde, welche die Auszüge aus großen Werken enthält, und in die Literaturkunde oder literarischen Notizen, die wieder zweyerley sind, entweder Nachrichten von den Ausgaben der Schriften, oder Erzählung und Untersuchung über die Lebensumstände ihrer Verfasser. Noch ein Umstand macht eine besondere Abtheilung nöthig. Der Umfang von Bragur ist nemlich zu groß, als daß der zugegebene Raum für eine Unterabtheilung nicht sehr beschränkt seyn müßte; und dieser Fall

 trift

trift auch hier ein. Dadurch aber würde es kommen, daß die Auszüge und Literarnotizen in einer Anzahl von Bänden schon fortgesetzt seyn könnten, ohne daß weder Anfang noch Ende derselben sichtbar wären. Eine solche anscheinende Gränzlosigkeit müßte zum mindesten ermüden, und das soll Bragur nicht. Um deswillen fangen wir die älteste sowohl Nordische als Deutsche Literatur besonders an, wobey nicht die Ausgaben und der Inhalt allein angezeigt, sondern auch über die Verfasser das Bekannte und Nöthige beygebracht wird, so daß dieser vollständige Anfang beyder Literaturen als eine Grundlage zu den folgenden Unterabtheilungen dieser vierten Rubrik kann angesehen werden. Die Mösogothische und Angelsächsische Literatur kann allerdings auch hier erwartet werden; nur müssen sie den reichhaltigern und bekanntern nachstehen, bis in den Unterhaltungen oder in der Sprache auch von ihnen soviel vorausgeschickt ist, daß sie in der Literatur- und Bücherkunde keine ungebetene Fremdlinge mehr scheinen können. Dies für jetzt und immer!

I.
Literatur.
a.
Nordische.

Einleitung.

Alles was Skandinavier und Isländer in ihrer Landessprache von ihren Geschichten und Sitten entweder noch im Heidenthum oder doch im Geiste und Gewande desselben geschrieben und gedichtet haben, fasse ich unter dem Namen der Alten Nordischen Literatur zusammen.

Diese Bestimmung ist hier nothwendig, wenn sie gleich auf die altdeutsche und angelsächsische nicht darf angewendet werden, da diese beyden ohne die christlichen Producte der Vorzeit zu arm wären, um uns mit der Denkart unserer Vorväter und dem literarischen Nationalgeiste bekannt zu machen. Die Nordische Literatur hingegen hat so viele beträchtliche Werke von der angegebenen Art aufzuweisen, daß man, wenigstens vorerst, ohne Nachtheil ihre Gränzen nicht weiter ausdehnen kann.

Die ältesten Werke bestehen blos in Gedichten, späterhin kommen auch Geschichtbücher und historische Romanen, welche beyde den Namen der Sagen führen, dann auch Annalen, Chroniken und Gesetzbücher. Die Gedichte der Skalden sind meistens in die Sagen eingewebt.

Die Handschriften dieser alten Nordischen Werke wurden vorzüglich in Island der Nachwelt erhalten; jetzt aber befinden sich die meisten und vornehmsten derselben zu Kopenhagen und in dem schwedischen Antiquitätsarchiv zu Upsala. Schweden hat am ersten angefangen, die Nordischen Handschriften sammeln zu lassen, schon unter der Regierung Gustav I. noch mehr und mit Eifer aber unter König Gustav Adolph *). Im Jahr 1661. reisete Jonas Rugmann, ein geborner Isländer, der

*) Dies und das folgende sehe man in Uno v. Trolls Reise nach Island. 16. Br. und des H. Pr. Möllers Anm.

der zu Upsala studierte, auf Schwedische Kosten und Ol. Verelius Empfehlung, in sein Vaterland, und sammelte daselbst eine ansehnliche Menge von Handschriften, welche hernach den Grund legten zu den Sammlungen alter Urkunden im Schwedischen Antiquitätsarchiv. Durch sein Beyspiel aufgemuntert, begab sich auch hernach sein Landsmann, Thormodr Torfveson (in der gelehrten Welt unter dem Namen Torfaeus bekannt) nach Island. Er hatte an die Bischöfe Bryniolf Svensson (Brynolfus Svenonius) und Gisle Thorlakson (Gislo Thorlacius) ein königl. Mandat von Friedrich III., datirt v. 27. May 1662. bey sich, vermöge dessen sie befehliget wurden, ihm in Sammlung isländischer Nachrichten an Handen zu gehen.

Im J. 1666. ward auf den Vorschlag des damaligen Reichskanzlers, des Grafen Magn. Gabriel de la Gardie, von der königl. Regierung beschlossen, zur Ehre des Reichs ein Antiquitätscollegium bey der Akademie zu Upsala zu errichten, dessen Vorsteher der jedesmalige Reichskanzler seyn sollte. Ein Jahr darauf erhielten sie ihre Instruction, die dahin ging, daß sie mit vereinigten Kräften und

wech-

wechselseitiger Unterstützung alles was zur Erläuterung und Erhaltung der schwedischen und gothischen oder skandinavischen Alterthümer dienen könnte, bearbeiten und ans Licht stellen sollten. Zu dem Ende wurde ihnen ein Versammlungssaal in dem akademischen Gebäude eingeräumt, und ein Kupferstecher nebst einem Formschneider zugegeben. Nach Errichtung dieses Collegiums brachte man Peter Salan zu einer antiquarischen Expedition nach Island in Vorschlag; sie kam aber nicht zu Stande. Indessen erreichte man doch nach dem J. 1680. seinen Zweck durch den Isländer Gudmunder Olson, der in Schweden die Stelle eines isländischen Translators erhielt, und bey dem Antiquitätsarchiv zu Stockholm angestellt wurde. Sein Bruder Helge Olson, den er bald darauf auch von Island nach Schweden zog, reisete im J. 1683. nach Island zurück, um für das Antiquitätsarchiv Handschriften zu sammeln, und kam nach einem kurzen Aufenthalt daselbst mit einem ansehnlichen Vorrath wieder nach Schweden. Nachher haben noch mehrere Isländer, als Translatoren, und andere Gelehrten theils zur Herbeyschaffung theils zur Bearbeitung

der

der alten Handschriften nicht wenig beygetragen sowohl zu Upsala als zu Stockholm, als wohin das Antiquitätscollegium im J. 1685. verlegt ward.

Dieser antiquarische Eifer des schwedischen Reichs erregte endlich in Dännemark große Aufmerksamkeit, und König Christian V. gab noch in dem nemlichen Jahre ein strenges Verbot, keine isländischen Handschriften mehr an Fremde zu verkaufen oder aus dem Lande zu schicken; zugleich erhielt auch der Landvogt Heidemann auf Island Befehl, dem Thomas Bartholin, der dazu delegirt wurde, in Aufsuchung und Sammlung der Isländischen Antiquitäten beyzustehen.

Fast zwanzig Jahre darauf kam endlich noch der berühmte Arnas Magnusen (Magnaeus), Professor der Alterthümer zu Kopenhagen, mit Paul Widalin auch nach Island, und suchte und sammelte alles was er von alten Nordischen Handschriften nur immer noch auftreiben konnte, so sorgfältig, daß man itzt schwerlich mehr beträchtliche Manuscripte auf Island antreffen wird. Auf diese Art erhielt er die größte Sammlung skandinavischer und isländischer Schriften, die je zusammengebracht

bracht wurde. Er starb 1730. und hinterließ nicht nur diesen kostbaren Schatz nebst seiner ganzen Bibliothek der Universität zu Kopenhagen, sondern bestimmte auch durch ein Legat sein ganzes Vermögen zur Cultur der Nordischen Alterthümer. Von den jährlichen Renten desselben werden zween gelehrte Isländer besoldet, welche verbunden sind, die Manuscripte durchzustudieren, und nach und nach unter der Aufsicht der dazu verordneten Commission in Druck zu geben, wozu die Kosten ebenfalls von dem Legate bestritten werden. Im J. 1760. wurde diese Stiftung völlig ins Reine gebracht, und vom Könige bestätigt *). Sobald Dännemarks berühmteste Gelehrten, Luxdorph, Suhm, Langebeck, Finnsen, Kall und Möllmann im J. 1772. demselben vorgesetzt, und zur Vollziehung und Besorgung des Magnäanischen Legats beordert wurden; verspürte man bald die wohlthätigste Wirkung davon. Es waren zwar lange vorher schon einige Sagen in Island gedruckt, unter welchen die zu Skalholt sehr selten sind, viele auch in Schweden und selbst in Dännemark,

*) S. die Dänische Fundation. Th. I. u. X.

mark, um die sich Olof Rudbek der ältere, Verel, die beyden Peringskiolds, Renhielm, Biörner, Salan, Brockmann, Thorarin Erichson, Mortensön, Resen u. s. w. viele Verdienste erworben, und dadurch berühmt gemacht haben: aber alle diese Ausgaben stehen doch in vielfacher Hinsicht, und vornemlich an Kritik, denjenigen weit nach, die aus dem Magnäanischen Legate unter der Aufsicht der gelehrtesten und geschmackvollsten Männer hervortreten. Das erste von ihnen besorgte Werk war die Kristni - Saga, und das letzte (im J. 1787.) der erste Theil der Sämundinischen Edda, bey welcher sich als Vorsteher dieses Instituts Luxdorph, Suhm, Thorlacius (Thorlakson), Kall und Baden unterschrieben haben.

Es ist bekannt, wie viel die Nordische Literatur noch insbesondere dem Kammerherrn von Suhm verdankt. Zu geschweigen, daß seine mit dem feinsten Geschmacke, eindringender Kritik und den tiefsten gelehrten Kenntnissen abgefaßten Schriften ein ganz eigenes Licht über die Nordische Geschichte, Alterthümer und Mythologie verbreitet haben; so unterstützt er noch (ich schreibe nur die Worte eines

näher

näher davon unterrichteten Mannes nach *) mit mehr als fürstlicher Freygebigkeit die Herausgeber und den Abdruck Nordischer Sagen, und verschenkt auch von Zeit zu Zeit die ganze Sammlung seiner eigenen historischen Werke, die sich schon an Werth auf 50. Thlr. und drüber belaufen, an verschiedene Gelehrte, so daß, wie eben jener Rec. berechnet, den Kammerherrn von Suhm der Druck aller seiner eigenen und fremden Geschichtbücher schon gegen zwanzigtausend Reichsthaler kostet. Eine ungeheure Summe zur Beförderung eines Studiums, das in Deutschland lange Zeit eben so verachtet als unbekannt war! Durch diesen edlen Patriotismus erhielten wir die schönen Ausgaben von Islands Landnámabók, der Orkneyinga Saga, Hervarar — Vigaglums-Saga u. s. w.

Auch ein englischer Gelehrter hat sich in der neuern Zeit durch geschmackvolle Ausgaben und Bearbeitungen um die Nordische Literatur Verdienste erworben, nemlich der bekannte Herr James Johnstone, ehmaliger englischer Gesandtschaftsprediger am Dänischen Hofe,

*) S. Goth. gel. Z. Ausländ. Lit. J. 1788. 7. St.

Hofe, der sich jetzt zu Megaracroß bey Innishillen in Irland befindet.

Um nun meinen Lesern die Geschichte der Bearbeitung der Nordischen Literatur anschaulich zu machen, und ihnen zugleich eine Uebersicht von dem zu verschaffen, was wir bis jetzt im Drucke besitzen, rücke ich zum Schlusse ein chronologisches Verzeichniß der Ausgaben Nordischer Handschriften ein, welches einen gelehrten Dänen zum Verfasser hat. Ich wollte es anfänglich selbst verfertigen, allein da ich zu weit von den Quellen entfernt bin, und nur eine geringe Anzahl der Nordischen Sagen und Gedichte besitze; so fürchtete ich, meine Nachrichten möchten zu unvollständig und unsicher ausfallen. Ich ersuchte daher den Herrn Sekretär Nyerup in Kopenhagen, ein solches zu unternehmen, und dieser gütige Gelehrte, der sich für Bragur sehr interessirt, hat meine Bitte auf eine Art erfüllt, daß ich nicht zweifle, das deutsche Publikum werde ihm für seine Bemühung nicht geringen Dank zu sagen haben. Die wenigen Zusätze, die ich dazu aus meinem Vorrathe zu machen wußte, kommen gegen das Ganze in keinen Betracht, und die meisten Ausgaben, die ich bemerkte, kenne ich nur dem Namen nach; deswegen bezeichnete ich das Meinige mit einem * Sternchen. Die Nordischen Gesetze aber sind mit Fleiß weggelassen, weil von diesen nicht eher in Bragur etwas vorkommen soll, bis eine vollständige Literatur der Gesetze aller vaterländischen Zweige erscheinen kann.

Gräter.

Chronologie der Ausgaben

aller Nordischen Sagen *) und Gedichte nebst ihren Uebersetzungen.

1594.

1) Norske Kongers Krönicke og Badrift, indtil unge Kong Haagens Tid, som Döde Anno Domini 1263. udset af gammel Norske paa Danske. Prented i Kjöbenhaven af Hans Stockelman. 1594. Außer Register und Vorrede 166 Blätt. in kl. 8. (die Blät-

*) Unter dem allgemeinen Titel der Sagen werden hier auch die Chroniken und Annalen mitbegriffen.

D. H.

Blätter sind nemlich numerirt und nicht die Seiten.) Der Herausgeber, M. Jens Mortensön, Pfarrer in Slangerup, hat seinen Namen unter die Vorrede gesetzt, worin er berichtet, daß ihm der berühmte Arild Hvitfeld die Chronik mitgetheilt habe.

1633.

2) Snorre Sturlesens Norske Kongers Chronica udsat paa Danske af Peter Clausson, fordum Sognepräst i Undal. Nu nyligen menige Mand til Gavn (zu jedermanns Nutzen) igjennem seet, continueret, og til Trykken forfärdiget. Prentet i Kjöbenhavn ved Melchior Martzan, paa Joachim Moltken, Bogförers, Bekostning. 1633. 854 S. in 4. außer Dedication, Vorrede und einem Anhang, welcher unter andern das Skaldatal, d. i. ein Verzeichniß von den vornehmsten alten Skalden oder Poeten, enthält. Der Herausgeber nennt sich unter Dedication und Vorrede, und ist der berühmte Ole Worm oder Olaus Wormius. Der Uebersetzer Peter Claussen war nicht mehr bey Leben, als das Buch herauskam. Die Uebersetzung ist eigentlich im J. 1599. verfertiget.

1658.

3) *Halfdani Nigri* Historia autore *Snorrone Sturlaeo*, latine versa a *Thorarino Erici*, prodiit Hasniae. 1658. — (Ita legitur in *Einarii Historia literaria Islandiae*, p. 115.)

 1664.

1664.

4) *Gothrici & Rolfi*, Westrogothiæ Regum, *Historia* lingua antiqua gothica conscripta, quam e Mscto vetustissimo edidit & versione notisque illustravit *Olaus Verelius*. Accedunt *Ioannis Schefferi*, Argentoratensis, Notæ politicæ. Upsaliæ, excud. Henricus Curio. 1664. 8. Text 240 Seiten; darauf Verelii Notæ 129 Seiten; dann ein Register von den merkwürdigsten Wörtern 32 S. Zuletzt folgen: Monumenta Lapidum aliquot Runicorum. 58 S.

Von dem nemlichen Buche habe ich ein Exemplar vor mir, in welchem der Titel auf Schwedisch also lautet:

Göthreks och Rolfs Westgötha Kongars Historia, på gammal Götska fordom beskrefven, och nu med en ny Uttolkning utgången af Olao Verelio. trykt i Upsala. 1664.

woraus man sieht, daß das Titelblatt auf zweyerley Art gedruckt wurde, lateinisch und schwedisch.

1665.

5) *Edda Islandorum*, An. Chr. 1215. islandice conscripta per *Snorronem Sturlæ*, Islandiæ Nomophylacem, nunc primum islandice, danice & latine ex antiquis codicibus Mss. Bibliothecæ Regis & aliorum in lucem prodit opera & studio *Petri Iohannis Resenii*, I. U. D. Iuris ac Ethices Professoris publ. & con-

consulis Hafniensis. Havniæ, typis Henrici Gödiani 1665. 4. Das Werk ist durchaus weder paginirt noch follirt. Dedication und Vorrede gehen v. Bog. *a* bis *n*, und die Edda selbst von B. A bis *Ll*. Darauf folgt:

a) Philosophia antiquissima Norvego-Danica, dicta *Voluspa*, quæ est pars *Eddæ Sæmundi*, Edda Snorronis non brevi antiquioris, islandice & latine publici juris primum facta a *Petro Ioh. Resenio*. Havniæ. typis Henrici Gödiani 1665. 4. 4½ Bog.

b) Ethica Odini, pars *Eddæ Sæmundi* vocata *Haavamal*, una cum ejusdem appendice, appellato *Runa Capitule*, islandice & latine per *Petrum Ioh. Resenium*. Havniæ, imprimebat H. Gödeanus 1665. 3½ Bog. 4.

(Man vergl. Schlözers Isländische Literatur und Geschichte. S. 17. u. f.)

6) Ein Stück von der Olaf Tryggwasons Saga, welches nur von des Königs Tod handelt, hat *Verelius* herausgegeben zu Upsala. 1665. 8. isländisch und schwedisch.

1666.

7) Herrauds och Bosa Saga, med en ny Uttolkning jämpte gambla götskan forfärdigat af *Olao Verelio*. Tryct i Upsala af Henrich Curio. 1666 8 Der Text, isländisch und schwedisch, geht bis S. 69. von da bis S. 112. steht Verelii Index Verborum et Notæ; von da bis auf die letzte Seite, neml. S.

122. hat Verelius noch beygefügt: Tabula nominum viris foeminisque propriorum ex inscriptionibus lapidum Runicorum.

1670.

8) Norlands Chrönika och Beskriffning, hwaruthinnan förmåhles the äldste Historier om Swea och Götha Riiken, sampt Norrie, och eendeels om Danmarck, och om theres Wilkår och Tilstånd. Sammanfattad i hopa dragen aff åthskilliga trowärdiga Bööker, Skriffter och Handlingar. Tryckt på Wiisingsborg, af Hans Höggrefl. Nådes Hr. Riiks = Drätzetens Booktryckare Johan Kankel, Ähr 1670. fol. Zuerst eine Vorrede an den Leser 2 Bl.; dann Hugonis Grotii Företal på Göthernes, Wånders, och Longobarders Historia. S. 1—110. Darauf die Nordische Chronik selbst (schwedisch nemlich und mit Auslassung der eingestreuten Verse) von S. 1—529. Zuletzt Skaldatal auf 1 Bogen, und Index vocum obscuriorum, 3 Seiten. Auf einem Schmutztitel ganz vorne wird das Werk Konunga Sagur genennt. Der Uebersetzer war der Isländer Jonas Rugman. Der Besitzer von Wisingsborg und der dasigen Buchdruckerey war Peter Brahe.

1671.

9) Herwarar Saga paa gammal Götska med Olai Verelii Uttolkning och Notis. Upsaliæ.

liæ. excudit Henricus Curio. 1671. fol. Außer der Dedication 194 S. worauf folgt: Ord-skafa Rad eller Index over the merkeligsta Ord, som i Hervararsaga finnas auf 3 Blättern. Nach diesem: Olai Verelii Auctarium Notarum in Hervararsaga Dno. Olao Rudbekio Medicinæ Professori inscriptum anno 1674. S. 1 — 35. (Da dieser Anhang von Noten so viele Jahre nach dem Werke selbst herausgekommen ist, so fehlt er auch in manchen Exemplaren.)

1673.

10) Philosophia Antiquissima Norvego-Danica dicta *Wöluspa*, alias *Edda Sæmundi* ex Bibliotheca *Petri Ioh. Resenii*. Hafniæ. 1673. 4. 104 Seiten, außer 10 S. Vorrede und 2 Bogen Index vocabulorum Islandicorum. (In der Vorrede wird berichtet, daß der Uebersetzer Gudmundus Andreæ ist.)

1675.

11) Sanct Olaffs Saga, paa swenske Rim, fördom öffwer 200. År sedan uthdragin aff then gambla och widlyftige Norske Sagan, uthskrifwin af et gammalt Msto Archivi. — af Johan Hadorff. Stockholm. (1675.) 8. 179 Seiten außer Dedication, Vorrede und einem ausführlichen Register. (Das Titelblatt ist in Kupfer gestochen, und mit St. Olafs Bildniß geziert.)

1676.

12) In diesem Jahre gab Rudbek die Thorstens Vikingsons-Saga mit einer lateinischen Version in 4. heraus. S. Suhms Vorrede zu den IV. Tom. seiner Critiske Historie af Danmark. S. XXXI.

1680.

13) Thorstens Viikingsson Saga på gammal Göthska, af ett åldrigt Manuscripto affskrefwen och uthsatt på wårt nu wanlige Språk, sampt medh några nödige Anteckningar förbettrad af Regni Sveoniæ Antiquario *Iacobo I. Reenhielm.* Upsalæ excudit Henricus Curio 1680. 8. 140 Seiten Text, dann ein Index der alten Wörter, und zuletzt: *Iacobi Istmen Reenhielms Notæ* von S. 1—130.

1687.

14) Gotlåndinga Saga. Stockholm. 1687. fol. herausgegeben von Hadorph mit einer schwedischen Uebersetzung, welcher Gothlands Gesetze angehängt sind. *

1688.

16) Sagan Landnama. Skalhollte. trykt af Hendr. Kruse. 1688. 4. (isländisch.) 182 S. außer dem Register. Der Herausgeber Theodorus Thorlacius hat das Werk dem König Christian V. dedicirt.

16) Schedæ Ara Prestz Froda um Island. ibid. ap eund. eod. 14 S. 4. außer dem Register

ster. Der Herausgeber, welcher sich unter der Vorrede nennt, ist Theodorus Thorlacius.

17) *Christendoms Saga* ibid. per eund. eodem anno, *Theodoro* eodem edente. 26 S. in 4.

18) Grönlands Saga. Skálholt. 1688. 4. *

1689.

19) Saga Olafs Tryggvasonar Noregs Kongs. prentud i Skalhollte af Jone Snorrosyne. 1689. 4. ohne Register 574 Seiten. Item Appendix auf 35 S. Der Herausgeber ist abermals der nemliche Bischoff Theodorus Thorlacius.

1690.

20) Fragmentum Mſti. Runici, cum interpretatione vernacula. Disp. quam sub præsidio Iohannis Bilberg Professoris Mathemat. placido Eruditorum examini subjicit *Lucas Halpap*. Upsalæ. 1690. 8. 44 S. Außer dem Disputationstitelblatt ist noch ein anderes gedruckt, welches so lautet:

Hialmars och Ramers Saga med Lucas Halpaps Uttolkning.

1691.

21) *Historia Olai Tryggwæ Filii*, in Norrigia regis, idiomate Gothico s. Suecico vetusto primum condita ab *Oddo* monacho Islando, nunc in linguam hodiernam suecicam & latialem translata a *Iacobo Reenbielm*. Upsalæ

 1691.

1691. 4 285 S. Text, dann das Register; und nach demselben Reenhielms Noten von S. 1—116.

1693.

22) Fortissimorum Pugilum *Egilli & Asmundi historiam*, gothico sermone exaratam, translatione, notis & indice vocum illustravit *Petrus Salanus*. Upsalæ. 1693. 4. 162 S. und 12 S. Index.

1694.

23) Sagann af Sturlauge hinum Starf=sama eller Sturlög then arbet=sammes Historie fordom på gammal Göthiska skrifwen, och nu på swenska utthålkad, af Gudmund Olofs=son, regio translatore linguæ antiquæ. Upsalæ. 1694. 4. 76 S. (In der Vorrede erfährt man, daß das Werk vornemlich auf Kosten Olof Rudbeks in Druck gegeben sey.)

1695.

24) Illuge Grydar Fostres Historia, fordom på gammal Göthiska skrifwen, och nu på swenska uttålkad af Gudmund Olofsson. Upsala. 1695. 19 S. in 4.

1696 oder 97.

25) *Arae Multiscii* Schedæ de Islandia. 8. Wurde zu drucken angefangen zu Oxford, lö=lån.

ländisch und lateinisch mit Noten, Commentar und Vita autoris Aræ, aber das Werk blieb unvollendet. Es geht von S. 1—152. und die angehängte Dissertatio de vita & scriptis autoris von S. 171—192. Dazwischen fehlt also S. 153—170. wo der Index, das Titelblatt und der Schluß des Textes sollte zu stehen kommen. Der Herausgeber war Christen Worm, der hernach Bischof in Siellan wurde. Der Buchhändler, der das unvollendete Werk auf dem Lager hatte, fiel hernach darauf, folgendes Titelblatt darzu drucken zu lassen:

„*Aræ Multiscii* Schedæ de Islandia, accedit dissertatio de Aræ Multiscii vita & scriptis. *Oxoniæ*, e Theatro Seldeniano (sic!). 1717.“

1697.

26) *Heimskringla* f. Historiæ Regum septentrionalium a *Snorrone Sturlonide* patrio sermone antiquo conscriptæ, quas ex manuscriptis codicibus edidit, versione gemina (suecica & latina) notisque brevioribus, indici poetico vel rerum sparsim insertis, illustravit *Io. Peringskiold.* Stockholmiæ literis Wankivianis anno 1697. 2 Vol. in fol. Das 1 Vol. hat außer Dedication und Vorrede 830 S.; das 2te außer dem Register über beyde Bände, 486 Seiten.

27) *Kætilli Hængi & Grimonis Hirsutigenæ*, patris & filii, *Historia*, seu res gestæ, ex antiqua lingua Norvegica in latinum translatæ per *Islefum Thorlevium* Islandum, opera & studio

studio *Olavi Rudbeckii* publici juris factæ. Upsalæ. 1697. fol. 17 S.

Darauf folgt eine neue Saga, nemlich:

Historia *Orvari Odde*, filii Grimonis hirsuta facie. islandice & latine; außer dem Titelblatt von S. 1—51. Diese Sage, eine Fortsetzung der erstern, ist auch von Jslef Thorlevius übersetzt.

Zuletzt findet sich noch in dem nemlichen Volumen und von dem nemlichen Druck, aber ohne Titelblatt:

Historia duorum regum *Hedini* et *Hugonis*, ex antiqua lingua Norvagica per *Ionam Gudmundi* in latinum translata. auf 8 Seiten.

28) Zufolge Suhms Vorrede zum IV. T. seiner Crit. Historie S. XXXI. soll Rudbek auch in diesem 1697. Jahr die Thorsten Vikingsons Saga ohne Uebersetzung herausgegeben haben.

29) In dem nemlichen Jahre erschien auch eine bessere Uebersetzung von der unter d. J. 1693. angeführten Asmundar Saga mit Salani Anmerkungen. Upsal. 1697. fol. *

1710.

30) *Historia Hialmari*, Regis Biarmlandiæ, ex fragmento runici Msti. literis recentioribus descripta. cum versione succica & latina *Iohannis Peringskioldi*, fol. s. l. & a. (Holmiæ. 1710.) 22 Blätter.

1715.

31) Wilkina Saga, eller Historien om Konung Thiderich af Bern och hans Kämpar: samt Niflunga Sagan — ex codicibus Mstis linguæ veteris Scandicæ in hodiernam suecicam atque latinam translata, opera *Iohannis Peringskiold*. Stockholmis. 1715. fol. 522 S. ohne Vorrede und Register.

1716.

32) *Aræ Multiscii Schedæ de Islandia.* Accedit *Commentarius & Dissertatio* de Aræ Multiscii vita & scriptis. Oxoniæ e Theatro Seldoniana. ao. dom. MDCCXVI. in gr. 8. Neben dem Originaltext steht eine wörtliche lateinische Uebersetzung und drunter eine freyere lateinische Interpretation. Nach jedem Capitel folgen alsdann Erklärungen der schwersten Wörter aus klassischen Stellen anderer Autoren. Der Text und die Worterklärungen sind ganz im Druck vollendet, und nehmen 88 Seiten ein. Mit der 90 S. hebt der lateinische Commentar an, wo in „In caput secundum

Thatt Styrbiarnar Svia Kappa er hann hardest vid Eirek Svia kong

zum ersten und einzigen Male mit einer lateinischen Uebersetzung abgedruckt ist, die aber samt dem Texte nicht mehr als 8 Seiten einnimmt. Der Commentar ist weitläuftig und gründlich, und geht bis S. 152; vollendet aber das 7te Cap. nicht (es sind ihrer 10 Cap.).

Dann

Dann fehlt 1 Bogen. Nun folgt mit der 169 S. die Dissertation. Sie ist vollendet und geht bis S. 192. Unten steht noch der Custos Index. — Diese seltene und schätzbare Ausgabe besitzt Herr Prof. D. Forster zu Halle. *

1719.

33) Sögubrot af nokrum fornkongum i Dana og Suia=Velldi. Handelt von der Bravalla-Schlacht und ist von dem jüngern Peringskiold isländisch und schwedisch herausgegeben zu Stockholm. 1719. 8.

1720.

34) Hialmters og Olvers Saga udgivet af Peringskiold. Stockholm. 1720. 4.

1722.

35) Asmund Kappebanes Saga, mit einer lateinischen und schwedischen Uebersetzung von Peringsskiold. Stockholm. 1722. folio.

1732.

35) Eine Dänische Uebersetzung der Grönlands Saga von Bussäus. Kopenh. 1732. 8. *

1733.

37) *Arii*, Thorgithis filii, cognomento *Froda* i. e. Multiscii vel Polyhistoris, *Schedæ* seu Libellus de Islandia e veteri islandica in

latinam

latinam versus etc. ab *Andrea Bussæo*. Havniæ. 1733. 4. 118 S. ohne Dedication, Vorrede, Vita autoris und zwey weitläuftigen Registern.

1737.

38) Nordiska Kämpa Dater, i en Sagöflock samlade ꝛc. ved Eric Julius Biörner. Stockholmiæ. 1737. folio. Vorrede 36 S. Genealogische Tabellen 19 S.

a) Origines Norrigiæ. 16 S.
b) Rhythmi de Carolo & Grymo. 18 S.
c) Rolfi Krakii Historia. 139 S.
e) Historia de Frithiofo Fræknio. 44 S.
e) Historia de Alfo rege. 42 S.
f) — de Hromundo Gripi filio. 19 S.
g) — de Halfdano Branæ alumno. 30 S.
h) — de Sorlo robusto. 57 S.
i) — de Halfdano Eysteni filio. 59 S.
k) — Historia Samsonis pulchri. 39 S.
l) Wolsunga Saga. 115 S.
m) Ragnar Lodbroks Saga. 65 S.
n) Historia Ani Bogsweigii. 35 S.
o) — de Nornagesto. 34 S.
p) — Thorsteini urbium roboris. 29 S.

Omnia islandice, svecice & latine.

1746.

39) Hyperboreorum Atlantiorum seu Sviogothorum et Nordmannorum *Edda*, ad Manuscriptum, quod possidet Bibliotheca Upsalensis, membranaceum, goticum in lucem prodito.

dit opera & studio *Iohannis Göransson*. Upsala, sine nota anni (1746.) 4. 94 Seiten, ohne XXXVII. S. Vorrede. (Man vergl. über diese Ausgabe Schlözers Isl. Lit. u. Geschichte. S. 28. u. f.)

1750.

40) De Yfverborna Atlingars eller Sviogöthars ok Nordmänners Patriarkaliska Lära, med svenskt Ofversätning utgifven af Johan Göransson. Stockholm. 1750. 4. 24 Seiten. Dies ist eigentlich die Wöluspaa. Hierzu hat Göransson noch NB. die Titelblätter gefügt zu zween andern Eddischen Gesängen, nemlich Haawamaal und Wafthrudnismaal.

1756.

41) Monumens de la Mythologie & de la Poesie des Celtes & particulierement des anciens Scandinaves. par *Mallet*. Copenhague 1756. 4. 178 S. Text, und 29 Seiten Avant-propos.

42) Nokrer Marg = Frooder Sögu-Thatter Islendinga ad Forlage Biörns Markussonar. Hoolum. 1756. 187 S. 4. (Ist allein isländisch.)

Darinnen sind vermuthlich enthalten: Gests Bardarsonar Saga, Bandamanna S., Bardar = Snäfellsaas S., Aulkofra S., Grettla, Haavarda Issfyrdings S., Jokuls Buasonar S. Thordar hrädu S. und Thorgryms Pru-

Pruda=Saga, welche alle zu Hoolum 1756. in 4. erschienen sind. *

43) Eine ähnliche Sammlung von Sagen hat eben dieser Biörn Markussohn auch in dem nemlichen Jahre ebendaselbst in Octav herausgegeben. S. Suhms Vorrede zu dem 4. Tome seiner Crit. Hist. S. XXXVII.

Hieher werden gehören: Viga Glums Saga, Kialnesinga S., Kroka Refs S., Holmverja oder Horde Grimkills S., Gisla Sursonar S. (Gustav Landkrons S.) Berthold Robinsons S., welche alle in diesem Jahre zu Hoolum in 8. gedruckt sind. *

1757.

44) Snorre Sturlesens Norske Kongers Krönike, oversat paa Dansk af Peder Clausen, og nu paa ny oplagt og formeret med nogle Tillæg. Kiöbenhavn. 1757. 4. Ohne Dedicat. und Vorreden 794 Seiten. Angehängt ist Norges Beskrivelse. 152 Seiten.

1762.

45) Sagan om Ingwar Widtfarne, fråm gamla isländskan öfwersat; och Undersöckning om wåre Runstenars Ålder ꝛc. af Nils Reinhold Brocman. Stockholm. 1762. 4. Företal XLIV. S. und das andere 280 S.

1763.

46) Five Pieces of Runic Poetry, translated from the islandic language. London. 1763. 8. 100 S. ohne die Vorrede.

1765.

47) In diesem Jahre soll eine deutsche Uebersetzung der Edda zu Greifswalde in 4. herausgekommen seyn. *

1768.

48) *Speculum Regale*, cum interpretatione danica & latina udgivet af Halfdan Einersen. Soröe. 1768. 4. 804 S. außer *Ioh. Finnæi* Dissertatio de Speculo Regali und *Iohn Erichsens* Vorrede, welche zusammen LXX. S. ausmachen.

1770.

49) *Northern Antiquities* or a Description of the Manners, customs, religion and laws of the ancient Danes etc. translated from Mr. *Mallets* Introductions à l'histoire de Dannemarc. with notes by the english Translator, and *Goransons* Version of the *Edda*, in two Volumes. London. 1770. 8. Vol. I. 415 S. und Vol. II. 356 S.

1772.

50) Sagan af Niali Thorgeirssyni. Kaupmannahavfn. 1772. 4. 282 S. Dies ist allein der isländische Text. Der Herausgeber

ausgeber war Olaus Olavius. (Suhm meldet in der Vorrede zu dem IV. T. seiner Crit. Hist. S. XI. daß er die Auflage an sich gekauft habe, und läßt nun eine lateinische Version und Noten nebst einem Wörterbuche dazu von Iohnsonius verfertigen.)

1773.

51) *Kristni - Saga* sive Historia religionis christianæ in Islandiam introductæ, nec non *Thattr af Isleifi Biskupi*, sive Narratio de Isleifo Episcopo; ex Msptis Legati Magnæani, cum interpretatione latina & notis. Hafniæ. 1773. 8. 194 S. ohne die 6 Bogen Indices und 1 Bogen Vorrede von der Magnæanischen Commission. Die Geschichte von Isleif geht von S. 130—141. dann folgen die Annotationis uberiores 1) de *Berserkis* & furore berserkico. S. 142—163. — 2) De Centenario argenti. S. 164—174. dann die Chronologie und Genealogien bis S. 194.

1774.

52) *Islands Landnamabok*. h. e. Liber Originum Islandiæ, versione latina. lectionibus variantibus & indicibus illustratus. Ex Msctis Legati Magnæani. Havniæ. 1774. 4. 510 S. außer der Vorrede des Uebersetzers *Ioh. Finnæi*, worin er meldet, daß das Werk auf Kosten des Kammerherrn von Suhm gedruckt wurde.

53) Annales *Biörnonis de Skardsa*, cum interpretatione latina, notis & indice. *Tomus* I.

ex typographeo, quod Hrappseyæ est in Islandia, novo. 1774. 4. 311 S. — *Tomus* II. ibid. 1775. 325 S. Der erste Tom ist besorgt von Olaus Olavius, und der andere von Magnus Ketilson.

1775.

54) *Sagan* af *Gunnlaugi Ormstungu* ok *Skalld-Rafni* sive Gunnlaugi Vermilinguis & Rafnis Poetæ vit. Ex Msctis Legati Magnæani cum Interpretatione Latina, notis, Chronologia, tabulis Genealogicis & Indicibus, tam rerum quam verborum. Hafniæ. 1775. 4. Vorrede der Vorsteher des Instituts S. XXXII. Text S. 1 — 193. Annotationes uberiores 1) De expositione infantum apud veteres Sept. ejusque causis. S. 194 — 219. 2) *Pauli Vidalini* de linguæ septentrionalis appellatione Danica. S. 220 — 297. 3) de Vocibus *Vikingr* & *Vüking* 298 — 306. Chronol & Indices, ohngef. 10 Bogen. Nebst 2 Kupf. u. 4 Vignett.

1777.

55) Bödvarsynes Rümur af Hervoru Angantyrsdottur. Hrapps. 1777. 8. * ?

56) *Heimskringla* edr *Noregs Konunga-Sögor* etc. Historia Regum Norvegicorum conscripta a *Snorrio Sturlæ* filio. —. islandice, danice & latine. Sumptibus *Friderici*, Regis fratris. Havniæ. 1777 — 83. Tom. I. 349 S. T. II. 400 S. T. III. 494 S. folio. — *

Der

Der erste Tom ist herausg. von Gerhard Schöning und enthält außer Vorrede, Charte, Tabellen und Vita Snorron. Sturlæi

1) *Ynglinga* Saga. S. 5 — 64.
2) Saga *Halfdanar Svarta*. S. 65 — 74.
3) *Haralldz* Saga *ens Harfagra*. S. 75 — 124.
4) Saga *Hakonar Goda*. S. 125 — 164.
5) Saga af *Haralldi* Konungi *Grafelld* oc *Hakoni Iarli* Sigurdar syni. S. 165 — 186.
6) Saga af *Olafi* Konungi *Tryggvasyni*. S. 187 — 349.

Der zweyte Tom, Havniæ. 1778. ebenfalls von Gerhard Schöning besorgt, enthält außer Vorrede, Chronol. Tabell. und Charte:

7) Saga *Olafs* Konungs *bins helga*, Haralldssonar. v. S. 1 — 400.

Der dritte Tom, Havniæ. 1783. nach Schönings Tod herausgegeben von Skulius Theodori Thorlacius, enthält außer Vorr. Chronol. Tab. und Charte:

8) Sagan af *Magnuse Goda*. S. 1 — 52.
9) Sagan af *Haralde Hardrada*. S. 53 — 178.
10) Sagan af *Olafe Kyrra*. S. 179 — 190.
11) Saga *Magnusar* Konongs *ins Berfætta*. S. 191 — 230.
12) Saga af *Sigurdi* konongi *Iorsala - fara* oc brædrom hans *Eysteini Konongi* oc *Olafi Konongi*. S. 231 — 294.
13) Sagan af *Magnusi* konongi *blinda* oc *Haralldi* konongi *gilla*. S. 295 — 326.

14) Sagan af *Sigurdi Inga* oc *Eysteini*, Haralldzsonom. S. 327 — 377.

15) Sagan af *Hakoni berdabreid*. S. 378 — 408.

16) Saga Magnúsar konongs Erlings sonar. S. 409 — 460.

Von S. 461 — 480. folgt alsdenn ein Gedicht von Einar:

Geisli Einars prests *Skulasonar*, er harm quad um *Olaf enn helga* Haralldsson, Noregs konung.

Zuletzt von S. 481 — 494. Vita Einari Skulii filii, dänisch und lateinisch.

57) Die Isländische Edda. Das ist: die geheime Gotteslehre der ältesten Hyperborder — im Jahr 1070 bis 1075. aus alten runischen Schriften edirt von Sämund Froden, hiernächst im J. 1664. durch Resen, und nun in die hochteutsche Sprache mit einem Versuch zur rechten Erklärung übersetzt und edirt von J. Schimmelmann. Stettin, 1777. 4. 2½ Alphab. mit 7 Kupfern.

1778.

58) *Hungurvaka*, sive Historia primorum quinque Skalholtensium in Islandia Episcoporum. cum interpretatione, notis, indicibus. Suntibus Legati Magnæani. Havniæ. 1778. 8. 441 S. ohne die Vorrede.

59) Aefi og Minning Magnusar Gislasonar ꝛc. Kpffn. 1778. 4. *

1779. *)

60) Danske Sange af det äldste Tidsrum. Af det gamle Sprog oversätte (von Sandvig). Kiöbenhavn. 1779. 8. 144 S. außer Dedication, Vorerinnerung und Inhaltsanzeige.

61) *Vafthrudnismal* sive Odarum Eddæ Sæmundinæ una cum versione latina, variantibus lectionibus & notis. Dissertatio præside & autore *Grimo Iohannis Thorkelin*. Hafniæ. 1779. 4. 67 Seiten.

1780.

62) *Orkneyinga Saga* sive Historia Orcadensium cum versione latina, varietate lectionum, & indicibus, edidit *Ionas Ionæus*. Sumtibus *Petri Friderici Suhm*. Havniæ. 1780. 557 S. ohne die Indices und Vorrede.

63) *Rymbegla* sive Rudimentum Computi ecclesiastici & annalis Veterum Islandorum, cum versione latina, lectionum varietate, notis & indicibus; Sumtibus legati Magnæani edidit *Stephanus Biörnonis*. Havniæ. 1780. 4. 574 S. außer einigen Anhängen.

64) *Anecdotes of Olave the Black*, King of Men; to which are added XVIII. *Eulogies of Haco* King of Norway by Snorro Sturleson. now first published in the original islandic

 with

*) Was ist: G. Schultzens Heimskringla, Islandsk af S. Snorrasøne. Hrappsey. 1779. 4. Gr.

with a literal (englisch) version, and notes by *James Iohnstone*, Chaplain to his Brit. May. Envoy extraordinary at the court of Denmark. printed for the autor. 1780. (Hafniæ) 48 S. 8.

1782.

65) The Norwegian *Account of Haco's Expedition against Scotland* 1263. now first publisched in the original islandic, with a literal english version and notes. by *James Iohnstone*. (Kopenhagen) printed for the author. 1782. 8. 143 S. ohne 1 Bog. Noten.

66) *Lodbrokar-Quida* or the Death-Song of Lodbrok etc. — per eund. islandice, anglice & latine cum notis & glossario. ibid. eod. 111 S. 8.

67) Eigilssaga. islandice. Hrappsey. 1782. 4. 179 S.

1783.

68) Forsög til en Oversättelse af Sæmunds Edda ved B. C. Sandvig. I. Hefte. Kiöbenhavn. 1783. 8. 192 S. II. Hefte. 1785. 199 S.

69) A Fragment of antient History. Ein einziger Bogen in 12. ohne Bemerkung des Orts, Jahres und Herausgebers. (Isländisch und englisch hier in Kopenhagen herausgegeben von Iohnstone im J. 1783.)

1785.

70) *Hervararsaga*. versione latina, lectionibus variantibus & indicibus illustravit *Stephanus*

nus Biörnonis Sumtibus *Petri Friderici* de *Suhm*. Hafniæ. 1785. 4. 275 S.

1786.

71) *Viga-Glums Saga*. cum versione latina, notis, varietate lectionis & indicibus, per *G. Petersen*. Sumtibus *P. F. Suhmii*. Hafniæ. 1786. 4. 242 S. und XXX S. Vorrede.

1787.

72) *Eyrbyggia-Saga* sive Eyranorum Historia, quam, mandante & impensas faciente Perillustri *P. F. Suhm*, versione, lectionum varietate & indice rerum auxit *Grim. Ioh. Thorkelin*. Hafniæ 1787. 4. 354 S. ohne XII S. Vorrede.

73) Jon Loptsöns Encomiast, paa islandsk og dansk, med nogle Tillæg. ved John Erichsen. Kiöbenhavn. 1787. 4. 128 S. ohne Register und Vorrede.

74) *Edda* Rhythmica seu Antiquior, vulgo *Sæmundina* dicta. *Pars* I. odas mythologicas, a Resenio non editas, continens. cum interpretatione latina, lectionibus variis, notis & glossario. Sumtibus Legati Magnæani, & Gyldendalii. Hafniæ. 1787. 4. 722 Seiten und XLVII Vorrede, XXVIII S. Vita Sæmundi.

75) *Edda* ou Monumens de la Mythologie & de la Poésie des anciens peuples du Nord par *P. H. Mallet*. troisieme édition, revue, corrigée & considerablement augmentée. Genevè & Paris. 1787. 8. 333 S.

1788.

Jacob Schimmelmann. Die Isländische Edda m. K. 4. Stettin, bey J. S. Kaffke. So steht im Leipziger Meßkatolog v. 1788. Wahrscheinlich bloß eine Buchhändler-Speculation; denn bekanntlich ist die Schimmelmannsche Uebersetzung so beschaffen, daß man eine zwote Auflage derselben weder hoffen noch fürchten darf. *

77) Nordische Blumen von Friedr. Dav. Gräter. Leipzig. 1789. 8. 372 S. und XIV S. Dedicat u. Vorbericht. Hieher gehören Regner Lodbroks Todesgesang, acht Lieder aus der ältern Edda, das Lied der Walkyren aus der Nialssaga, und zwey Lieder aus Haawamaal.

Von ungewissem Jahre.

77) *Knytlinga Saga* s. Historia Cnutidarum Regum Daniæ. islandice & latine. folio. 268 S. Diese Saga ist niemals recht in den Buchhandel gekommen, da sie beynahe ein halbes Jahrhundert ohne Titel, Register und Vorrede dagelegen hat.

78) Die kleinen Annalen sind in Langebeks Scriptores rerum Danicarum abgedruckt.

Noch kann ich hier die Nachricht geben, daß der Kammerherr v. Suhm außer der obengedachten

dachten Ausgabe der Nialasaga nun auch an einer neuen Ausgabe der Eigill Skallagrims Saga drucken läßt, die wohl vorher schon herausgekommen war, aber blos Dänisch, und ohne die dazugehörigen Verse.

Kopenhagen.
Im Jenner, 1792.

Rasmus Nyerup.

---

b.

Teutonische.

Unter diese gehören alle Fränkischen und Allemannischen Denkmale; die spätern Schwäbischen werden ausgeschlossen, weil hier nur die älteste Literatur abgehandelt werden soll, und die Sächsischen, weil diese nebst den Angelsächsischen eine besondere Bearbeitung verdienen und inskünftige auch erhalten werden.

Mein verewigter Freund und Mitherausgeber hatte sich anheischig gemacht, die Besorgung des deutschen Faches so wie in den vorigen Abtheilungen, also auch hier zu übernehmen. Nach seinem Tode bat ich den Herrn

Rugamtssekretär Häßlein in Nürnberg, wenigstens diese Rubrik, für welche ich unter Böckhs literarischem Nachlasse gar nichts vorfand, noch für den zweyten Band auszuarbeiten; und Herr H. ist auch so gütig gewesen, die versprochene Anzeige von Schilters Thesaurus zu verfertigen und noch zu rechter Zeit einzuschicken. Allein, einmal ist es zu wünschen und auch zu hoffen, daß noch ein anderer Gelehrter eine Geschichte der Teutonischen Handschriften und ihrer Ausgaben noch für Bragur ausarbeite, die dem Anfang der teutonischen Literatur selbst vorangehe, und dem Leser auch zuvor einen Ueberblick über die vorhandenen ältesten Sprachdenkmale unserer Vorzeit gewähre; zum andern aber scheint Schilters Thesaurus wegen der nothwendig gewordenen Absonderung der Sächsischen Literatur von der Fränkischen und wegen dem Versprechen der Vollständigkeit nicht mehr als Leitfaden ganz geschickt zu unserm Zwecke zu seyn, wenn er gleich theilweise muß benutzt und beschrieben werden. Die Häßleinsche Anzeige desselben wird also hier zurückbehalten, und auf die folgenden Rubriken zur Benutzung aufgespart werden.

In

In dem nächsten Bande soll alsdann die Teutonische Literatur mit einer Geschichte der Handschriften und Ausgaben den Anfang machen, worauf sogleich das Wichtigste aus diesem Felde der Vorzeit, eine Darstellung der Werke des Mönchen Otfriede, folgen soll. Ich erlaube mir in dieser Hinsicht meine Wünsche nur mit wenigem zu bemerken. Otfrieds sogenannte Harmonie ist wohl dasjenige Werk, aus welchem man seine Verdienste um unsere Literatur und seine Talente gewöhnlich am besten berechnen zu können glaubt, und darwider will ich nichts einwenden. Nur dünkt mich müsse vor allen Dingen der Gesichtspunct ganz festgestellt werden, aus welchem man dies Werk zu beurtheilen habe. Dieser scheint mir theils aus seinem Zwecke, zu dem, aus der Veranlassung, aus welcher, aus den Umständen, unter denen er es schrieb, und der Einrichtung desselben selbst klar zu werden. Daß es keine Uebersetzung ist, hat man schon lange gesagt, aber es ist auch eben so wenig eine Harmonie zum Behuf der Kritik. Es müßte uns willkommen seyn, wenn ein scharfsinniger Forscher dieses Werk so durchstudierte, daß er zu zeigen wüßte, wie Otfried es anfing, um aus dem evangelischen Chaos nach seiner Art ein gutes, wenigstens zusammenhängendes Ganze zu machen, welches die beyden Enden und die Theile seiner Erzählung sind, ob er in der Anlage Genie, in dem Vortrage poetische Kraft, in der Anwendung philosophischen, theologischen oder mystischen Scharfsinn verrathe, mystischen, denn die Kraft des menschlichen Geistes zeigt sich auch selbst in den Verirrungen desselben. Otfrieds Hauptverdienst aber wird wohl darin bestehen, daß er es zuerst versucht hat, in seiner Muttersprache ein solches Werk zu schreiben, und die Fränkische Sprache zu einer Schriftsprache zu erheben. Doch fehlt es gewiß, besonders nach Anleitung seiner eigenen Aeußerungen in der Vorrede, auch in dieser Hinsicht nicht an Stoff zu neuen und interessanten Bemerkungen über Otfrieds Geist.

Gr.

---

2. Aus=

2.

Auszüge.

Das Gedicht von dem heiligen Anno, Erzbischofen zu Cölln. *)

(Von einem Ungenannten aus dem 11. oder 12. Jahrhundert.)

Dieses Gedicht besteht aus 49 Absätzen von verschiedener Länge, v. 10 — 24 Zeilen. In den ersten 32 Absätzen kommt kein Wort von Anno vor. Der Dichter holet darin nicht weiter aus, als von der Erschaffung der Welt, kommt endlich nach langer Hand auf den Trojani=

*) Nach Lambert. Schafnaburg. in Historia German. ad an. 1075. starb dieser Bischof Anno nach langwieriger, sehr schmerzhafter Krankheit im December gedachten 1075sten Jahres. Er war sowohl von Person, als seiner Gemüthseigenschaft und Gelehrsamkeit nach ein vortreflicher Mann. Nur setzt die Entführung K. Heinrich IV. als Kind aus den Händen seiner Mutter, dessen Andenken in einen Schatten, welchen seine gute Absicht, die Erhebung des Erzstiftes, nicht vermindern kann.

H.

janischen Krieg, von welchem die Trojaner-Franken nach 10 Jahren in ihr Vaterland zurückkamen: von diesem, auf der Römer angelegte Kolonien in Deutschland, worunter sich auch die zu Cölln befand. Darauf erzählt er: als in Franken viele Männer aufgestanden waren, die zu bessern Kriegen, als welche die Cäsare führten, nützlich waren, nehmlich zum Streit gegen die Sünde, so hätte man von diesen bis zur Regierung Annons drey und dreyßig gezählt, von welchen bereits sieben unter die Heiligen aufgenommen worden seyen. St. Anno habe unter ihnen wie der Hyacinth in dem goldenen Fingerreif geglänzt. Wie die Sonne ihren Lauf zwischen Himmel und Erde nehme, und beyde erleuchte, so habe Anno zwischen Gott und Menschen gewandelt. Er sey offen, wahrhaft, unter den Grosen und Mächtigen, wie ein Löwe, unter Niedrigen und Schwachen, wie ein Schaaf gewesen, scharf gegen die Bösen, und sanft gegen die Frommen. Wittwen und Waisen sangen von seiner Milde. Niemand habe besser predigen, und rührender absolviren können, als er. Indem sich seine Unterthanen dem ruhigen Schlaf überlassen,

habe

habe er den seinen gebrochen, um in den Klöstern unerwartete Nachsicht vorzunehmen. Wie er den jungen Prinzen (Heinrich IV.) in seiner Aufsicht hatte, seye sein Ruhm durch seine Gerechtigkeit weit erschollen; die Könige aus Griechen- und Engeland, Dännemark, Flandern und Rußland hätten ihm Geschenke geschickt, und um seine Freundschaft gebuhlt. Oefters habe er mit Mächtigen streiten müssen, nicht selten seye er von denen verrathen worden, die ihn hätten schützen sollen, besonders zur Zeit, als unter Heinrich IV. alles bunt durch einander gieng, und die grausamsten Kriege geführt wurden. Auf einer Reise nach Saalfeld in Thüringen habe er eine himmlische Erscheinung von den Freuden des ewigen Lebens gehabt, die er nicht beschreiben konnte, und von dar an habe ihn Gesundheit und Stärke verlassen. In seiner Krankheit seye er noch eines Gesichts der himmlischen Herrlichkeit gewürdigt worden Er habe viele Bischöffe in Schmuck und Glanz auf Thronen sitzen sehen, worunter der seinige leer stund. Wie er davon Besitz nehmen wollen, hätten solches die Fürsten des Himmels um deßwillen nicht zugelassen, weil er einen schwarzen Flekken — vermuthlich die Entführung des jungen Kaisers — auf der Brust hatte. Einer dieser seeligen Fürsten, den er für weiland Arnold, Bischoff zu Worms, erkannt, habe ihn bey der Hand gefaßt, ihm mit lieblichen Worten Trost eingesprochen, und ihn ermahnt, solchen Flecken abzuwaschen, weil er den leeren Sitz nicht eher einnehmen könnte.

Wie sich die Zeit seiner Vollendung genähert hätte, seye er wie Hiob gestäupt worden. — Das war vermuthlich die Seife, die den schwarzen Flecken abwusch. — Nach vielen Schmerzen habe ihn Gott abgerufen, sein Geist habe sich gen Himmel erhoben, und sein Körper viele Wunder gethan.

Häßlein.

3.
Literarnotizen.

a.
Von alten Werken.

1. Ueber die Bonerischen Fabeln, von J. J. Eschenburg.

Wer mit der Geschichte unsrer ältern poetischen Literatur, und mit den bisherigen Untersuchungen über dieselbe nur einigermaßen bekannt ist, der weiß, daß die obige Aufschrift denjenigen Fabeln gebührt, welche sonst, ehe der Name ihres Verfassers entdeckt war, gewöhnlich Fabeln aus den Zeiten der Minnesinger hießen. Diese letztere Benennung kann ihnen jetzt nur noch sehr uneigentlich gegeben werden, seitdem es so gut wie erwiesen ist, daß diese Fabeln in den so bezeichneten frühern Zeitpunkt der schwäbischen Dichter nicht mehr gehören, sondern vielmehr in die bessere erste Periode des Meistergesanges, wenn gleich diese mit jenem Zeitpunkte sehr nahe und fast unmittelbar zusammengränzt.

Dem Literator verspreche ich hier wenig neue Belehrung. Mein gegenwärtiger Zweck ist nicht, neue Aufschlüsse über diese schätzbaren Reste altdeutscher Poesie, noch über ihre Literargeschichte, zu geben; sondern blos dasjenige, was bisher in Ansehung ihrer untersucht und entdeckt ist, kürzlich zusammenzustellen, und durch eine leichtere Uebersicht auch denen, die nicht literarische Forscher sind, bekannter zu machen. Eine Absicht, die dem Zwecke dieses Magazins sehr gemäß zu seyn scheint.

Ich glaube dasjenige, was bisher über diese Fabeln gesagt und bemerkt ist, ziemlich vollständig beysammen zu haben, und setze daher gleich Anfangs die Quellen her, woraus sich die genauere Kunde derselben schöpfen läßt:

Io. Geo. Scherzii Philosophiæ Moralis Germanorum medii ævi Specimen I — XI, ex Msc. nunc primum in lucem publicum producta; Argentorati, 1704 — 1710. 4.

Gottsched, im Neuesten aus der anmuthigen Gelehrsamkeit, Brachmond, 1756, S. 422 ff.

Fabeln aus den Zeiten der Minnesinger; Zürich, 1757. 8.

Les-

Lessing's Beyträge zur Geschichte und Literatur, aus den Schätzen der herzogl. Bibliothek zu Wolfenbüttel, Beytr. I. S. 1 ff. Beytr. V. S. 1 ff.

Bonerii Gemma, sive *Boners Edelstein*, Fabulas C e Phonascorum ævo complexa, ex inclyta Bibliotheca Ordinis S. Ioh. Hierosol. Argentoratensis; Supplementum ad *I. G. Scherzii* Philosophiæ Moralis Germ. med. æv. Specimina undecim; edidit *Ier. Iac. Oberlinus*; Argentor. 1782. 4.

Adelung's Chronologisches Verzeichniß der schwäbischen Dichter in s. Magazin für die deutsche Sprache, B. II, St. 3. S. 17.

Panzer's Annalen der ältern deutschen Literatur, (Nürnb. 1788. 4.) S. 48.

Koch's Compendium der deutschen Literatur-Geschichte, (Berl. 1790. 8.) S. 200.

Von Handschriften dieser Fabeln sind mir bisher folgende eilf bekannt:

1) Die Straßburgische, deren sich Scherz bediente, und die nach dessen Tode in Schöpflin's Bibliothek kam *).

2) Zwey Zürcher Manuskripte, welche Bodmer und Breitinger bey ihrer Ausgabe zum Grunde legten.

 3) Vier

*) Uffenbach ließ davon eine Abschrift nehmen; s. Biblioth. Uffenb. Msta, p. 238, P. IV. Vol. CLXXX. 4. Vermuthlich ist diese jetzt in der Hamburgischen Stadtbibliothek befindlich.

3) Vier Handschriften von verschiednem Alter und Werth in der herzogl. Bibliothek zu Wolfenbüttel, welche Lessing im fünften Beytrage näher beschreibt.

4) Die, welche Gottsched aus der Thomasischen Bibliothek in Nürnberg besaß, und S. 423 seines Neuesten v. 1756 erwähnt.

5) Eine Wiener Handschrift in der kaiserl. Bibliothek, deren Gottsched eben daselbst gedenkt, und mit der seine Abschrift einiger Fabeln aus einem der Wolfenbüttelischen Manuskripte vergleichen ließ.

6) Eine in der Stadtbibliothek zu Oettingen, die ich bey den Herren Adelung und Koch angeführt finde.

7) Der Straßburger Codex in der dortigen Johanniter-Bibliothek, dessen Notiz Hr. Prof. Oberlin in der gedachten Dissertation zuerst mittheilte.

Diese letzte Handschrift scheint von allen, so weit sie bisher bekannt sind, die vollständigste zu seyn; so, wie die von Scherz benutzte, aller Wahrscheinlichkeit nach, die älteste ist. Er setzt ihr Alter noch vor das Jahr 1330, weil sie ehedem im Besitz der Familie von Gottenheim war, und Friedrich v. Gottenheim, der um das Jahr 1630 lebte, vorn in den Kodex folgende Reime geschrieben hatte:

Wem Gottesheymer nahmen gefalt
Diß Buch in sicherheit behalt
Deren es gewest dreyhundert Jahr
Wie lang zuvor ich nicht erfahr.

Einen

Einen zweyten, noch bündigern, Beweis dieses Alters nimmt er aus dem dieser Handschrift angebundnen gnomologischen Gedichte, welches von eben der Hand geschrieben, wenigstens abgeschrieben, zu seyn und in einerley Zeitalter zu gehören scheint. In diesem Gedichte ist von Kaisers Friedrichs des zweyten Wallfahrt nach dem heiligen Grabe, von seinen Verträgen mit dem Großsultan, und von dem päbstlichen Banne, der ihn traf, als von gleichzeitigen Vorfällen, die Rede.

Gleichen Werth mit diesen Handschriften hat die erste gedruckte Ausgabe dieser Fabeln, und dabey eine weit größere Seltenheit, indem bisher nur ein einziges Exemplar derselben, das in der Bibliothek zu Wolfenbüttel, als noch vorhanden bekannt ist. Zwar gedenkt schon Saubert in seiner 164: herausgekommenen Beschreibung der Nürnbergischen Stadtbibliothek eines dort vorhandnen Exemplars dieses merkwürdigen Drucks; es scheint aber jetzt nicht mehr da zu seyn, weil weder Hr. v. Murr, noch Hr. Panzer desselben erwähnen. Hr. von Heinecke gedachte in seiner kurzen Beschreibung einer Kunstreise, die den zweyten Band seiner Nachrichten von

Künstlern und Kunstsachen einleitet, des Wolfenbüttelischen Exemplars, vornehmlich in Rücksicht auf die frühesten Spuren der Formschneiderey. Diese Erwähnung machte den sel. Lessing sogleich, als er zum Wolfenbüttelischen Bibliothekar angestellt wurde, auf dieß Buch unter allen dortigen Schätzen gleich zuerst aufmerksam, und von den oben angeführten Beyträgen war der, welcher eine Nachricht davon enthielt, gleich der erste. Ein gereimtes Kolophon am Schluß enthält die Angabe, daß dieß Buch zu Bamberg im J. 1461 geendet sey. Dieß von dem Druckjahre zu verstehen, verstatten mancherley Umstände nicht; aber von dem Jahre der Verfertigung der Fabeln, wovon es ein Ungenannter *) und Hr. Panzer **) verstehen wollen, kann es doch wohl noch weniger gelten, sondern eher noch von dem Jahre, in welchem die Abschrift verfertigt wurde, von welcher man diesen Abdruck nahm. Lessing hat übrigens sowohl das Aeußere als Innere dieses Abdrucks um-

*) In den freymüthigen Betrachtungen über neue und alte Bücher, B. I. S. 336.

**) Annalen d. ältern d. Lit. S. 48.

umständlich beschrieben; aber er verdiente noch immer, wo nicht treu wieder abgedruckt, doch mit den Handschriften und der aus einer derselben genommenen Zürcher Ausgabe verglichen zu werden.

Diese Ausgabe ward, wie bekannt, von Bodmer und Breitinger besorgt, die sich um unsre ältere poetische Literatur so ausgezeichnetes Verdienst erworben haben. Sie wußten nichts von dem eben angeführten frühern Druck, sondern glaubten, daß der, den sie besorgten, der erste sey. Auch scheinen ihnen keine weitere Handschriften, als die Scherzische, und die beiden, deren sie sich bedienten, bekannt gewesen zu seyn. Bald hernach gedachten sie zu Anfange der Vorrede zu Chriemhilden Rache und der Klage, zwey Heldengedichten aus dem schwäbischen Zeitpunkte, des Wolfenbüttelischen Kodex, den Gottsched in seinem Neuesten nachgewiesen hatte, ohne doch diese Quelle ihrer Notiz zu nennen.

Zugleich aber sprachen sie Gottscheden einen groben Irrthum nach, in den er, wie Lessing es mit Recht nannte, durch eine kaum begreifliche Oscitanz gefallen war. In dem ge-

gereimten Epilogus, der in jener Handschrift befindlich war, nahm er den Namen von Riedenburg oder von Rindenberg, dem zu Liebe das Buch gedichtet war, für den Namen des Verfassers, und übersah diesen letztern ganz, ob er gleich nur sechs Zeilen weiter hin klar und deutlich da stand. Und dieß sprachen nun alle, welche dieser Fabeln erwähnten, zuversichtlich nach, und mußten es nachsprechen, weil sie zur Berichtigung ihres Irrthums keine Gelegenheit hatten.

Lessing aber, der nun außer dem vor ihm fast ganz verkannten alten Drucke noch vier Handschriften vor sich hatte, und unter diesen auch die, welche Gottsched in Händen gehabt, so wie den ganzen Gegenstand, mit ganz andern Augen und ungleich größerm Scharfblick ansah, als Gottsched, entdeckte den sehr argen Mißgrif dieses letztern gar bald, und gab davon am Schluß seines ersten Beytrages einen Wink, versparte aber diese zweyte Entdeckung auf eine zweyte Abhandlung, deren Abdruck sich aber bis zum fünften Stücke der Beyträge verzögerte, von welchem bey seinem Leben nur erst zwey Bogen gedruckt wurden,

und

und dessen Ergänzung und Ausgabe ich nachher besorgte.

Unterdeß *) war der verdienstvolle Herr Professor Oberlin in Straßburg auf eben diese Entdeckung gerathen, da ihm in der Bibliothek des Johanniterordens zu Straßburg eine Handschrift

*) Bey dieser Gelegenheit muß ich ein kleines literarisches Mißverständniß berichtigen. In dem zweyten Bande von Lessing's vermischten Schriften, S. 259, äußert Hr. Münzdirektor Lessing seine Befremdung darüber, daß Hr. Oberlin von der Entdeckung seines sel. Bruders als einer bloß versprochnen Entdeckung rede, da doch der fünfte Beytrag z. Gesch. u. Lit. schon im J. 1781, und Hr. O. Abhandlung erst im J. 1782 erschienen sey. Eigentlich aber erschien dieser Beytrag erst zur Ostermesse 1782, und die Verlagshandlung fand es nur für gut, ihn um ein Jahr früher zu datiren, um den Uebelstand zu vermeiden, daß der sechste Beytrag, wie es wirklich der Fall war, ein Jahr früher als der fünfte erschienen sey. Meine Vorrede zu diesem letztern giebt schon darüber Auskunft; und ich gedachte in derselben der Oberlinischen Entdeckung und der sich darauf beziehenden, damals aber noch nicht herausgegebnen Schrift, über die Hr. O. mir nur in einem Briefe geschrieben hatte. Sie erschien aber unmittelbar nach, oder vielleicht noch kurz vor öffentlicher Bekanntmachung jenes fünften Beytrags.

schrift mit dem Titel: *Bonerii* Liber dictus *der Edelstein* in die Hände gerieth, und er darin unerwartet jene Fabeln vorfand. In der oben angeführten Abhandlung machte er diesen glücklichen Vorfall bekannt, und theilte, außer manchen andern, hieher gehörigen, literarischen Angaben, eine Probe des, nur in dieser Handschrift befindlichen, Prolog's, die Folge der Fabeln in seiner Handschrift, und die Varianten derselben mit. Zugleich versprach er die Besorgung eines Abdrucks dieser letztern, mit kritischer Vergleichung der beiden bisherigen Drucke und einiger der bisher bekannten Manuskripte. Ein Versprechen, dessen Erfüllung noch sehr zu wünschen ist.

Denn für den kritischen Sprachforscher müßte allerdings solch eine genaue Zusammenstellung der nicht selten abweichenden Lesarten sehr viel Lehrreiches haben. Aber für den Leser, dem mehr um Inhalt und Verständlichkeit zu thun ist, wäre dann freylich wohl noch eine, auf dieser Grundlage gebauete, zweyte Ausgabe nöthig, in welcher, nach der von Lessing *) vorgeschlagnen, und in einem gegebenen Beyspiele befolgten Methode eines aus allen

*) Fünfter Beytrag, S. 16 ff.

allen den verschiednen Exemplaren zusammengesetzten Textes, der lesbarer gemacht, aber nicht modernisirt wäre, und kein einziges Wort enthalten müßte, welches nicht den einen oder den andern Text für sich hätte. Bey allem, was der strenge Kritiker wider solch eine Behandlungsart des Textes einwenden kann, bleibt sie doch wohl unstreitig bey den Werken alter Dichter die rathsamste und zweckmäßigste, wenn es uns um die Wiedererweckung und durch leichtere Lesbarkeit beförderte Verbreitung ihrer Werke zu thun ist. Bey alten deutschen Dichtern aber um so mehr, da die von ihnen vorhandnen Abschriften, in Rücksicht auf Mundart, Orthographie und Phraseologie, so gar viel Willkührliches haben, daß hier eine zu ängstliche Gewissenhaftigkeit bald in lächerliche und unnütze Mikrologie ausarten müßte; und da uns selten, oder nie, historische Gründe bestimmen werden, den einen Text mehr als den andern für Originaltext des Verfassers, oder treue Abschrift desselben, zu nehmen. Auf die alten deutschen Dichter der frühern Perioden ließe sich diese Behandlungsart freylich nicht anwenden, wohl aber auf die aus dem vierzehnten und funfzehnten

ten Jahrhunderte, bey denen es dann auch keiner Uebersetzungen bedürfen würde, die denn doch immer unvollkommene Behelfe bleiben.

Es ist übrigens nun wohl ausgemacht, wie ich oben schon beyläufig sagte, daß die Fabeln, wovon hier die Rede ist, und Boner, ihr ausserdem noch immer allzu unbekannter Verfasser, nicht in die eigentliche Minnesingerzeit, nicht in das zwölfte oder dreyzehnte Jahrhundert, sondern erst in das vierzehnte gehören; und erst in dessen letztere Hälfte, nach Lessing's sehr wahrscheinlichen Vermuthungsgründen *). Eine neue Bestätigung erhalten diese Gründe durch die von Hrn. Oberlin mitgetheilten Proben aus seiner Handschrift, die von allen die älteste zu seyn scheint. Man vergleiche den ganzen Sprachkarakter dieser Proben mit den Ueberresten der Minnesinger; und man wird überall Unähnlichkeit finden. Aber man halte sie mit der Sprache des Renners, des Freidanks, u. s. f. zusammen, und man wird durchgehends nicht nur Aehnlichkeit, sondern hie und dort auch Spuren etwas späterer Zeit finden.

Ueber

*) Fünfter Beytrag, S. 31 ff.

Ueber diese Fabeln selbst, und die Quellen ihrer Erfindung hat gleichfalls schon Lessing, in seiner zweyten Abhandlung, alles Nöthige gesagt und erörtert. Boner selbst begiebt sich des Anspruchs auf ihre Erfindung dadurch, daß er gesteht, sie aus dem Lateinischen übersetzt zu haben. Bey weitem der größte Theil, nämlich drei Viertheile des Hundert, sind aus dem Avian und dem Anonymus des Nevelet, oder dem versificirten Romulus genommen; und von den übrigen lassen sich meistens anderweitige lateinische Quellen nachweisen. Ihren innern Werth schlagen Gellert und die Schweizerischen Herausgeber freilich zu hoch an, und man möchte wohl nach der Kunst, der poetischen Erzählung, welche sie darin zu finden glaubten, vergebens suchen. Natürliche, kunstlose Einfalt ist am Ende wohl ihre Haupttugend; und immer bleiben sie ein sehr schätzbares Denkmal eines Zeitalters unsrer Poesie, welches, so wie es auf die schöne Minnesingerperiode zunächst folgt, ihr auch unter allen ältern Zeitpunkten an Werth und Gehalt am nächsten kommt.

Sowohl das seltne, angeblich Bambergische, gedruckte Exemplar, als die vier von Lessing

Lessing beschriebenen Handschriften der herzogl. Bibliothek zu Wolfenbüttel, habe ich ehedem eine Zeitlang in Händen gehabt. Ich fand bald, daß die Handschrift, welche Lessing immer die zweyte nennt, die er am umständlichsten beschreibt, und der auch er vor den übrigen den Vorzug zuerkennt, die größte Aufmerksamkeit unter den vieren auch in der Rücksicht verdiene, weil ihr Text, wenn er gleich gewiß nicht der älteste und ächteste ist, doch sehr oft zur Erläuterung mancher oberdeutschen Idiotismen in der Zürcher Ausgabe dienen kann, die hier großentheils mit hochdeutschen, unsrer Schriftsprache gewöhnlichern, oder ihr wenigstens näher kommenden, Ausdrücken vertauscht sind. Ich nahm mir daher vor zehn Jahren eine Abschrift dieses Kodex, aus welcher ich jetzt noch dem Leser ein paar Fabeln zur Probe vorlegen, und sie zwar nicht mit einer durchgängigen Anführung der Varianten, aber doch mit einigen Anmerkungen begleiten will. Die erste ist sowohl beim Scherz, als in der Bamberger und Zürcher Ausgabe, und auch in dieser Handschrift, die fünfte Fabel:

Von

Von geytigkeyt. 1)

Man list von einem hund
Der trug in seinem mund
Ein stück fleysch das was groß
Des sein geschlecht nye verdroß
An ein wasser 2) trug jn sein weck
Da was auch weder pruck noch steck
Da was auch 3) nyt vysch 4) noch man
Zu fuß must er vber gan
Da er verre kam in den pach
Den schaten er vom stuck fleysch sach
Das er in seinem maul trug
Er sprach ich het wol genug
Mocht ich das stuck zu disem gehan
Gar schier er dar nach zu greyffen began 5)
Vnd wollt es ye begreyffen

Da

1) Geiz. In der Oberlinischen Handschrift: Von vberiger gitikeit. Und so wird es auch in dem Zürcher Abdrucke geschrieben. Beym Scherz hingegen: Grittikeit.

2) Zürch. Ausg. an einen Bach; und so auch beym Scherz.

3) Scherz: da enwas.

4) Gewiß ein Schreibfehler für schiff, wie beym Scherz und in der Zürcher Ausgabe.

5) Scherz u. d. Zürch. Ausg viel schier er gyenen began. Dieß erklärt Scherz: mox oscitabat, seu os rictu aperiebat. Gyenen ist nämlich gähnen. Ohne Zweifel die richtigere Lesart.

Da must jm das sein stuck entsleyffen
Das er im maul het im pach
Da stund er in vngemach 6)
Das er sein stuck het verlorn
Durch geytikeit das tet im zorn
Der schaten 7) vom stuck jn betrogen hat.
Das noch geschicht an mancher stat
Das oft betreugt ein kranker man 8)
Dy frawen vnd auch dy man
Der zwar durch vnsichtikeit
Tut das jm oft wirt leit 9)
Wer liep hat das sein nit ist
Pillig ist daz jm dez sein geprist 10)

Gey-

6) Sch. u. Z. da stunt er lidig vnd mat. Ledig, sagt Scherz, vacuus, ledig. Ab hoc *lidig* derivatur *feudum ligium*. Auch matt erklärt er durch *vacuum*, aus einer Parallelstelle der folgenden Fabel:

Da sie alles trostes was mat.

7) Die schette. Sch.

8) ein tumber man. Sch. Z.

9) Scherz: der sich uff unsicherheit
lot das wurt jm dick leit

In der Zürcher Ausg. wohl gewiß gekünstelt: der sicher durch unsicherheit lat — —

10) Vil licht des sinen jm gebrist. Sch. Z. „dem gebricht, oder entgeht auch gar leicht das Seine, das, was ihm gehört. — Hierauf folgen in den andern Texten noch die zwei Zeilen:

Geitikeit wurt nyemer gut
Sie trübet maniges menschen mut

Geytikeit machet das
Das frewnt dem frewnt wirt gehaß
Geytikeit stiftet den zorn
Von geytikeit wirt manche sel verlorn
Geytikeit gemeinclich man hat 11)
In dorffern purgen vnd in der stat 12)
Der herr der schultheiß der pawer der richter 13)
Der knecht der pot torwart der purger 14)
Pfaffen junck vnd alt
Munnich nunnen manigualt
Der pischoff vnd der caplan
Der apt vnd der techant
Was man singet oder sayt
Sy leben alle in geytikeit.

Folgende Fabel folgt sogleich als die sechste in dieser Handschrift. Das ist sie auch im

11) Sch. gemeiner Z. gemeinder hat. Dieß scheint so viel als Genossen anzudeuten.

12) Hier fehlen wieder die zwei Zeilen:
Der vogt der schultheiß und der rat
Und was der weibel und botten hat

13) Sch. Der Meiger und der richter. — Metzger nimmt Scherz hier nicht für Bauern überhaupt, sondern für Pächter, die bey den Mönchen *villici* hießen, und entweder *majores* oder minores waren.

14) Sch.: Der fürsprach und der urteilsprecher
der burger und der dorwart
der hirt und der Banwart

Bamberger Druck; beym Scherz aber, und in der Zürcher Ausgabe ist sie die siebente, und in Hr. Oberlin's Handschrift die vierte.

Wer on arbeit meint gut leben zu haben. *)

Auf einem perg da stat
Ein pawm der groß wunder hat 1)
Er ist groß lanck vnd preyt
Mit schönen esten wol bereyt
Mit lawb geczyret wol
Der pesten frucht ist er vol
So ez ye auf erden funden wart
Der selb pawm het dy art
Welcher mensch seiner frucht begert
Das wart veder vnd menclich gewert 2)
Seyner frucht süssikeyt
Er beschaw auch dy pittrikeyt
Dy wurczel ist pitter gar
Hert vnd sawer on alle war 3)

Wem

*) Scherz bemerkt von dieser Fabel, daß sie bey den Alten nicht vorkomme; auch hat Lessing ihre Quelle nicht nachgewiesen.

1) Ein bom der michel wunder hat. Sch. Z.

2) Das der nyemer wurt gewert
Siner fruchte süssikeyt
Er versüche dann ouch die bitterkeit. Sch.

3) Sch. on alle war. Quid *war* sit, sagt Scherz, nulla opera investigare licuit; forte *illecebras* denotat. Die Zürcher Ausg. list: an alle *var*; und daß hieße dann wohl: ohne allen Reiz der Farbe.

Wem denn kunt wird dy pittrikeyt 4)
Der wurczel als ich han geseyt
Der nucz machet dy frucht gut
Der alczeit wil halten guten mut 5)
Er muß darben sicherleych
Bey disem pawm vernemt mich
Das hoch aufgezogen leben
Das nymant wirt gegeben 6)
Er muß sich vben auf der pan
Der tugent muß er arbeyt han 7)
Ee er auf den hohen perg gat
Da der lieplich pawm stat 8)
Wann er der frucht der sußikeit treyt
Empfindet so wirt groß sein leyt
Zustoret wirt sein frewd groß
Wenn er stet aller sorgen ploß.

Ditz peyspil sey gesevt 9)
Allen den dy da meynen on arbeyt
Wollust lob vnd ere
Besiczen ymmer mere
Das mag yn nit wol ergan

4) Wann denn erzoiget sin bitterkeit.
5) Vnd nit wil haben steten mut
Der nutzet nit der früchte gut. Sch.
6) Das nyeman mag haben vergeben. Sch. Z.
7) Besser beym Scherz:
Der tugend vnd muß arbeit han
8) Ee das er uff den hohen grat
Möge komen da der bom uffstat. Sch. Z.
9) Dise byschafft sy den geseit. Sch. Z.

Als verre als ich mich verstan 10)
On arbeyt nymant vber sich mag gan
Vnd dy ewig frewd mug gehan
Vnd dy kunst on arbeyt gar
Wer on fleyß sein junge jar
Vertreiben wil in vppikeyt
Wirt er alt es wirt jm leyt.

Den berg vnd komen uff den bôm
Gewunnen kunst ist nit ein trôm
Wer aber sloffet in siner jugent
Vnd nit gert kunst ere noch tugent
Vnd die von tragheit nit erwirbet
Wot ein not *) ob der verdirbet

On

10) Von hieran ist der Schluß beym Scherz und in beiden Zürcher Handschriften verschieden und ausführlicher:

Der bom ist edler fruchte vol
Wer kunst und wisheit haben sol
Sicher der muß arbeit han
On arbeit nyeman uff mag gan

*) Dies erklärt Scherz: Quantis cum malis luctatur. Wot Argentinensibus nostris hoc sensu adhuc usurpatur. Die Zürcher Ausg. list:

Wel not nib der verdirbet

Und diese Lesart zieht Bodmer mit Recht vor. Sie bedeutet dann: „Was für Noth, ob der verdirbt?" Das könnte aber auch der Sinn der Scherzischen Lesart seyn.

On kunst vnd on wißheit gar
Wer on fliß sin jungen jar
Vertriben wil in üppikeit
So er wurt alt es wurt jm leit
Vnd mag im wol geschehen das
Das dick sin ougen werden nas
Von ruwen vnd ist das vil wol
Das man sin dann spotten sol.

---

2. Ueber Scherzens Gnomologus,

von

J. J. Eschenburg.

In der Vorrede zu seinem ersten Specimine Philosophiæ Moralis Germanorum Medii Aevi, denen hernach noch zehn andre, zur Bekanntmachung und Erläuterung der Bonerischen Fabeln, folgten, gedenkt Dr. Scherz S. 6 noch einer zweiten, mit diesen Fabeln zusammen gebundenen Handschrift, die eine große Menge moralischer Sprüche enthalte. Diese Handschrift, sagt er, komme in den Schriftzügen sowohl als in der Schreibart mit jenem erstern so sehr überein, daß sie offenbar, wo nicht von eben dem Verfasser, doch aus einerlei Zeitalter, und von der Hand des nämlichen Abschreibers zu seyn scheine. Aus der darin vorkommenden Erwähnung der Reise Kaisers Friedrichs des Zweyten nach dem heiligen Grabe, der Verträge desselben mit dem Großsultan, und des über diesen Kaiser verhängten päbstlichen Bannes scheint ihm nicht nur das Zeitalter dieses moralischen Gedichts, sondern auch der Bonerischen Fabeln zu erhellen.

Und nun führt er einige, die eben gedachten Umstände betreffende Stellen aus seinem Gnomologen an, dessen er sich auch in der Folge mehrmals zur Erläuterung einzelner Stellen in den Fabeln bedient.

Herr Hofrath Adelung macht in seinem schätzbaren Chronologischen Verzeichniße der Schwäbischen Dichter *) aus Scherzens Gnomologus eine besondre Rubrik, und sagt von ihm: „Gehöret auch in das erste Achtel des 13ten Jahrhunderts. Scherz führet in seiner Philos. Moral. Germ. viele Stellen daraus an, sagt aber, daß sich das Ganze, gewisser Ursachen wegen, nicht bekannt machen lasse. Vermuthlich ist die Handschrift, welche er

*) Magazin für die deutsche Sprache, B. II, St. 3, S. 17.

er benutzte, noch zu Straßburg vorhanden, und da die gewissen Ursachen nunmehr nach 80 Jahren wohl aufgehöret haben, so würde Herr Oberlin sich durch eine Ausgabe dersel-ben alle Liebhaber der deutschen Sprache ver-binden."

Die längste Stelle, welche Scherz aus die-sem Gnomiker anführt, steht in seinem vierten Specimen, S. 65 f. und da setzt er hinzu: Locum hunc, quamvis prolixiorem, subji-cere ideo visum est, quoniam integrum Gno-mologum certis de causis non edemus.

Diese Stelle aber, und die in der Vorrede, und sonst gelegentlich, angeführten Stellen be-weisen offenbar, daß jener altdeutsche Gno-molog kein andrer sey, als der bekannte Frei-dank oder Frygedank, über dessen Litera-tur ich anderswo* umständlich gehandelt habe. Bodmer ahndete dieß schon in seiner Vorrede zu den Fabeln der Minnesinger, wo er sagt: „Ob Herrn Doktor Scherzen Gnomologus derselbe Frydank, oder der Renner, oder ein andrer sey, können wir nicht wissen; wir haben

*) Im fünften Stücke der Lessingischen Beiträge zur Geschichte und Literatur, S. 223 ff.

haben bisher keine gute Handschrift von Frydank entdeckt; u. s. f. Und im Anhange eben dieser Fabeln hat er die sämtlichen von Scherz ausgezognen Fragmente dieses Gnomologen, S. 232 ff. gesammelt, weil er die Hoffnung aufgab, das Ganze jemals gedruckt zu sehen.

Mehr als Einmal war aber damals schon dieß Ganze gedruckt; und der neueste Abdruck, in Müller's Sammlung deutscher Dichter, ist aus Breitinger's Abschrift von einer Membrane aus dem Johanniterhause zu Straßburg genommen. Dieß ist nun freilich wohl nicht die nämliche Handschrift, welche Scherz in Händen hatte; denn eben erst seh ich, daß Hr. Oberlin in der Nachweisung derjenigen deutschen Manuskripte, deren sich Scherz in seinem, von Hrn O. herausgegebenen *Glossarium Germanicum Medii Aevi* bediente, die Bezeichnung *Gnom.* so erklärt: Gnomologus *Fridangi*, olim *Scherzii*, nunc Biblioth. *Schoepflini*. Aber das Gedicht ist zuverläßig das nämliche; und ich weiß alle von Scherz daraus genommene Stellen darin nachzuweisen; z. B jene längere, v. 4940, und die in der Vorrede, v. 3936, 4074 und 4092 der Müllerischen Ausgabe.

Schwer-

Schwerlich aber möchte sich aus dem zufälligen Umstande, daß Scherzens Handschriften beiderlei Gedichte höchst wahrscheinlich aus Einem Zeitalter und von Einem Abschreiber waren, ein Grund hernehmen lassen, daß Boner auch Verfasser des Freydanks gewesen sey, oder auch nur mit diesem zu gleicher Zeit gelebt habe. Dann wäre er auch schon Hugo's von Trymberg Zeitgenosse gewesen; und schwerlich hätte dieser, wie schon Lessing bemerkt hat, in seinem Renner, worin er des Freydank's so oft gedenkt, die Fabeln unerwähnt gelassen.

Das übrigens Scherz selbst schon die Aehnlichkeit seines Gnomologen mit dem Freydank bemerkt habe, ergiebt sich aus dem größern Verzeichnisse der Uffenbachischen Handschriften *). Uffenbach hatte nämlich den ganzen Scherzischen Kodex abschreiben lassen, und giebt davon in dem gedachten Verzeichniß eine ausführliche Beschreibung. Zu Anfange dieser zweiten Abtheilung, die den Gnomologen enthält, hatte Scherz folgendes angemerkt: *Simi-*

*) Bibliotheca Uffenbachiana MSSta; Halæ Hermunduror. 1720, fol. P. IV. p. 242.

Similem librum, qui inscribitur *Freydanck*, correctum et auctum edidit *Sebast. Brandt*, impressusque ille est apud Seb. Wagnerum, Wormatiæ 1538, Materiam eandem fere tractat, quam hoc MSc. iisdemque fere versibus incipit. — — Sed plane alium ordinem servat. Præterea sæpe aliis verbis eadem res exprimitur; multa subinde omittit, quæ hic habentur, immo etiam mentem auctoris plane pervertit. — Aber darin irrte Scherz doch, daß er seinen Spruchdichter nur für einen ähnlichen, nicht für den nämlichen mit dem Freydank hielt. Brant's Aenderungen bemerkte er selbst; und nur diese veranlaßten die auffallende Verschiedenheit. Ich habe in dem fünften Lessingischen Beitrage von diesen Aenderungen und willkührlichen Versetzungen der Abschnitte das Nöthige erinnert. — Jener Kodex enthält übrigens noch eine zweite lateinisch-deutsche Handschrift des Freydank, wovon Uffenbach ein paar Proben giebt. Die Verse sind Hexameter mit Schlußreimen. Am Ende dieser Handschrift steht: Explicat Fridanynus completus per *Walter de Engen* in vigilia Exaltationis sancte crucis, 1385. Vermuthlich war dieser Walter von Engen nur

Abschrei-

Abschreiber, oder höchstens Verfasser der lateinischen Reime.

* * *

Nachschr. d. Herausg. In dem nemlichen Codex der Häßleinschen Bibliothek, aus welchem ich im vorigen Bande das Gedicht von den todten Königen bekannt machte, befindet sich auch eine Handschrift von 21 Quartblättern, die in lauter zweyzeiligen Sittensprüchen besteht, und wahrscheinlich mit Scherzens Gnomologen einerley ist. Ich wollte davon nähere Nachricht geben, aber es war mir unter der Zeit unmöglich, die Specimina philosophiæ moralis zur Hand zu bekommen, und vergleichen zu können. Zur Bestärkung dessen, was Hr. Hofr. E. hier über jenen Gnomologen geurtheilt hat, will ich indessen nur so viel zum Voraus sagen, daß die Sittensprüche des gedachten Codex mit dem Frygedank der Müllerschen Ausgabe ganz den nemlichen Anfang haben, und erst in dem fünften Verse mit diesen Worten:

Wer sinen rehten vnrehte tut
Da wirt selten daz ende gut

von dem Hauptwerke abgehen.

Gr.

Anhang.

Anhang.

Indem ich eben in Herrn Adelung's Magazin der deutschen Sprache blättere, finde ich in der Recension von Hrn. Müller's Ausgabe Schwäbischer Dichter, B. II, St. 2, S. 150. daß Hr. Adelung in der aus dem Schluß des Gedichts, die Clage, vorhin angeführten Stelle eine Schwierigkeit findet, die ihn abhält, Conrad von Würzburg für den Urheber dieses Gedichts und der Nibelungen zu halten. „Aus dem Zusammenhange, sagt er, scheint zu erhellen, daß Conrad eben des Bischofs Peregrini Schreiber gewesen, der die Geschichte aufsetzen lassen. Wenigstens wüßte ich nicht, worauf das sein in der Stelle:

Daz maere pruten do began
Sin Schribere meister Chunrat,

sonst gehen könnte.“ — Sollte es aber nicht auf *das maere* gehen, und nur bloß andeuten können, daß Meister Conrad der Schreiber desselben, oder Verfasser seiner deutschen Uebersetzung sey?

E.

---

b. Von

b.

Von alten Autoren.

1.

Leben des berühmten Isländischen Schriftstellers Snorre Sturleson.

Island war in dem Mittelalter reich an Politikern, die ihrem Staate, und an Schriftstellern und Dichtern, die ihrer literarischen Cultur und dem poetischen Geiste ihrer Vorzeit Ehre machten; aber sicher ist keiner unter ihnen, der diese verschiedenen Verdienste glücklicher in sich zu vereinigen wußte als Snorre Sturleson. Diesen Mann schien die Natur vor allen seinen Landes- und Zeitgenossen begünstigt, und mit Eigenschaften begabt zu haben, zu welchen nichts als ein gutes Herz fehlte, um ihm den Nachruhm eines wahrhaft großen Mannes erwerben zu müssen. Mit dem fähigsten Kopfe und einer ungewöhnlichen Lernbegierde brachte er es eben so weit in den schönen als in den ernsten Wissenschaften, und stand

stand weder als Dichter, Philosoph und Sprachkundiger, noch als Rechtsgelehrter und Geschichtforscher irgend einem seiner Zeit nach. Sein Genie und seine in ihrer Art einzige Gelehrsamkeit, verbunden mit der Kunst, sie an dem rechten Orte sehen zu lassen, bahnten ihm bey seiner ohnehin vornehmen Herkunft, seinen körperlichen Vorzügen und der Dazwischenkunst glücklicher Zufälle, einen schnellen Weg zu den höchsten Ehrenstellen, die er jemals in und außer seinem Vaterlande hoffen und wünschen konnte; indem ihn der König von Norwegen selbst erst zu seinem Lehensmanne, dann zum Jarl, und endlich gar zu dem obersten Richter und Befehlshaber von Island erhob. Hätten nicht die drey verderblichsten Laster, Geiz, Wollust und Stolz, ihn zu ewigen Streitigkeiten, zu den unseeligsten Ränken und zu einem schändlichen Unbestand in der Freundschaft verleitet, wodurch sich seine eigenen Tochtermänner zu dem Entschlusse, ihn zu ermorden, gezwungen sahen; so würde er bey so viel Einsicht mit dem Schatze von Erfahrungen, welche er einsammeln, und noch durch seine ausgebreiteten Kenntnisse in der Geschichte bestätigen konnte — so wie mit seiner übrigen

gen schlauen Klugheit und Gewandheit im Umgange mit Andern, sein Ansehen sicher gegründet, seine eingebrachten Reichthümer ohne Misgunst genossen, seine Kinder besser erzogen und versorgt, sein Leben weniger unglücklich geendet, und seinen Ruhm der Nachwelt ohne Flecken hinterlassen haben.

Merkwürdig bleibt der Mann gewiß, und von den Liebhabern der vaterländischen Alterthümer kann Snorre Sturlesons Namen nicht anders als dankbar genannt werden. Die zwey wichtigsten Werke, welche die Isländische Literatur aufzuweisen hat, rühren von ihm her. Seinem historischen Forschungsgeiste verdanken wir die Heimskringla, und seiner Liebe zur Dichtkunst die jüngere Edda.

Die Heimskringla, oder die Geschichte aller Norwegischen Könige von dem entferntesten Alterthum bis auf die Zeit des Verfassers, ist das schätzbarste historische Denkmal von dem Geiste, der Religion, den Sitten und selbst von den poetischen Produkten der Nordischen Vorwelt. Man kann sich einbilden, welches Studium, welche Nachforschungen, wie viel Zeit, Geduld und Mühe ein Werk von so großem Umfange in dem Knabenalter der

Isländischen Cultur und Geschichtskunde seinen Urheber mag gekostet haben. Daß Snorre die Pflichten eines Historikers kannte, und von Kritik in der Sammlung von Thatsachen einen Begrif hatte, das beweis't seine Vorrede. Literarische Hülfsmittel waren wenig vorhanden; den meisten Stoff mußten ihm Tradition und mündliche Ueberlieferung der alten historischen, elogischen und genealogischen Gesänge der alten Dichter an die Hand geben. Er hat über ihren verschiedenen Werth selbst geurtheilt, und man kann nicht umhin, sein Urtheil richtig und seine Auswahl gut zu heissen. Durch diesen Gebrauch der alten Lieder für seine Geschichte sind uns die alten poetischen Denkmale, einige ganz, andere zum Theil, und sehr viele wenigstens dem Namen nach erhalten worden, von welchen allen ohne Sturlesons patriotischen Eifer vielleicht wenig oder nichts auf unsere Zeiten gekommen wäre.

Eben so sehr hat er sich durch seine Edda, von der unsere Leser schon im vorigen Bande und auch in diesem Proben erhalten haben, um seine Vorzeit und uns verdient gemacht, wenn sie auch blos unter die Arbeiten seiner Nebenstunden gehören sollte. Man hat zwar

seine

seine Autorschaft bey diesem Buche seit einem Jahrzwanzig angefochten, allein aus Gründen, die keine Probe halten. Die ältesten Schriftsteller, die der jüngern Edda gedenken, nennen ihn als ihren Verfasser, und damit stimmen auch die besten Handschriften und die Tradition überein. Auch aus der Natur des Buches selbst läßt sich schliessen, daß sein Verfasser in der poetischen Literatur sehr erfahren seyn, und einen großen Vorrath von Collectaneen aus den Dichtern der Nordischen Vorzeit haben mußte. Und von welchem Isländischen Schriftsteller im zwölften oder dreyzehnten Jahrhundert kann man dies mit mehrerem Rechte erwarten und glauben, als von unserm Sturleson, dem zu seiner weitläuftigen Geschichte die möglichstvollständige Sammlung von alten Liedern unumgänglich nöthig war?

Beyde Werke sind nebst der Sämundinischen Edda, die vielleicht auch dem Verfasser der jüngern ihre Erhaltung zu danken hatte, fast die einzigen, zum mindesten die Hauptquellen, aus welchen wir alles, was Nordische Geschichte, Alterthümer, Denkmale, Religion, Sitten, Mythologie und Dichtkunst betrift, zu schöpfen haben. Ohne Zweifel

Grund und Verdienst genug, um hier in den Nachrichten von alten Autoren mit dem Leben des in literarischer Hinsicht gewiß ehrwürdigen Snorre Sturlesons den Anfang zu machen.

(Das Leben selbst folgt wegen der Größe desselben und dem Mangel an noch übrigem Raume im nächsten Bande.)

G.

2.

Ueber Filidor den Dorferer.

Im dritten Bande der vom seel. Zachariä angefangenen, und von mir fortgesetzten Auserlesenen Stücke der besten deutschen Dichter theilte ich funfzehn, gewiß nicht verwerfliche, Lieder aus einer Sammlung mit, die, unter dem Titel der Geharnschten Venus — — von Filidor dem Dorfferer, zu Hamburg 1660. 12. herausgekommen war. Welch ein wahrer Name unter diesem angenommenen verborgen liege, konnte ich damals, aller Untersuchungen ungeachtet, nicht ausfindig

dig machen; und ich wünschte darüber Belehrung, weil solch ein Dichter eine Kenntniß und Aufbehaltung seines Namens zu verdienen schien.

Bald hernach fand ich in einer — ich denke, in der Nürnberger — gelehrten Zeitung einen Laurenz Wolfgang Woitt, von dem man in Wetzels Liedergeschichte ein mehreres finde, als den unter dem Namen Filidor verkappten Verfasser jener Lieder genannt. Ich sah beim Wetzel nach; fand, daß dieser Woytt im J. 1673. zu Königstein im Sulzbachischen geboren, und im J. 1701. in den pegnitzischen Blumenorden unter dem Beinamen Filidor aufgenommen sey. Beyde Angaben überführten mich sogleich, daß dieser und jener Filidor nicht einerley Mann seyn könnten; denn die geharnschte Venus des letztern war schon im J. 1660. folglich dreizehn Jahre vor der Geburt des erstern, gedruckt.

Im Oktober des deutschen Museums v. J. 1779 ward in der Nachschrift eines Briefes an den Herausgeber, welcher: Andenken an einige ältere deutsche Dichter, überschrieben war, der Anachronismus in dieser vermeinten Entdeckung gleichfalls bemerkt,

 und

und hinzugesetzt: „Filidor der Dorfferer war ohne Zweifel Johann Georg Schoch von Leipzig. Er hat außer obgenanntem Buch auch den Poetischen Lust- und Blumengarten geschrieben, den ich besitze, und der jener Venus in vielen Stücken nichts nachgibt. Er heißt auch in diesen Gedichten Filidor; u. s. f." — Da ich in diesem ganzen Aufsatze gar bald einen der geschmackvollsten Liebhaber und Kenner unsrer poetischen Alterthümer, Hrn. Herder, errieth; so bat ich ihn um die Mittheilung der Gedichte von Schoch, die ich damals noch nicht selbst besaß. Ihre Lesung aber konnte mir die Ueberzeugung nicht abgewinnen, daß hier der wahre Filidor gefunden sey; und außerdem schienen mir mehrere äußere Umstände diese Vermuthung nicht zu begünstigen.

Zufällig erhielt ich vor etwa drei Jahren ein Exemplar der ziemlich selten gewordenen Geharnschte Venus aus einem Bücherverkauf; und diesem Exemplare waren die Liebes-Grillen, und einige andere Gedichte von Jakob Schwiegern, A. H. beigebunden. Es fiel mir sogleich beim Aufschlagen des Buchs auf, daß jene Liebesgrillen im J. 1656. gleichfalls

falls zu Hamburg in eben der Officin, wie die geh. Venus, bei Michael Pfeiffern, gedruckt, und von eben dem Buchhändler, Christian Guth, waren verlegt worden. Auch waren die Typen des Textes sowohl als der Musiknoten, wie die ganze Einrichtung, die nämlichen. Was war natürlicher, als die Vermuthung, meinen lange gesuchten Filidor der Dorferer in diesem Jakob Schwieger endlich entdeckt zu haben. Und diese Vermuthung wurde alsbald beim weitern Nachsuchen zur Gewißheit. Diesen Schwieger fand ich nun in Jöcher, fand da unter seinen Gedichten die Geh. Venus mit genannt, schlug auch den Moller auf, auf den Jöcher in seinem Artikel verwies, und fand bei diesem *) eine ziemlich genaue Nachricht von Jak. Schwieger, und ein ziemlich langes Verzeichniß seiner Schriften. Moller's drei Folianten sind vielleicht nur wenigen zur Hand, denen diese Nachrichten nicht unwichtig sind. Ich setze sie also hieher.

„Jakob Schwieger, ein Holsteiner, aus Altona gebürtig, ein ziemlich berühmter deut-

*) *Cimbria literata*, T. 1. p. 613.

scher Dichter, dessen Vaterland auch Philipp von Zesen durch die Anfangsbuchstaben (A. v. H.) anzudeuten scheint. *) In der Zesischen Rosenzunft, in welche er den 1. August 1645. aufgenommen war **), hatte er den Beinamen des Flüchtigen; und in Rist's Schwanenorden den Schäfernamen Filidor. Vor einigen Schauspielen und Gedichten von ihm findet man diesen angenommenen, vor andern aber seinen wahren Geschlechtsnamen. Eine Zeitlang that er Kriegsdienste, wie sich aus dem Titel seiner Geharnschten Venus ergiebt. ***) Einen großen Theil seines Lebens brachte er zu Hamburg und Glückstadt, und in der benachbarten Gegend zu; ums J. 1665. aber lebte er an dem gräfl. Hofe von Schwarzburg-Rudolstadt in Thüringen, wie man aus seinen damals herausgegebenen Schauspielen sieht. Von seinen deutschen Gedichten fällt Erdmann Neumeister folgendes Urtheil: Ingenium ad poetandi facilitatem pro-

*) In dem 1685. zu Wittenberg gedruckten Verzeichnisse der Mitglieder dieser Rosenzunft.

**) S. Helikonisches Rosenthal, S. 105.

***) Nicht sowohl aus dem Titel, als aus der Vorrede.

proclive est; sed nescio, quid in dictione affectet, quo poemata placeant minus."

„Seine Schriften sind folgende:

1) Ueberschriften und Gedichte; Stade, 1654. 12.

2) Der Liebes-Grillen, oder Lust- und Liebes-Scherz- Ehr- und Sitten-Lieder Erster Theil; Hamb. 1654. 12. Zweiter Theil; Hamb. 1656. 12.

3) Des Flüchtigen flüchtige Feldrosen, in unterschiedlichen Lustgängen fürgestellt, und von Joh. Schoopen und andern Musicis mit neuen Melodeyen gezieret; Hamb. 1655. 12.

4) Gebets-Rauchwerk aus Kol. I. 9—14. in einer zu Stade gehaltenen Predigt fürgestellt; Stade, 1655. 4.

5) Wandelungs-Lust, welche in allerhand Anbindungs- Hochzeit- Neujahrs- und Liebes-Schäfereyen besteht; mit Hans Hacken, Violisten in Stade, Melodeyen; Hamb. 1656. 12.

6) Verlachte Venus aus Liebe der Tugend; Glückstadt, 1659. und Hamb. 1660. 12.

7) Adeliche Rose; Glückst. 1659. 12.

8) Geistliche Seelenangst zur Zeit der Anfechtung, mit schönen Melodeyen Mich. Jakobi; Hamb. 1660. 12.

9) Sicherer Schild wider die Verläumdungspfeile; Glückst. 1660. 12.

10) Filidors Geharnschte Venus; Hamb. 1660. 12.

11) Die verführte Schäferin Cynthie durch listiges Nachstellen des Floridans; Glückst. 1660. 12.

12) Filidors Erster Theil der Trauer- Lust- und Mischspiele; oder Lustspiel von dem vermeinten Prinzen Floridor in Sicilien, Herrn Alberto Antonio, Grafen von Schwarzburg, und Aemilien Julianen, Gräfin von Barby, auf Dero gräfl. Beilager den 7. Jun. 1665. in dem Schlosse Heydeck vorgestellt; aus dem Italienischen Fried. Pallavicini übersetzt; Rudolstadt, 1665. 4.

13) Filidors entflammte Jugend, Koppenhagen, 1667. 12."

Moller glaubt, daß außerdem noch zwei andre bei Gelegenheit jener gräflichen rudolstädtischen Vermählung auf dem Schlosse Heydeck aufgeführte anonymische Schauspiele: Ermelinde, und die Wittekinden, ebenfalls von unserm Dichter sind. Das erstere ist zu Rudolstadt, 1665. 4. und das leztere zu Jena, 1666. 4. gedruckt. Auch Gottsched legt ihm jenes in seinem Vorrathe zur Geschichte der dramatischen Dichtkunst S. 218 bei.

Von den angeführten poetischen Sammlungen, welche durchgehends lyrisch sind, besitze ich die meisten selbst. Aber keine darunter ist an Werth der geharnischten Venus an die Seite zu setzen. Nur stellenweise findet man

den

den Geist des Dichters wieder; und davon gebe ich vielleicht ein andermal einige Proben. Jetzt erinnere ich nur noch, daß auch Herr Koch in Berlin, von dem sich die Geschichte der deutschen Poesie noch viele Aufklärung versprechen darf, in seinem sehr schätzbaren Compendium der deutschen Literaturgeschichte, (Berlin, 1790. 8.) S. 248. unsern Schwieger angeführt, und in ihm gleichfalls Filidor den Dorferer nachgewiesen hat.

Eschenburg.

Anhang.

Anhang.

4.

Neueste Schriften.

Weil im vorigen Bande die Literaturkunde wegbleiben mußte, so ist jetzt der Vorrath von neuen Schriften zu stark angewachsen, als daß man ihnen eine weitläuftigere Anzeige widmen könnte. Ueberhaupt darf man unter dieser Rubrik keine eigentlichen Recensionen erwarten. Sie ist blos dazu bestimmt, dem Freunde des Vaterlandes nur Gelegenheit zu eigenen Bemerkungen zu verschaffen, was wir und unsre Stammsverwandten von Jahr zu Jahr zur Kenntniß und Empfehlung der einheimischen literarischen Vorzeit gethan haben. Hier nun der Anfang eines solchen Verzeichnisses. Da das gegenwärtige nur von Einem Verfasser herrührt, der überdies an einem Orte lebt, wo literarische Neuigkeiten oft erst hin kommen, wenn sie an größern Orten schon veraltet sind; so muß es noch auf Vollständigkeit Verzicht thun. Vollkommener und interessanter aber kann es ins künftige werden, wenn mehrere Gelehrte sich entschließen, ihm auch in dieser Hinsicht freundschaftlich die Hände zu bieten.

1789.

1) Praktische Anweisung zur Kenntniß der Hauptveränderungen und Mundarten der teutschen Sprache von den ältesten Zeiten bis ins 14te Jahrhundert, in einer Folge von Probestücken aus dem Gothischen, Altfränkischen oder Oberteutschen, Niederteutschen und Angelsächsischen, mit spracherläuternden Uebersetzungen und Anmerkungen. Leipz. b. Crusius. 1789. 181 S. gr. 8. (16 Gr.)

Inhalt:

1) Katechismus aus dem neunten Jahrhundert, d. i. das V. U. m. Erklärung, ein Verzeichniß der Todsünden, Apostolisches Glaubensbekenntniß und das „Ehre sey Gott" mit 70 S. etymologischer Anmerkungen.

2) Ermahnung an das Christenvolk (aus dem 8 Jahrhundert) in 12 §§en mit 3 S. Anmerkungen.

3) Entsagung vom Teufel nebst dem Glaubensbekenntniß (aus dem 8 Jahrh) 2 S. Anm.

4) V. U. und Glaube von Notker Balbulus. Aus den Zeiten des Kaisers Arnolph.

5) Auslegung des V. U. und Glaubens (wahrscheinlich aus dem 9 Jahrhund.) mit 2 S. Anmerk.

6) Niederteutsche Umschreibung des alten apostolischen Glaubensbekenntnisses. (Aus der letzten Hälfte des 12 Sec.) 3 S. Anm.

7) Altes allemannisches Glaubensbekenntniß. Aus dem Anfange des 13 Jahrh.

8) a.

5) *Augusti Christiani Borheckii* dissertatio de *Mercurio, Hercule, Marte & Iside* Germanorum. ad cap. IX. Germaniæ Taciti. Duisburgi, 1790. 18 S. in 8.

(S. die Rec. in der A. L. Z. 1790. nr. 374.)

6) *Dramatic Sketches* of the ancient northern Mythology, by F. *Sayers*, M. D. London, 1790. 112 S. gr. 4. (1 Thlr. 16 Gr.)

Inhalt a) *The Descent of Frea.* A Mask in two Acts. b) *Moina.* A Tragedy in five acts. c) *Starno,* a tragedy in two acts. S. die Rec. in der A. L. Z 91. nr. 209.

7) *Compendium der deutschen Literaturgeschichte* von den ältesten Zeiten bis auf das Iahr 1781. Von *Erduin Iulius Koch*, Lehrer der griech. und latein. Sprache am Pädagog. d. kön. Realschule. *Berlin*, 1790. 267 S. in 8. (Bis jetzt Einleitung, Chronologische Uebersicht und erster Abschnitt der Litg. der die Geschichte der schön. Wissensch. enthält.)

8) Almuens Sanger (Volksgedichte) af Claus Frimann. Kopenhagen, b. Gyldendal, 1790. 238 S. in 8. (S. A. L. Z. 92. nr. 13.)

Hieher gehören die darin enthaltenen Balladen aus der Geschichte der Dänischen Vorzeit, von Raadolf, von Guttorm Sindri u. s. w.

9) *The Bruce*, or the history of Robert I. King of Scotland. Written in *scotish verse* by *Iohn Barbour.* The first genuine edition, published from a MS. dated 1489. With notes and a glossary by *I. Pinkerton.* Volume I. (mit einer treflichen Titelvignette von Ansell gezeich-

gezeichnet und von Barlow gestochen.) London. 1790. XXIII und 208 S. in 8.

(Enthält die ersten 7 Bücher. Nach der Herauskunft des 2ten Bandes sollen Proben und Nachrichten von diesem alten schottischen Epos und seinem Verf. gegeben werden.)

10) Frode og Fingal. Skuespil isem Optoge af C. Pram. Kopenhagen, 1790. 120 S. kl. 8. (S. A. L. Z. 91. nr. 322.)

11) Hermanns Tod. Ein Bardiet für die Schaubühne. Hamb. b. Hoffmann. 181 S. (Rec. in der A. L. Z. nr. 288. 91.)

12) Das alte Volk Thuiskons von einem Cherusker. Wien, b. Hörling

13) Io. Dav. *Koeleri* Disquisitio de incluto libro poetico *Theuerdank* denuo recudi fecit, notis & specimine Glossarii instruxit *Bernhard. Frider. Hummel*, Schol. Altdorf. Rector. Norimbergæ. Sumtibus Stiebneri. 1790. 64 S. in 4. (6 Gr.)

14) Von den Vortheilen der deutschen Reichsverbindung. Nebst einem kleinen Beytrage zum Staatsrecht des Mittelalters nach Anleitung der schwäbischen Dichter von Christian Ernst Weisse, B. R. und der W. W. Doctor. Leipzig, im Verlage der Dykschen Buchhandlung 1790. XII und 253 S. in gr. 8. (16 Gr.)

Die beygefügte Abhandlung: Ideen von der Weltherrschaft des Römisch-teutschen Kaisers nach Anleitung der schwäbischen Dichter gehört ganz hieher, und gibt zugleich einen redenden Beweis, daß der Jurist von Geist und Geschmack in unsern poetischen Alterthümern für die Rechtsgeschichte nicht vergeblich graben würde. Möchten dem Herrn Dr. Weisse, diesem scharfsinnigen Forscher, doch recht viele nachfolgen! Unsere schwäbischen Dichter, die noch meistens ganz wie verschlossen da liegen, bedürfen, auch wenn sie durch Nachbildungen und Uebertragungen mehr in Umlauf kommen sollten, doch zum richtigen Verständniß solcher Aufschlüße von Aussen her, und diejenigen bleiben gerade am längsten unbekannt und unbearbeitet, die durch die Fackel der Geschichte erst erleuchtet werden müssen, wenn man sich dafür interessiren soll!

15) Kleine rednerische Aufsätze von Jünglingen und für Jünglinge. Veranstaltet vom Verf. der Aphorismen zum Denken und Handeln. Basel. Gedr. b. Jo. Schweighäuser. 1790. S. 248. in 8.

Hieher gehört der erste Aufsatz: Der Deutsche, wie er ehmals war und wie er jetzt ist. Von Aloys Fähndrich von Freyburg, Rhetor.

(S. Oberd. Allg. Lit. Z. 91. St. CXLII.)

1791.

16) Zusätze und Verbesserungen zu der Bibliothek deutscher Alterthümer von Bernhard Friedrich Hummel, Rector der Stadtschule zu Altdorf. Nürnb. b. Grattenauer, 1791. 164 S. in 8. (16 Gr.)

17) Ungdoms Arbeider af Jens Baggesen. Kiöbenhavn 1791. I. Deel. 248 S. II. Deel. 232 S. kl. 8.

Hieher gehört die neue Umarbeitung der Poesiens Oprindelse, die schon in seinen Komiske Fortällinger stand, und nun den Titel führt: Odins Reise nach Dovre.

(Rec. A. L. Z. 1792. nr. 13.)

18) Das Ritterwesen des Mittelalters nach seiner politischen und militärischen Verfassung. Aus dem Französischen des Herrn de la Curne de Sainte-Palaye mit Anmerkungen, Zusätzen, und Vorrede von D. Johann Ludwig Klüber. Nürnb. b. Gratten. —

Erster Band. 1787. XLVI. u. 311 S. 8. Enthält die fünf Abschnitte des Textes bis S. 174. Von da an gehen die Beweise und Erläuterungen zum 1. u. 2 Abschnitt. Zweyter Band. 1788. 410 S. Die Beweise und Erläuterungen zum 3. 4. u. 5 Abschn. v. S. 1—344. Abhandlung über die Lectüre der alten Ritterromane nebst einem Zusatz von H. K. bis S. 382. Dann folgt noch ein Anhang. Nr. 1. Beschreibung der Feyerlichkeiten, mit welchen die Würde eines Ritters vom Bade in Friedenszeiten ertheilt ward; wie sie in

England gebräuchlich waren. Nr. 2. Beschreibung der Feyerlichkeit, mit welcher die Ritter des heil. Grabes geschlagen wurden, nebst ihrem Patent und einem Verzeichniß ihrer Privilegien. Dritter Band. 1791. 581 S. Nebst 2 Kupfertafeln, von welchen die eine ein Entremet vorstellt; die andere ist eine Turnierkarte. Beyde v. d. Herrn v. Dobeneck gezeichnet. Sonst befindet sich in dies. Bde 1) eine historische Abhandlung über die Jagd. B. S. 1—136. Beweise und Erläuterungen dazu — bis S. 215. 2) Auszug aus dem Buche des Gaces de la Bigne, oder la Büne, von Jagdbelustigungen. S. 216—252. 3) Das Reigergelübde. S. 255—272. nebst Bemerkungen über den Inhalt dieses Gedichts. 4) Leben Gautiers von Mauny; Generals der englischen Kriegsheere, und eines der Helden im Reigergelübde. S. 273—316. 5) Historische Anmerkungen über die vornehmsten Personen, welche in dem Gedichte von dem Reigergelübde angeführt worden. S. 317—372. 6) Von den drey Rittern und von dem Hemde. S. 373—396. 7) Auszug aus Provenzal-Dichtungen. S. 397—416. 8) Auszug aus dem Mährchen von dem Waffenritter. 9) Von dem Hofceremoniel. S. 421—492. 10) Verzeichniß der Personen, deren in der Abhandlung vom Hofceremoniel erwähnt wird. S. 493—512. Den Beschluß macht ein gedoppeltes Register über alle drey Bände, von Herrn Adv. Wucherer in Nördlingen verfertigt, wofür demselben alle Besitzer des Klüber-St. Palayeschen Werks dankbar seyn werden. (Alle 3 Bände kosten 3 Thlr. 14 Gr.)

Möchte diese reiche Sammlung von Daten uns bald zu einer besondern Geschichte des deutschen Ritterwesens verhelfen!

19) Das deutsche Ritterspiel, nebst einem illuminirten Turnierplan, samt einigen Figuren und

und der gedruckten Beschreibung des ganzen Spiels. Leipzig, b. Schladebach, 1791.

Man erwartet eine Art von Schach- oder Damenspiel; es ist aber nach dem bekannten Gänsespiel eingerichtet, und wird der zu vielen Zurücksetzungen halber noch langweiliger. Sonst paradiren die Zauberer, die behexten Schlösser, Thürme, gefangene Fräulein, Brücken, Windmühlen und Esel sehr stattlich, auch kann man vom Troßbuben zum Schildknappen, und von diesem zum Ritter avanciren und dann in die Schranken zum Turnier treten, auf dessen Plane die verlierenden Plätze mit Todtenköpfen bemerkt sind.

20) Lüxdorphiana eller Bitrag til den Danske Literairhistorie, uddragne af Bolle Willum Lüxdorphs efterladte Samlinger ved M. Rasmus Nyerup, Secretär ved det kongel. store Bibliothek. Kiöbenh. hos Schulz. 1791. 2 Th. 516 S. kl. 8.

(Rec. A. L. Z. 1791. nr. 6.)

Es befinden sich darin auch literarische Nachrichten von Bischof Worms Ausgabe des Aræ Multiscii Schedæ de Islandia, von Lüxdorph selbst im J. 1773. in lateinischer Sprache aufgesetzt.

21) Beytrag einer Mythologie der alten teutschen Götter von Christian Ludolf Reinhold, d. W. W. D. ꝛc. Münster und Osnabrück, b. Perrenon. 1791. 45 S. in 8. (6 Gr.) Mit 7 Kupfern, welche die 7 Wochengötter aus einem Buche vorstellen, das der Verf. bey ei-

nem Landmanne fand, und weder Anfang noch Ende hatte.

(S. A. L. Z. 1792. nr. 96.)

22) Tacitus von Deutschlands Lage, Sitten und Völkern. Mit erklärenden Anmerkungen, einigen Ausführungen und einem geographisch-historischen Wörterbuche. Von J. H. M. Ernesti, Prof. zu Coburg. Nürnberg und Altdorf, bey Monath und Küßler. 1791. XVI. u. 112 S. in 8. (20 Gr.) Das geogr. hist. Wörterbuch wird nachgeliefert.

Die Anmerkungen enthalten manche neue und gedachte Erklärungen, und besonders scheinen die Ideen von Religion, Göttern und Priestern scharfsinniger und richtiger zu seyn, als diejenigen, die in der dritten Abhandlung vorgetragen werden. Die drey Abhandlungen sind folgende: 1) D. Anton über Tacitus Germania. Aus den Provincialblättern. I. St. Leipzig, 1781. 2) Ueber die Absicht und den Plan des Tacitus. Nebst einem Versuche über einige altteutsche Sitten. Von Herrn Amelang zu Berlin. Aus dem Encyclopädischen Journal. Bd. I. Cleve und Düsseldorf. 1774. 3) Von der Religion der alten deutschen und nordischen Völker. Ein Fragment von einem ungenannten Gelehrten.

23) Alterthümerkunde von Germanien, oder Tazitus über Germaniens Lage, Sitten und Völker. In ein System gebracht und mit Zusätzen von den übrigen klassischen Schriftstellern erläutert von Ph. Ludwig Haus. Erst. Theil: Germanien überhaupt. Mainz, 1791. 196 S. in 8.

Zu

Zu Vorlesungen über germanische Alterthümer gewiß ein sehr beyfallswürdiges Unternehmen, die Nachrichten des Tacitus in ein System zu bringen, und zur Grundlage des ganzen Gebäudes zu machen. Wenn nur der Herr V. bey der Anreihung der Nachrichten von andern Schriftstellern auch sorgfältig die Verschiedenheit der Zeit und der Stämme beobachten wollte, damit der Leser oder Zuhörer das Alte und Neue, das Allgemeine und Besondere nicht mit einander verwechselt. Reichhaltiger, das sieht man schon aus dem ersten Theile, wird dies System ohne Zweifel, als alle unsere bisherigen Compendien, und die Abtheilung in Alterthümer von Germanien überhaupt und von jeden Stämmen insonderheit kann nicht anders als sehr nützlich seyn, und künftig zu manchen neuen kritischen Bemerkungen und Untersuchungen beytragen.

24) **Von des Kammerherrn von Suhm Historie af Danmark** sind bis 1790. 4 starke Quartbände erschienen. Da dies Werk sehr viele vortrefliche Bemerkungen über alte Literatur, Sitten, Sprache ꝛc. enthält, so gehört es auch hieher. Die Anzeige davon aber versparen wir bis zu seiner Vollendung.

25) **In dem Journale von und für Deutschland.** 1791. steht im 7 St. nr. 10 ein Auszug aus des Herrn Prof. Oberlin 1782. zu Strasburg erschienenen Dissertation über Boneri gemma oder **Boners Edelstein.** Eine Sammlung von 100 Fabeln aus den Zeiten der Minnesinger, nach einer Handschrift in der Bibliothek der Johanniter-Ritter zu Strasburg. Und Nr. 11. des neml. St. ist ein Aufsatz:

Ueber einige altdeutsche Schriften in der Univers. Bibl. zu Gießen.

26) In des H. Prof. v. Eggers deutschem Magazin 1791. May. S. 555. hat Hr. Prof. Hegewisch angefangen, die Einleitung zu seiner Uebersetzung des Liedes vom heil. Anno zu liefern, in welcher er von Anno selbst, meist nach Lambert von Aschaffenburg, handelt.

Anm. Vermuthlich befinden sich auch in andern Journalen v. J. 1789—91. hieher gehörige Aufsätze. Ich wünsche, daß ein Gelehrter, dem die Journale mehr als mir zur Hand sind, davon Nachricht geben möge.

G.

5.
Neueste Nachrichten, Vorschläge, Anfragen ꝛc.

1.
Von einem altteutschen Roman in Versen.

Im Deutschen Museum, Jul. 1784. habe ich ein kleines Fragment eines alten teutschen Romans in Versen mitgetheilt, welches ich auf einem Blatt unter des berühmten Gelehrten Gram's (also Grammischen, nicht grammatischen, wie im Museum steht) Papieren auf der königlichen Bibliothek fand. Damals war ich ganz ungewiß, zu was für einem Roman dies Fragment gehören möchte. Nun aber glaube ich ihm auf die Spur gekommen zu seyn. Es ist nemlich ohne Zweifel eine freye Uebersetzung oder Umarbeitung eines französischen Romans, der den Titel führt: L'histoire des deux nobles & vaillants Chevaliers Valentin & Orson, enfans de l'Empereur de Grece & neveux du tres-chretien Roi de France Pepin. Von diesem Roman kommt in Valliere's Catalog unter nr. 4053. eine Pariser Ausgabe in Quart vor; in der königl. Bibliothek hier in Kopenhagen ist eine Octavausgabe Lyon 1591; holländisch aber ist er zufolge des Catalog. Bibliothecæ Thottianæ T. V. pars II. p. 15. herausgekommen: Rotterdam 1640. und Amsterdam 1698. beyde Male in Quart. — Der Held, welchen der deutsche Versificator Namelos nennt, heißt im französischen Originale Orson und die Dame Clarine heißt im Originale Eglantine.

R. Nyerup.

2.

Nürnberg. v. 31. July 1791. — Herrn **s Urtheil über die von Ihnen bekannt gemachte Handschrift Von den todten und lebenden Königen sollte wahrscheinlich nur in Bezug auf das Interesse der Erzählung gelten. Von Seiten der Sprache bleibt dies Gedicht dem Forscher gewiß eine schätzbare Urkunde, die auch dazu dient, um daraus zu sehen, auf welche Art der damalige Clerus seine Religions- und Sittenlehren in Anwendung und Umlauf zu bringen suchte. Bey den Worterklärungen aber erlauben Sie mir folgendes zu bemerken:

V 6. Zo maissen. Sollte dies nicht bedeuten zu Meissen? *)

V. 64.

*) Das meinte ich anfänglich auch, aber der Dialect dieses Gedichts hieß mich anders denken. Nach diesem würde Meissen nicht Maissen, sondern Mysen heissen, wie reiten ryden, frey vry ꝛc. Hingegen das lange A u. O hat immer ein Dehnungs-I, wie: faßen saissen, groß n groissen. ꝛc. So nun auch zumaaßen zo maissen. Uebrreich wäre,

V. 64. Versunnen halte ich für besonnen, und in dieser Voraussetzung sagte dies Wort so viel: „Desto unbesorgter und aufmerksamer, mit voller Anstrengung und Sehkraft, herum schauen zu können.“ Vorsinnen ist ein veraltetes niedersächsisches Wort. Das Chronicon rhythmicum in Script. Brunsvic. T. III. p. 42. hat:

Wo ome sin frowe gar vorsunnen etc.
Wo ihm seine gar vernünftige Frau rc.

V. 74. stüre möchte soviel heißen als: steuern, segeln, welches in dieser Stelle im figürlichen Verstande bedeuten würde: „Nach dieser Gegend wollen wir unsern Weg richten.“ Wenn das Wort stüre eine Stange bedeutet, so wird eine Ruderstange darunter verstanden. *)

V. 81. beneten, ein Schreibefehler für bidemten, bebeten. **)

V. 83. pruysten, braus'ten. Bey den Holländern heißt pruysen, fremere. snorken, schnarch=

wäre, wenn es wirklich Meissen bedeutete, in das folgende Wörtchen alt schwerlich ein erträglicher Sinn zu bringen. Gr.

*) Das Zeitwort steuern kann es der Zusammensetzung nach nicht seyn, und als Hauptwort hab' ich es selbst durch Steuer=Stange erklärt, denn so wars geschrieben. Das Comma zwischen Steuer und Stange ist ein Druckfehler. Gr.

**) Beneten ist ein Druckfehler, und muß beueten heißen.

schnarchten, schnoben. Das Pferd braus't und schnaubt, wenn es scheu wird.

V. 104. vernoe. Vermuthlich vom Isländ. nue und von Ulfila's benauen, conterere.

V. 142. bisterlichen. In Jerosch. Mspt findet man:

Bleib des Lebens *bister* d. i.
Bleib des Lebens beraubt.

Im Holl. heißt *byster*, inops. Der Begriff dieses Worts bezeichnet also den Abgang oder den Mangel einer Sache.

Ueberhaupt hat dieses Gedicht alle Kennzeichen einer Niedersächsischen Mundart und Geburt.

Zu Ihrer Anmerkung unter meiner Erklärung des Wortes Raste in den Noten zum Heldenbuche S. 336. muß ich hinzusetzen, daß Strecke Wegs und Wegmaaß doch auch den Begriff der Entfernung oder eines gewissen Abstandes, einer gewissen Weite bey sich führen. Beydes ist der Raum von dem Anfang bis zum Endepunct. Die Sitze, die auf öffentlichen Strassen für die Wanderer zum Ausruhen angebracht waren, hießen daher Rast, Ruheplätze.

Das biblische Mspt. welches ich S. 338 citirte, ist der Codex Spenerianus, dessen sich Frisch zu seinem Teutsch-Lateinischen Wörterbuche bediente.

H — n.

3.

Aus Schlesien. v. 10 Aug. 1791. — Das Jägerlied, von welchem Herder in seinen Blättern

tern von deutscher Art und Kunst schon einige Züge bekannt machte, und welches Sie nun dem Publikum ganz mitgetheilt haben, ist auch hier zu Lande sehr gebräuchlich. Sonst aber haben wir keine eigentlichen Volks-Lieder, aber Bauern-Lieder *) eine große Menge und viele darunter recht drollig. Die beyden Schwänke von Hanns Sachs haben mich nicht wenig belustigt. Wirklich ists Schade, daß Häßlein, der ein tüchtiger Sprachkenner zu seyn scheint, nicht reüssirte. Das Wort baren S. 338. ist nicht veraltet. Wir sagen hier noch „er gebahrt sich ungeschicks.“ Auch hat es sich wohl noch in den Compositis urbar, brauchbar, genießbar u. s. w. erhalten. —

4.

Aus Kopenhagen. v. 15 Octob. 1791. — Was Neuigkeiten anbelangt, so hab' ich diesmal so gut als nichts. Der 7. Tom von Scriptores rerum Danicarum ist noch nicht herausgekommen. Der 2. Th. von Sämunds Edda erscheint schwerlich noch so bald. Die Fortsetzung der Heimskringla, welche Thorlacius und Thorkelin

*) Diese Distinction ist freylich nöthig; aber es trift sich doch, daß auch eigentliche Volks-Lieder in den Städten vergessen, und unter dem Bauernvolke erhalten werden, und in dieser Hinsicht dürfte man wohl auch die Bauern-Lieder nicht gänzlich aus der Acht lassen. G.

kelin auf Kosten des Erbprinzen herausgegeben, geht auch nicht weniger langsam. Das Lexikon über die dänische Sprache, das unter Aufsicht der Gesellschaft der Wissenschaften ausgearbeitet wird, mag auch noch nicht so bald fertig werden. Eins doch, wenn es anders für Sie eine Neuigkeit ist. Herr Prof. Thorkelin, der sich fünf Jahre lang in England, Irland und Schottland aufgehalten hat, um Antiquitäten zu sammeln, und nach seiner Zurückkunft Archivar bey dem Geheime-Archiv wurde, will seine Reise nunmehr in Druck geben. — Herr Sekret. Nyerup hat vor, eine neue und correctere Ausgabe von den Kjempeviiser auf Subskription zu veranstalten. — — In Rücksicht der versprochenen Literatur vom Heldenbuche merke ich an, daß sich in des Kammerherrn von Suhm Bibliothek folgendes befindet:

> Historia von dem allerkühnsten Weigande, Herr Dieterich von Bern und Hildebrande seinem getreuen Meister, wie sie wider den Riesen Sigenot haben gestritten. Nürnberg, 1661. 8.

Auf den letzten 3 Blättern steht: Ein Lied von dem alten Hiltebrand. Dies Exemplar gehörte ehedem dem gelehrten M. Richey in Hamburg. Das Lied hinten vom alten H. hat Varianten von einer ältern Ausgabe beygeschrieben. Da es nicht lang ist, werde ich die Ehre haben, es Ihnen das nächstemal samt den Varianten zuzuschicken.

5.

Berlin. v. 16 Jenner, 1792. — Der altdeutsche Roman, von welchem Herr Nycrup im Deutsch. Museum 1784. ein kleines Fragment mittheilte, führt den Titel: *Van Nameloss vnd Valentyn* und ist von Nic. Staphorst in seiner Hamburgischen Kirchengeschichte vollständig abgedruckt. Der Verf. ist unbekannt, die Sprache Niederdeutsch, das Gedicht selbst aus dem 14. Jahrhundert *). Herr Koch, der Verf. des Comp. d. deutsch. Literaturgeschichte hat vor, dies trefliche Epos wieder herauszugeben und zu commentiren.

6.

Von einer neuen Ausgabe des Freydank und Von dem Gedicht: Der Pfaffe Amis.

Nürnberg. v. 21 Febr. 1792. Unser würdiger Herr Schaffer Panzer, der sich um die ältere deutsche Literatur schon so mannigfache Verdienste erworben hat, wird sich nun durch eine neue Ausgabe des bekannten Freydank das gelehrte Publikum abermals verpflichten. Schon seit 3 Jahren liegt sie von diesem Literator aus einer Handschrift des funfzehnten Jahrhunderts abgeschrieben, mit der Müllerschen Ausgabe verglichen und mit einem Glossarium versehen, zum

*) Man vergl. Nr. 1.

zum Drucke fertig, und es läßt sich hoffen, daß wir sie nun endlich erhalten werden, welches um so mehr der Wunsch jedes Liebhabers der alten Literatur seyn muß, da in der Müllerschen Ausgabe zum Verständniß des Originals noch nichts gethan ist. Mit diesem Freydank wird H. Panzer ein anderes eben so altes Gedicht, das bisher noch ganz unbekannt war, aus der nemlichen Handschrift zum erstenmale abdrucken lassen. Es ist betitelt: Der Pfaffe Amis oder der scheinheilige Betrüger. Ich theile Ihnen hier den Anfang des Gedichtes mit.

Hievor was freude vndere
Gemvnnet also sere
Wo ein hobisch man zu houe quam
Daz man gern yme vernam
Seyten spil singen odir sagin
Dis was gemein in den dagin
Das ist allis nu so enwert
Daz iz dir sheste nicht in gert
Er kune dan ein mere
Das gut den ludin were
Vor sagin vnd vor armut
So duncket iz mich selten gut
Daz er mit den worten kunst kan
Wie sal dan ein hobischir man
Zu hoffe nu gebaren
Des in kan ich nit gewarin
Ich kan gefuger warte vil
Das bewer ich wer die horin wil
Wo man zu hoffe der nit ingert
Do bin ich eynes doren wert.

Uebrigens ist Herr P. auf Spuren gekommen, daß andere neuere Dichter, z. B Burcard Waldis, schon aus dieser Quelle geschöpft haben.

7.

7.

Mainz. Im Febr. 1792. Von Herrn Prof. Vogt erscheint nächstens etwas über den durch unsere Damen beerdigten Dichter Frauenlob.

Aus der Oberd. Allg. L. Z. 1792. XXV. St.

* * *

Anmerk. Dies Etwas ist bereits herausgekommen und betitelt: Heinrich Frauenlob oder der Sänger und der Arzt. Mainz, 1792. 77 S. 8. Aber leider ist auch nicht ein Fünkchen Geist in dem ganzen Producte, und die darin eingewebten Lieder, welche Frauenlob in den Mund gelegt werden, sind noch unter diesem Meistersänger. In literarischer Hinsicht hat es ohnehin keinen Werth.

8.

Nachricht von seltenen Schriften, die verkäuflich sind.

Dem Versprechen in der Note zu dem Heurathsbrief Jesu Christi zufolge werden die Bücher, welche ein Freund, den literarische Seltenheiten nicht gerade interessiren, käuflich wegzugeben gedenkt, hier nun verzeichnet.

1) *Pasquillorum Tomi duo.* Eleutheropoli. 1544. 8.

(Liber stupendæ raritatis, qui sæpius 100 florenis divenditus, immo ab Heinsio centum

tum aureis emtus est. Vid. *Bibl. Solgerianam* ao. 1760. 61. & 62. editam & quid. Part: III. p. 303. — *Vogtii* Catal. libr. rarior. p. 518. Theophil. Sinceri Sammlung von lauter alten und raren Büchern. p. 112. 116.

2) *Sermo de Sancto Nemine* per *Pauperem Henricum* ex sacris literis collectus. Sine l. & a.

3) Heyrathsbrief ꝛc.

4) *Admonitio paterna* Pauli III. Romani Pontificis ad invictissimum Cæsarem, Carol. V. qua eum castigat, quod se Lutheranis præbuerit facilem: deinde quod tum in cogenda Synodo, tum in definiendis fidei controversiis aliquid potestatis sibi sumpserit, cum scholiis. 1545.

(Liber perrarus. S. Th. Sinceri Neue Nachrichten v. alt. rar. B. S. 122.)

5) Pasquillus, Ein freundlich und auch christlich Gespräch zwischen dem Pasquillo und Orthodoxo, gehalten neml. da sie von ongefehr auf einander gestosen sind und Kundschaft mit einander gemacht haben. sine anno & loco.

6) Ein ganz neu Lied von den sorglichen Läuften dieser gefährlichen Zeit. Im Thon — Wolauf in Gottes Namen. s. l. & a.

7) (Th. Naogeorgi) Incendia seu Pyrgopolinices Tragedia recens nata, nefanda quo-

rum-

rundam Papistici Gregis exponens facinora, Vitebergæ apud Georgium Rhau. a. 1541.
(Liber rarissimus. v. Vogt. Cat. p. 482. & Bibl. Solger. P. III. p. 305.)

8) *Lutii Pisæi Iuvenalis* (i. e. Simonis Lemnii) *Monachopornomachia*. Datum ex Achaia, Olympiade nona.
(Liber inter rariores rarissimus & in Lutherum injuriosissimus ac propter spurcissimas obscenitates detestabilis. So stehet von der Hand eines vorigen Besitzers vorn hinein geschrieben.)

9) Neue Zeitung von etzlichen Wunderzeichen. a. 1543.

10) Catalogus Doctorum tam catholicorum quam Protestantium Wormatiæ præsentium. 1541.

11) Der Schwermer. 1544.

Alle in Octav.

Sollte ein Liebhaber diese Antiken entweder zusammen oder einzeln zu kaufen Lust haben, und deshalb mit dem Besitzer in Verhandlung zu treten wünschen; so mache ich mir ein Vergnügen daraus, ihm den Charakter und Wohnort desselben auf Verlangen anzuzeigen.

G.

9.

Ueber die deutschen Lettern nebst einem Vorschlag. *)

Man streitet schon lange in Deutschland über die Einführung der lateinischen Lettern. Es ist viel für und wider die Sache zu sagen. Allerdings sind unsere deutschen Lettern nicht original, nicht unsere Erfindung nicht unser Eigenthum, sondern lateinische Mönchsschrift. Allerdings haben die Vertheidiger der deutschen Lettern Unrecht, wenn sie den Vorzug der lateinischen für eingebildet halten: denn man kann ihnen den Grund angeben, warum das Runde anaenehmer und schöner fürs Auge ist, als das Eckige. Allerdings verdient der Vorgang der Engländer (wer es aber von den Dänen und Schweden behauptet, der irrt sich) und Holländer Lob und Beyfall! — Allein — die Engländer und Holländer fingen diese Veränderung früh an, als ihre Lettern noch unbeholfener und verschnörkelter aussahen, fingen es an, als die Messe noch nicht Bücher zu tausenden hervorbrachte; als Studieren und Lesen noch nicht allgemein, noch nicht Bedürfniß der niedrigsten Volksclasse war; als man noch nicht so häufig corres-

*) Da dieser etwas lebhaft geschriebene Aufsatz vielleicht doch zu neuen Versuchen auf einer oder der andern Seite Anlaß geben kann, so nehmen wir keinen Anstand, ihn einzurücken. Der Einsender hat sich uns nicht genannt.

correspondirte; als die alte Schreibeschrift noch nicht so ausgebildet war. Wie aber bey uns? Wer hat nicht von Jugend an Bücher mit deutschen Lettern gelesen? Wer nicht aus deutschgedruckten A. B. C. Büchern buchstabiren, aus deutschgedruckten Catechismen lesen, nach deutschen Vorschriften und Mustern schreiben gelernt? Daran hat sich nun unser Auge gewöhnt; diese Schrift, diese Lettern sind uns geläufig geworden. Täglich rouliren hundert Zeitungen mit deutschen Lettern; täglich hat das Volk ihre deutschen Bibeln, Gebet- und Gesangbücher zur Hand; täglich schreiben, und müssen wir mit deutscher Schrift schreiben. Tausend Bücher kommen uns vor Augen mit deutschen Lettern, bis ein einiges mit lateinischen. Kurz Schreibe- und Druckschrift ist uns durch den langen Gebrauch unentbehrlich und so ganz eigen geworden. Man sage nun tausendmal, die lateinische Schrift sey schöner, die deutsche sey nicht original, der Engländer habe sie auch abgeworfen, das Eckige beleidige das Auge — Es ist nicht wahr, es beleidigt unser Auge nicht, es thut uns vielmehr wohl, weil wir daran gewöhnt sind; das Lateinische beleidigt unser Auge, besonders die Modelettern mit gleichdünnen Strichen, diese Schrift schmerzt uns, wenn nicht Satz, Druck und Papier recht gut sind — ich berufe mich auf die Erfahrung jedes Unbefangenen — Und was geht uns das Originale, was das Absolutschöne, (und sollte denn das Eckige durchaus keiner Schönheit fähig seyn?) was das an, was die Engländer und Holländer thaten und thun konnten! Kurz die deutsche Nation hat jetzt einmal ihre Lettern, sie mögen nun her seyn wo sie wollen, ihren Ursprung hat sie vergessen, und hält sie für die ihrigen, ist damit zufrieden, und will keine andern. Zu was sollen die hundertmal wiederholten Versuche, die lateinischen Lettern einzuführen, nützen? Und wenn man sie noch tausendmal wiederholte — doch ich will keinen Machtspruch thun. Aber man führe doch ja nicht an, daß wir den Ausländern einen Gefallen erweisen und erweisen müssen. Der Grund ist gar zu lächerlich! Wer um unserer Lettern willen unsere Sprache nicht studieren, unsere Bücher nicht lesen mag — habeat sibi! der bleibe doch ja davon, wir werden nichts als einen elenden Kritiker an ihm verlieren.

Aber alles bey Seite. Wenn unser Geschmack nun einmal durchaus gewinnen soll, gibt es denn keinen Mittelweg? Muß die Schrift gerade lateinisch seyn, wenn sie runder und schöner seyn soll, als unsere eckige? Wie wenn H. Unger in Berlin, dem es so sehr darum zu thun ist, sich um die Cultur unserer Typographie verdient zu machen, den Einfall hätte, einmal unsere deutschen runden Lettern, ich meine die Schwabacher Schrift, vorzunehmen, gefälliger und proportionirter zu machen, und mit einem so gedruckten Buche das Publikum

zu

zu sondiren? Oder sind wir Deutschen denn ewig dazu verdammt, das Ausländische dem Einheimischen vorzuziehen, und es wieder zu verwerfen, so bald es nationalisirt ist, um nach einem neuen Ausländischen mit beyden Händen zu greifen?

Anfragen.

10.

Warum fragt man nach dem Buche:

> Gedichte nach den Minnesingern, dem Kaiser Heinrich, dem König Wenzel von Beheim, dem Markgrafen Otto von Brandenburg mit dem Pfeile u. s. w. Berlin, 1773. 114 S. 12.

in den vornehmsten Buchhandlungen vergeblich? Ist in keiner mehr ein Exemplar davon zu haben? Hat es etwa der Autor selbst verlegt? Und wer ist der wahre Verfasser dieser Nachbildungen? Gleim oder Michaelis? denn man nennt beyde!

11.

In der Oberd. Allgem. Literaturzeitung, 91. St. CXL. verweis't der Verf. der Anzeige von Bragur I. wegen den Druiden unter andern auch auf Lohensteins Arminius VII. Buch. — Ich verstehe diese Allegation nicht.

Die Edition von Lohenst. Arm. welche ich besitze (Es ist die 2. v. 1731.) hat 4 Theile, und diese Theile sind erst in Bücher abgesondert, aber keiner hat sieben Bücher. Wo ist also das siebente Buch von Lohensteins Arminius zu finden? —

Uebrigens kann man nicht um Nachrichten von den Druiden überhaupt, aber wohl um tüchtige Beweise von deutschen Druiden verlegen seyn.

Gräter.

12.

Besitzt keine Buchhandlung mehr ein Exemplar von der ersten Ausgabe der Lieder des Barden Sined von *Denis* in gr. Octav? Man bittet im gewünschten Falle der Verlagshandlung dieses Magazins davon Nachricht zu geben.

13.

Wegen einem Manuscript vom König Salomon und Markolph.

Unter mehrern alten deutschen Drucken und Handschriften erhielt ich vor bald zwei Jahren aus der Andersonischen Bücherversteigerung in Hamburg ein ziemlich starkes, im J. 1479. geschriebenes, und mit illuminirten Figuren versehenes Manuscript eines alten deutschen Gedichts vom König Salomon und Markolph. So viel ich weiß, ist noch nirgend von dem

Daseyn

Daseyn und Inhalte dieses Gedichts etwas bekannt gemacht. Der letztere zwar ist zum Theil in einer kleinen prosaischen Broschüre: Frag vnd antwort Salomōs vñ marcolfi enthalten, die zu Nürnberg, 1487. 4. und hernach zu Augsburg, 1490, unter dem Titel: Red vnd widerred, 4. auch, vermuthlich zu Nürnberg, unter der erstern Aufschrift, 1520. 8. wieder gedruckt ist. Alle diese drei Ausgaben hat Herr Schaffner Panzer in seinen sehr schätzbaren Annalen der ältern deutschen Literatur, S. 168, 187, 447, nachgewiesen; und die erste derselben habe ich durch die Freundschaft dieses würdigen Literators mitgetheilt erhalten. Auch habe ich aus der herzogl. Wolfenbüttelischen Bibliothek eine lateinische Uebersetzung davon in Händen. Sie hat den Titel: *Marcolphus.* Disputationes, quas dicuntur habuisse inter se mutuo Rex Salomon sapientissimus, et Marcolphus facie deformis et turpissimus: tamen, ut fertur, eloquentissimus; latinitate donatæ, et nunc primum animi et falsi (*salsi*) leporis gratia editæ. Sie ist den Dicteriis proverbialibus *Andreæ Gartneri* Mariæmontani, Francof. 1585. 8. mit mehrern Anhängen beigefügt. In dieser Erzählung aber ist nur der zweite Theil der gedachten poetischen Handschrift enthalten, welche die Wechselreden Markolph's und K. Salomon's betrifft. Von dem Gedichte selbst, oder einer größern Erzählung, woraus es vermuthlich geschöpft ist, wünschte ich daher etwas nähere Nachricht zu erhalten, um die umständlichere Anzeige von demselben, die ich in gegenwärtigem Magazin zu ertheilen Willens bin, desto bestimmter und vollständiger geben zu können.

Eschenburg.

Todtenopfer
dem
Mitunternehmer der Bragur
geweyht.

Multis ille quidem flebilis occidit,
Nulli flebilior quam mihi!

Mit Wehmuth ergreife ich die Feder, um noch vor dem Schlusse dieses Bandes einer traurigen Pflicht Genüge zu thun. Das Schicksal hat es gewollt; mein unvergeßlicher Gesellschafter, der Mitunternehmer der Bragur, ist nicht mehr. Er starb am letzten Januar in dem sechszigsten Jahre seines Lebens. Anhaltende catharrhalische Zufälle, Folgen seiner unermüdeten Arbeitsamkeit, endigten sich mit einem plötzlichen Tode. Ich ahndete diesen Schlag nicht, da er mir immer mit Zuversicht von seiner Wiedergenesung, von seinen Beyträgen zu Bragur und von

von dem Vorsatze mich zu besuchen schrieb; überdies selbst sein letzter Brief deutliche Spuren eines noch ganz jovialischen Geistes an sich trug. Aber er scheint mir die bedenklichen Umstände und sein Vorgefühl von der Annäherung des Todes nur aus zärtlicher Schonung verborgen zu haben. Mit ihm ist mir viel, so viel gestorben, daß ich wohl ausrufen durfte: quid moror altera? — O daß ich jetzt nicht davon reden dürfte! Mein Schmerz über seinen Verlust, den ich bisher mit ununterbrochenen Arbeiten zu verdrängen suchte, kehrt nun doppelt zurück, indem ich ihm das Todtenopfer zu bereiten gehe — ach! ein Todtenopfer in der nemlichen Zeit, die nach zwey langen Jahren zu der glücklichen Freude des Wiedersehens bestimmt war. Es kommt mich hart an, dies zu thun. Niemals hab' ich mich minder geschickt gefühlt, irgend eine Pflicht zu erfüllen als diese. Aber die Erwartung der Leser, die Verdienste des Verewigten, seine Freundschaft und meine Dankbarkeit fordern mich dazu auf. Ich will es versuchen, die hieher gehörenden Züge seines literarischen und politischen Lebens in eine simple Erzählung unserer Bekanntschaft und nachmaligen Verbindung einzuweben. Möchten es aber die Leser der Bragur dem Freunde verzeihen, wenn er nicht immer seinem Herzen gebieten kann. Sie kannten den Verewigten nur wenig, oder sie kannten ihn vielmehr gar nicht; sie wissen noch nicht, wie werth und würdig der Mann war, um den

ich

ich klage, und wie sehr auch Bragur Ursache hat, seinen Verlust zu bedauern.

Herr Christian Gottfried Böckh, (geb. den 8. April. 1732.) war vor der Erscheinung unsers gemeinschaftlichen Werkes nur als pädagogischer Schriftsteller bekannt, und als solcher berühmt und verdient. Nachdem er sechszehn Jahre, nemlich von 1756. bis 1772. erst als Hofmeister der jungen Herrn von Hinkeldey, dann als Conrector zu Wertheim, hernach als Rector des Pädagogiums zu Eßlingen praktische Kenntnisse von der Erziehungs- und Lehrkunst eingesammelt, und schon in manchen kleinern pädagogischen Schriften gezeigt und angewendet hatte; so gab er als zweyter und nachmaliger erster Diakonus an der Hauptkirche zu Nördlingen mehrere große periodische Werke heraus, durch welche er in unsern Kreisen allgemein, und auch in dem entfernteren Deutschlande viel für die bessere Erziehung der Jugend wirkte, und sowohl von Jünglingen und Jungfrauen als von den Eltern und Lehrern allen Seegen und Beyfall einerndete. *) Die frühern von

*) Diese periodischen Werke sind folgende:

1) Wochenschrift zum Besten der Erziehung der Jugend. Stuttgard, b. Cotta. 1771. u. 72. 4 Bände in 8.

2) Allgemeine Bibliothek für das Schul- und Erziehungswesen in Deutschland. Nördlingen, b. Beck.

von diesen Schriften hatte auch ich in meiner ersten Jugend gelesen, und alles was ich las flößte mir so viel Ehrfurcht und zutrauender Liebe zu ihrem Verfasser ein, daß ich keinen sehnlichern Wunsch hegte, als ihn kennen zu lernen. Eine derselben kam endlich meinem Wunsch entgegen, indem er darin seine jungen Freunde selbst aufforderte ihm zu schreiben, Beyträge zu senden und Ausarbeitungen zu wagen, zu denen er zuweilen das Thema an die Hand gab und Preiße austheilte. Mit Freuden ergriff ich die Gelegenheit (es war in meinem 15. oder 16. Jahre) einem so würdigen und liebevollen Vater einige meiner

b. Beck. 1773 — 1786. 11. Bände (jeder v. 2 Stücken) in 8.

3) Kinderzeitung. Nürnberg in der Felßeckerschen Buchhandlung. 1780 — 1783. 14 vierteljährige Bände in kl. 8.

4) Chronik für die Jugend. Augsburg, b. Stage, 1785 — 1788. 4 starke Bände in 8.

5) Nürnbergischer Kinderalmanach oder Taschenbuch für Kinder und Kinderfreunde. Nürnberg, b. Weigel und Schneider. 1785. u. 87. 2 Jahrgänge in 8.

6) Der Rathgeber junger Leute beyderley Geschlechts. Leipz. b. Gräff. 1790 u. 91. 2 Bändchen. Das dritte Bändchen ist unter der Presse.

In seinem letzten Lebensjahre ging er noch mit der Herausgabe einer Pädagogischen Zeitung und eines Erziehungslexikons um.

meiner jugendlichen Versuche zur Kritik und be- liebigem Gebrauche zu überschicken; und seiner Nachsicht bey diesen Versuchen danke ich die erste Liebe zu öffentlichen Arbeiten. Ich sage dies jetzt, da mir seine zu anspruchlose Freundschaft, die mich bey der Vorrede des ersten Bandes es zu sagen hinderte, den Dank meines Herzens nicht mehr wehren kann. Bald darauf wechsel- ten wir Briefe, und nach einiger Zeit fing dann auch durch die Erscheinung der Nordischen Blu- men unserer literarisches Interesse an. Seit etlich' und zwanzig Jahren nemlich war das Studium der alten vaterländischen Literatur und Sprache seine Lieblingsbeschäftigung, wozu er, wie mich dünkt, vorzüglich durch seine pädago- gischen Nachsuchungen veranlaßt ward. In dem Anfange der 70ger Jahre scheint er dem Schilterschen Thesaurus sein erstes Studium gewidmet zu haben. Nichts zog ihn darin so sehr an, und nichts lag seinem Eifer für die Beförderung und Verbreitung guter Erziehungs- grundsätze näher als die in dem zweyten Bande vorkommenden drey Lehrgedichte: Tyro von Schotten, der Winsbeke und die Winsbekin. Eine etymologische Uebersetzung derselben, mit erklärenden Anmerkungen begleitet, ist aus jener Zeit noch unter seinen Manuscripten vorhanden. Je mehr er diese wirklich lesenswürdigen Ge- dichte studierte, desto lebhafter ward sein Wunsch, sie durch eine zweckmäßig bearbeitete neue Aus- gabe bekannter und gemeinnütziger zu machen.

Er

Er versuchte eine solche, verglich die erste Goldastische Edition, schickte eine Abschrift seiner Arbeit an verschiedene Gelehrte und benützte ihre freundschaftlichen und zum Theil reichhaltigen Bemerkungen sorgfältig. Besonders stand er deswegen von der Mitte des Jahres 1774. an mit dem leider auch zu früh dahin gegangenen Hofrath Lang, der 1775. aus patriotischer Vorliebe den Minnegesang auf Graf Ludwig von Oettingen mit schätzbaren Anmerkungen herausgab, in einem interessanten gelehrten Briefwechsel. Kurz Böckh bewegte jeden Stein, um seiner Arbeit die möglichste Vollendung, und seinen Erklärungen die gründlichsten Beweise zu verschaffen. Allein demunerachtet konnte er aus Mangel an einem Verleger die Früchte seiner antiquarischen Nebenstunden nicht genießen, und hat sie auch in seinem Leben nimmer genoßen. Indessen ließ sich eine Neigung, die aus einer so edlen Quelle entsprang und schon so viele Aufopferungen gekostet hatte, durch solche Vereitlungen nicht verdrängen. Böckh arbeitete mit gleicher Liebe fort, und sein Zweck erweiterte sich nur immer mehr. Schon in dem J. 1778. entwarf er den Plan zu einer Kritischen Bibliothek für die altdeutsche Literatur, die in einer Reihe von Bänden nach und nach einige rar gewordene oder sonst nicht nach Verdienst bekannte Monumente der altdeutschen Sprache und Dichtkunst, insbesondere aus dem mittlern Zeitalter, liefern sollte, nemlich außer den

obge-

obgenannten Lehrgedichten: Brands Narrenschiff, den Theuerdank, Froschmäuseler, Hans Sachsens Gedichte, Geilers von Kaisersberg, Luthers Schriften, die Maneßische Sammlung, Boners Fabeln und den Vorrath hieher gehöriger Producte in Schilters Thesaurus. Für jeden Band waren drey Fächer bestimmt. Das erste sollte eine größere Antike mit einer Uebersetzung zur Seite, erläuternden Noten und Berichtigungen unter dem Texte, und einem Anhange von kritischen Excursionen; das zweyte kleinere vermischte Stücke; und das dritte ein Glossarium der in jedem Bande vorkommenden Wörter enthalten. Nach diesem Plane arbeitete er auch wirklich in dem folgenden Jahre den ersten Band zum Abdruck aus, da der Herr Dr. Wittwer in Nürnberg, vermuthlich durch H. RS. Häßlein von Böckhs verdienstvollem Unternehmen belehrt, diesem das Manuscript jener kritischen Bibliothek unangeboten für seine Lochnerische Verlagshandlung abforderte. Ich habe das nemliche vor mir. Es macht einen Quartband von 522 engegeschriebenen Seiten aus, und enthält folgendes:

1) Eine vollständig bearbeitete Edition des Winsbeke, der Winsbekin, und Tyro's von Schotten. Voran geht eine Einleitung zu diesen drey Lehrgedichten, die sich außer der Literatur derselben und

Bemerkungen über die Sprache der Minnesinger noch vornemlich über den pädagogischen Charakter des Schwäbischen Zeitalters verbreitet. S. 1 — 39. Dann folgt der Text mit einer zur Seite stehenden Uebersetzung und unter beyden (außer den Varianten) kritische, philologische und kurze erläuternde Anmerkungen. S. 40 — 283.

2) Auszug aus Goldasts und Scherzens Anmerkungen darüber, nebst einigen Zusätzen. S. 285 — 369.

3) Bemerkungen zur altdeutschen Sprachlehre nebst einer vorangehenden kurzen Geschichte derselben. S. 370 — 402.

4) Die ersten Stücke aus Sebastian Brands Narrenschiff. Mit Einleitung und Noten.

5) Proben aus Hanns Sachsens Gedichten mit Einleitung und Noten. S. 435 — 486.

6) Glossarium über alle in den vorhergehenden Stücken vorkommenden Wörter. S. 487 — 522.

Die Erscheinung dieses Werks war bereits im May des deutschen Museums 1779. als gewiß

wiß angekündigt; allein da jetzt Herr W. seine Buchhandlung verkaufte, so ging der Vertrag wieder zurück, und Böckh mußte seine der Erfüllung schon so nahen Wünsche abermals vereitelt sehen. Diese zu empfindliche Täuschung scheint ihn mismuthig gemacht zu haben; denn von da an verschloß er alle seine antiquarischen Literaturarbeiten in den Pult, und begab sich der Hoffnung, eine solche Bibliothek noch jemals auszuführen. Nur seine vollständig ausgearbeitete Edition jener drey schwäbischen Lehrgedichte, Winsbeke, Winsbekin und Tyro, auf die er einen sechszehnjährigen Fleiß verwendet hatte, lag ihm billig noch immer am Herzen. Durch die Zusendung der Nordischen Blumen ward sein alter Wunsch, endlich einmal einen Verleger zu dieser Ausgabe zu erhalten, aufs neue rege gemacht. Er äußerte ihn bald in einem Briefe an mich, und schickte mir darauf einen Theil der Arbeit zur Einsicht zu. Ich bewunderte den Fleiß und die Reichhaltigkeit des Werkes, schrieb seine Einrichtung nieder, meldete sie aller Orten hin, fragte bey verschiedenen Buchhandlungen an; allein ich fand nirgends Gehör, und erhielt oft kaum Antwort. Es that mir wehe, einem so würdigen Manne bey einem so würdigen Unternehmen, welches er noch überdies so ungemein liebgewonnen hatte und festhielt, auf diese, wie es schien, entscheidende Anfrage eine so wenig erfreuliche Nachricht geben zu können. Ich zögerte also damit, und machte ihm unterdessen den Vorschlag, ob er nicht lieber die Ausgabe von diesen Gedichten noch einige Zeit aufschieben, und sich einstweilen mit mir zu einem Literarischen Magazin der gesammten vaterländischen Vorzeit verbinden wollte, dessen schon ehehin von mir entworfenen Plan ich eben auszuführen gedächte; glaubte, es könnte ein solches Institut auch für seinen Winsbeke durch öffentliche Proben ein glücklicheres Vehikel seyn, als alle Privatbemühungen um einen Verleger. Durch diesen Antrag wurde Böckh eben so angenehm überrascht, als ich durch seine schnelle Einwilligung und die zurückkommende Nachricht, daß ein ähnliches Vorhaben schon vor mehreren Jahren ein Gegenstand seiner liebsten Nachwachen gewesen sey. Wir tauschten nun unsere Gedanken gegen einander aus, und kamen sogleich darin überein, daß er das eigentlich deutsche Fach, ich hingegen die andern und besonders das Nordische zur Besorgung übernehmen sollte. Ueber den Plan und die Ausführung aber herrschten unüberwindliche Misverständnisse, indem die Einrichtung jener kritischen Bibliothek für die altdeutsche Literatur des Mittelalters mit der nothwendigen Oekonomie eines Magazins für die gesammte vaterländische Vorzeit, das nicht blos für den Gelehrten und Literator, sondern vorzüglich zur Empfehlung

der

der alten Werke des Witzes und Verstandes in der Lesewelt bestimmt war, nicht vereinbar schien; und auf der andern Seite die Begriffe von Liebhaber, Lesewelt, unterhaltend, die eigentlich nur auf das miscere dulce utili und utile dulci hindeuten sollten, etwas verrufenes mit sich führten. Unser wechselseitiger Streit währte schon lange; ich fürchtete, wir möchten niemals durch schriftliche Unterhandlung übereinkommen, setzte mich also zu Pferde, und ritt selbst zu ihm.

Noch bebt mir das Herz vor Freude, wenn ich an die Nacht meiner Ankunft in Nördlingen und jenen mir feyerlichen Augenblick gedenke, in welchem der herrliche Mann, nach dessen persönlichen Bekanntschaft ich mich so viele Jahre schon gesehnt hatte, in mein Zimmer hereintrat, und Eine stumme Umarmung uns beredter sagte, was hundert schriftliche Versicherungen nicht auszudrücken vermochten. Böckh war einer von denen Gelehrten, die den Gemeinspruch: præsentia minuit famam schaamroth machen könnten. Hab' ich je meine vortheilhaftesten Erwartungen auffallend übertroffen gefunden, so war es bey ihm. Ein Mann von der würdigsten Gestalt, vor welchem man Ehrfurcht fühlte, wenn er schwieg, und den man lieben mußte, sobald er sprach. Ohnerachtet er schon den Sechszigern zu eilte, und sein ganzes Leben nur Eine Arbeit war, so hatten doch weder Alter noch Geschäfte seinen Geist niedergedrückt. Eine vorwiegende Munterkeit und Frohsinn, verbunden mit der herzlichsten Theilnahme an dem Gegenwärtigen, zeichneten ihn im Umgang als den angenehmsten Gesellschafter aus. Laune selbst und ein jugendlicher Scherz standen ihm in trauten Zirkeln zu Gebote. Seine große Belesenheit und seine mannigfachen gelehrten Kenntnisse aber (denn er war ein gründlicher Theologe und kein gemeiner Kenner der hebräischen, griechischen und römischen Sprache, und ein eben so eifriger Liebhaber der Philosophie und Geschichte) schienen ihn so wenig zu kümmern; daß er sie kaum zur Würze der Unterhaltung gebrauchte; und seine Erfahrungen — jedoch was wage ich eine solche Zergliederung seines gesellschaftlichen Charakters, die mich in Gefahr setzt, das ganze Bild zu verderben. Kurz ich fand den vortreflichen Böckh gleich hochgeachtet und geliebt vom Alter und von der Jugend jedes Standes, und allgemein verehrt und gepriesen als Volkslehrer und Staatsbürger, als Gatte, Vater und Freund.

Bragur ward bald der Gegenstand unserer eifrigsten Gespräche. Durch die mündliche Erklärung kamen wir nun in wenigen Stunden über den Zweck, Plan und die nothwendige Anordnung dieses Werks völlig überein. Wir ent-

entwarfen schon den Inhalt des ersten Bandes, theilten jedem das Seinige zu, und waren so zufrieden und vergnügt über unsere Einigkeit und das gleichstarke Feuer unsers Eifers, daß wir uns entschlossen, noch während unsers Beyeinanderseyns die Arbeit gemeinschaftlich anzufangen. Jetzt wünschte Böckh erst (das wiederholte er oft) um dreyßig Jahre jünger zu seyn, und noch recht lange (so kurz ahndete er wohl selbst damals die Frist seines Lebens nicht) mit gesellschaftlichem Interesse die Bahn des vaterländischen Alterthums wandeln zu können. Wir wendeten täglich die Morgenstunden zur Arbeit an, und waren nicht wenig ungehalten, wenn uns ein fremder Besuch in dieser Freude störte. Da, dünkte mich, fühlt' ich zum ersten Male wieder, wie groß der Einfluß wechselseitiger Theilnahme, und daß Aurore eine Lieblingin der Musen ist. Und mit welcher Behaglichkeit verplauderten wir nicht unsere Abende bis in die Mitternacht hinein über Bragur und die Denkmale der Vorwelt! — Ich werde sie nie vergessen, jene fünf festlichen Tage, die mir bey ihm in dem glücklichen Schoose seiner Familie gleich schönen Morgenträumen nur zu geschwind entflohen. Diese Tage knüpften das Band unsrer Herzen, das durch den Abstand unsrer Jahre noch einen neuen und seltenen Reiz gewann, unauflöslich, und gewährten uns jene innige Seelenvereinigung, die das

 höchste

höchste und edelste Glück des menschlichen Lebens ist. Mit Thränen schieden wir von einander, vorahndenden Thränen, des Nichtmehrwiedersehens!

Schon während der Herausgabe des ersten Bandes klagte der Theure, dem sonst Klagen über körperliche Zufälle fremd waren, nicht wenig über den ewigen Katharr, der ihm alle Lust und Heiterkeit zu seinen Arbeiten benehme, und war höchst unzufrieden, daß er zu seinen ersten Lieferungen für Bragur nicht andere Muße und andere Launen habe. Indessen kehrte seine Gesundheit, und mit der Erscheinung von Bragur ein neuer Enthusiasmus zu diesem Unternehmen wieder. Nun der Plan mit Gründen dargelegt, und die verschiedene Behandlungsart in der Ausführung gezeigt war, freute es ihn so sehr, daß er mir sogleich ungebeten das Versprechen that, wo nicht den größeren, doch gewiß einen großen Theil des zweyten Bandes zu bearbeiten. Vorzüglich machte er sich anheischig zur Besorgung des ganzen deutschen Faches in der Literatur- und Bücherkunde, dann zu einer Umarbeitung seiner Uebersetzung des Winsbeke, zu kleinern Gedichten für die Blumen der Liebe, zu einer Auswahl aus Brands Narrenschiff, Proben von Geiler von Kaisersberg, besonders aber zu einem Aufsatze Ueber die Sprache der

Min-

Minnesinger mit Proben und dem Anfange einer Grammatik, und zu einer andern Abhandlung, Ueber den Geist und Charakter der Minnesinger, die viele schätzbare Bemerkungen erwarten ließ. Allein seine Genesung war nur eine kurze Frist, und die Folgen einer zu großen Geistesanstrengung zeigten sich bald wieder. Der allzuthätige Mann schien bey herannahendem Alter die Spanne Zeit doppelt benützen zu wollen, und hatte diesmal seine physischen Kräfte auf die Probe gesetzt. Denn außer der Abhandlung von dem Gange der ältesten deutschen Schriftstellerey bis zum Ende der Minnesinger-Epoche (die, wenn gleich einige Kunstrichter nicht ganz damit zufrieden waren, doch viele Zeit und Mühe kostete, manches Selbstgedachte enthält, und ihrem Zwecke gewiß entsprach), der Uebersetzung des Tyro und dem Auszuge der Edition des Winsbeke für Bragur arbeitete er noch in der nemlichen Zeit zwey Werke aus, Materialien für Prediger und den Rathgeber junger Leute. Dies nebst überhäuften Amtsgeschäften bey einer zahlreichen Pfarrgemeinde und der dazukommenden Fasteninformation, nach Ostern viele Casualfälle und die große Hitze des vorigen Sommers — alles trug zu beständigen Recidiven bey. Seine Gesundheit ward im Ernste wankend, und erhielt nun überdies durch den unvermutheten Tod seines Schwagers, des berühmten

Schubarts, einen neuen Stoß; denn, wo ich nicht irre, hatte Böckh diesen ihm theuren Mann, für den sein freundschaftliches Herz so oft zitterte, seit seiner Befreyung nicht wiedergesehen, und diese Hoffnung war nun auf immer dahin. Jetzt eilte er selbst mit schnellen Schritten der Vollendung zu. Seine Krankheit ward von Tage zu Tage hartnäckiger und bedenklicher. Schon im November mußte er seine schriftlichen Arbeiten stehend verrichten, und oft kam ihm auch dies so hart an, daß er selbst seine Predigten andern in die Feder dictirte. In der Mitte des Decembers bestieg er zum letztenmale die Kanzel, und kam von da an nicht mehr aus dem Hause. Mit dem neuen Jahre sank seine Geisteskraft augenscheinlich. Ein Brief von etlichen Perioden machte ihm unsägliche Mühe. „Mich jammerte es oft (schreibt mir ein Freund des Verewigten) wenn ich diesen seelenvollen Mann, sonst von so schnellfassendem Geiste, jetzt zittern sah, sobald er nur zwey zusammenhängende Zeilen schreiben sollte." Gott! wie beugest du mich! Das war sein Klagausruf über diese Kraftlosigkeit. Demunerachtet tröstete er seine besorgte Familie und alle seine Freunde mit der Hoffnung einer völligen Wiedergenesung, und suchte sich immer rüstiger zu zeigen als er war. An seinem Todestage ging er wieder in sein Studierzimmer, um sich zur Arbeit vorzubereiten, saß dann noch im trau-

traulichen Kreise der Seinigen, aber seine Kraft war nun erschöpft, er neigte das Haupt —

Die Stunde schlug, sein Arm entsank;
Sein Athem schwieg, sein Auge brach!

Hier entfällt mir die Feder. Kaum kann ich noch davon reden. Es schmerzt mich innig, wenn ich denke, daß ich, der von Allem nichts wußte, unbesorgt um eine Unbäßlichkeit, von welcher ich nur im Vorbeygehen hörte, den mir so theuern Kranken noch in den letzten Tagen um seine Beyträge dringend bat, und nicht einmal von ferne fürchtete, was ihm und mir bevorstand.

So schnell und unvermuthet mußte ich den besten und verehrungswürdigsten Freund, den herzlichsten Theilnehmer an Freud' und Leid, den gefälligsten und thätigsten Gesellschafter verlieren; einen Mann, an dem von meiner frühesten Jugend an meine ganze Seele hing; jetzt, da wir erst anfingen das Glück der Freundschaft zu genießen und mit Verlangen den frohen Stunden der Wiedervereinigung entgegensahen; jetzt, da unsere Lieblingsträume über das vaterländische Alterthum endlich in Erfüllung gehen sollten; da wir eben im Begriffe waren, abermals Arm in Arme zu dem Tempel unsrer Väter zu wandeln, und das zweyte Opfer unserer Liebe zu ihnen auf den Altar der Vorzeit niederzulegen!

Es

Es ist umsonst dich wieder zurückzurufen, mein Lehrer und mein Freund! Aber meine Sehnsucht folgt dir in die Ewigkeit nach. Könnte das Andenken an deine Liebe je in meiner Seele verlöschen, so wär' ich ihrer niemals werth gewesen. Nimm diese heissen Thränen noch zum Danke an. Dort, dort werd' ich dir einst feuriger und fröhlicher danken, wenn wir uns wiedersehn!

Gräter.

Ende des zweyten Bandes.

Leipzig,
gedruckt bey Christian Friedrich Solbrig.

Fort.

Fortsetz. der Druckfehler im ersten Bande.

S. 56. Z. 1. bis letzte müssen die Auszugs-Zeichen („) am Anfange der Zeilen weggestrichen werden; so auch S. 54. in den drey letzten Zeilen.
S. 190. Z. 2. Nach Ursache gehört ein)
— 203. = 18. st. Arwalkur l. Arwakur.
— 223. Str. 1. V. 2. st. Damit l. Daniel: So auch S. 224. Str. 4. V. 1. —
S. 243. letzte Z. muß heißen:
Ihm ist Erbarmung selbst der höchste Himmelshort.
— 294. = 9. st. Kommt l. Es kommt.
— 299. = 19. st. Mösische l. Mösisch=
— 301. in der Note Z. 2. st. Germanien l. Germanen.
— 321. = 16. st. Sohm l. Suhm. Die darauf folgende Dänische Stelle sollte mit deutschen Lettern gedruckt seyn.
— 322. = 5. st. esterdi l. efterdi.
— 328. = 11. st. Eisch. l. Lips.
— 336. Note. Z. 3. In Schwaben bis zusagen muß ausgestrichen werden.
— 240. = 8. nach auf diese Art setze auch.
— 351. = 2. von unten st. triæ l. tricæ.
— 352. = 10. v. unt. st. mauß l. nauß.
— 357. = 20. st. 7). l. 8).
— — = 24. st. 8) l. 9)
— 358. = 2. von unten setze nach gibt. 2) singen, tanzen. 3)
— 372. v. 81. st. beneben l. beueden.

Druckfehler im zweyten Bande.

S. 3. Z. 8. st. andere l. andern.
— 7. = 11. st. Northische l. Nordische.
— 10. = 3. u. 4. st. die von ihnen angebetete Völker l. ihre Verehrer.
— 33. = 3. st. berichtigende l. berichtigenden.
Anm. Die übrigen Fehler von dieser Art werden die Leser selbst verbessern.

S. 40.

S. 40. Z. 15. st. Asgar l. Asgard.
— 56. = 11. st. Chvvarch l. Lhyvarch.
— 95. = 5. st. einer l. eine.
— 133. = 1. nach Erzählung setze man aber und streiche Z. 2. deswegen aus.
— 157. = 5. von unt. nach des setze Vaters.
— 209. = 5. st. Otteits l. Ortnits.
— 217. *) Str. 4. Z. 2. st. Nehnit l. Nehms.
— 244. Str. 16. Z. 1. st. du l. dü. So auch Z. 2.
— 246. Note **) Z. 3. st. der l. die. Z. 5. nach soll l. durch seine Tapferkeit erwarb.
— 301. Z. 19. st. Vest l. West.
— 308. in der Note Z. 4. streiche man das aber nach beyde aus.
— 320. Z. 5. st. hyl= l. syl=
— 322. = 22. st. Caedwon l. Rädmon,
— 342. = 21. st. vor l. für.
— 354. 1) Z. 2 st. Badrist l. Bedrist.
— 365. 1716. **) Z. 4. st. Seldonians l. Seldonians,
— 366. 1733. Z. 1. st. Thorgithis l. *Thorgilsis*,
— 374. Z. 10. st. harm l. *bann*.
— 381. Z. 6. st. Otfriede l. Otfrieds.

*) NB. Von 212—219. müssen die Seitenzahlen verändert werden.

**) Anm. Die unter diesem Jahre von mir beschriebene Edition ist wahrscheinlich mit der von H. Nyerup unter dem J. 1696. angeführten einerley.

Gr.

Die
Gräffsche Buchhandlung
in Leipzig
hat folgende neue Bücher verlegt.

Oster = Messe 1792.

Berghaus, J. J. Geschichte der Schifffahrtskunde bey den vornehmsten Völkern des Alterthums. Ein Versuch. 2 Bände, mit Kupf. und einer Karte. gr. 8. 6 Rthlr.

Blumbach. Ein Gemälde für Gottesverehrer und Tugendfreunde. 8. 18 gl.

Clarissa. Neuverdeutscht und Ihro Maj. der Königin von Großbritannien zugeeignet von L. T. Kosegarten, 5ter, 6ter und 7ter Band. 8. Schreibpapier. 4 Rthlr. 12 gl.

Constitutionen, die, oder Frankreich und England in Parallelen. Ein histor. Fragment. 8. 7 gl.

Geschichte, interessante und rührende, des Prinzen Li=Bu, eines Eingebornen der Pelew=Inseln, von Kapitain Wilson nach England gebracht. Nebst einer kurzen Erzählung von diesen Inseln und den Sitten der Einwohner. Aus dem Engl. Mit Kupf. Taschenf. 10 gl.

Giliberti's, J. E. Sammlung praktischer Beobachtungen und Krankengeschichten. Aus dem Lat. übersetzt und mit einigen Anmerkungen und Zusätzen begleitet von Dr. E. B. G. Hebenstreit. gr. 8. 1 Rthlr. 8 gl.

Heckels, Joh. Christ. christliche Beruhigungen unter den Leiden und Beschwerden dieses Lebens. Zweite verbesserte und vermehrte Aufl. 8. 1 Rthlr. 6 gl.

Hochheimers, C. F. A. chemische Farbenlehre, oder ausführlicher Unterricht von Bereit. der Farben zu allen Arten der Malerei. 8. 18 gr.

Menschenkunde. Sammlung der besten und vorzüglichsten Wahrnehmungen und Erfahrungen über den Menschen. Mit einem Anhang interessanter Beläge und Beyspiele aus der Geschichte ganzer Nationen und einzelner Menschen. Ganz fürs gemeine Leben brauchbar. Erst. Bd. 8. Schreibp. 1 Rthlr.

Minna's Feierstunden. Deutschlands Töchtern gewidmet. 8. 18 gl.

Pipers, D. T. A. Predigten über verschiedene besondre Materien und Veranlassungen. gr. 8. 1 Rthlr. 8 gr.

Reinhards, Dr. F. V. Geist des Christenthums in Hinsicht auf Beruhigung im Leiden. Nach dem Lat. Vorher theilweise in den Beyträgen zur Beruhigung, jetzt zusammen — ganz von neuem bearbeitet und erweitert, auch mit einigen Zusätzen des Hrn. Verfassers selbst versehen — herausgegeben von Joh. Sam. Fest. 8. 1 Rthlr.

Rush, M. D. Benj. Untersuchung der Wirkungen öffentlicher Strafen auf die Verbrecher und auf die Gesellschaft. A. d. Engl. übersetzt und mit einigen Anmerkungen begleitet. 8. 4 gl.

Schilderungen und Anekdoten von Paris; oder Beyträge zu den französ. Revolutionsbegebenheiten. 8. 12 gr.

Szenen, neue, in Paris und Versailles. Erst. Theil. Mit Musik und einem Kupf. 8. 14 gl.

www.ingramcontent.com/pod-product-compliance
Lightning Source LLC
Chambersburg PA
CBHW031808270326
41932CB00008B/344

* 9 7 8 3 7 4 4 7 9 8 0 6 8 *